4·3으로 만나는 자이니치

김창후 지음

진인진

:::**인터뷰 대상**

문경수 정치학자, 4·3운동가
오광현 시민운동가, 4·3운동가
정아영 경제학자, 시민운동가
장정봉 회사원, 시민운동가
조동현 사업가, 4·3운동가
고이삼 출판인, 4·3운동가

4·3으로 만나는 자이니치

초판 1쇄 발행 | 2017년 4월 3일

지 음 | 김창후
편 집 | 배원일
발행인 | 김영진
발행처 | 진인진
등 록 | 제25100-2005-000003호
주 소 | 경기도 과천시 별양상가 1로 18, 614호(별양동 과천오피스텔)
전 화 | 02-507-3077~8
팩 스 | 02-504-3079
홈페이지 | http://www.zininzin.co.kr
이메일 | pub@zininzin.co.kr

ⓒ 진인진 2017
ISBN 978-89-6347-324-6 93300

목 차

책을 펴내며

2012년 개관한 재일제주인센터는 재일제주인의 삶과 정신을 학술적으로 연구해 오고 있으며 그 성과를 연구총서로 출판하고 있습니다. 2014년 2월 연구총서 제1권 『재일한국인 연구의 동향과 과제』를 시작으로 같은 해 12월 연구총서 제2권 『재일제주인과 마이너리티』가 연구총서로 출판됐습니다. 제3권인 『4·3으로 만나는 자이니치』는 원래 2016년에 출판하기로 계획됐으나 저자이신 김창후 선생님께서 원고를 다듬고 또 다듬느라 출판을 늦춰 이제야 출판하게 됐습니다. 조금 늦어졌지만 책이 훨씬 좋아졌기 때문에 재일제주인센터장으로서 김창후 선생님께 고맙다는 말씀을 드립니다.

4·3사건 70주년을 목전에 둔 올해 박근혜의 탄핵 이후 대통령선거를 앞두고 대통령권한대행과 각 당의 대통령 후보들이 추모제에 참석하면서 어느 해보다 많은 사람들이 4·3사건에 관심을 가지게 됐습니다. 이 책은 엄혹하던 시대에 일본에서 국민들도 제대로 알지 못했고 도민들도 제대로 말할 수 없었던 4·3사건을 알리고 그 사건의 역사적 의미와 교훈을 찾기 위해 노력했던 동포들의 삶과 정신을 알리는 값진 자료가 될 것입니다. 또 이 책을 통해 대한민국의 발전 과정에서 4·3사건이 가지는 중요성을 대한민국의 시민들이 성찰하는 계기가 마련되기를 바랍니다. 대한민국을 개혁하는 과제가 우리 앞에 놓여 있는 지금 4·3사건의 교훈을 수용하지 못하는 개혁은 대한민국을 진정한 민주공화국으로 나아가게 할 수 없을 것입니다.

다시 한 번 이 책을 쓰시느라고 여러 해 동안 제주와 일본을 왔다갔다

하며 고생하신 김창후 선생님께 고맙다는 인사를 드립니다.

2017년 4월 1일

제주대학교 재일제주인센터장 최현

들어가는 말

4·3일[1]로 일본을 처음 방문한 것은 50주년 4·3행사를 대대적으로 치렀던 1998년 4월이었다. 오사카에서 〈동아시아 평화와 인권 국제 학술회의〉 일본사무국에서 일하던 후지나가 다케시 교수팀이 4·3 이야기를 해달라고 불렀다. 지금은 그때가 1993년, 아니면 1994년이 아니었나 생각할 정도로 기억이 가물가물해졌지만 당시를 생각하면 뚜렷이 떠오르는 몇 가지 좋은 기억이 있어 항상 새롭다.

그 중 제일 먼저 떠오르는 것은, 그때나 지금이나 달라지지 않은 시민운동가들의 진솔한 운동 자세이다. 당시 나를 초청했던 관계자, 그 중 한 분인 대학교수는 강연회의 안내 리플릿을 들고 길거리에 나가 직접 전봇대 같은 데 붙이고 다녔다. 그 모습은 지금도 하나도 달라지지 않았다. 그리고 오사카 강연이 끝나고 도쿄에 갔을 때의 일도 떠오른다. 당시 나는 도쿄 인근 사이타마에 있던 〈문화센터 아리랑〉을 방문했었다. 이곳은 가지무라 히데키 선생님의 장서를 소장하고 있던 곳으로 나는 이곳에서 이야기도 하고 숙박을 했다. 이때 내 얘기를 듣던 한 자이니치가 강연이 끝나자 몇 가지 질문을 했다. 부모님은 제주도 모슬포 출신이라며, 4·3일도 물었다. 당시는 어렵게 4·3특별법 제정을 추진하던 시기여서, 한국 상황이 많이 좋아지고 있다고 말씀드렸다. 강연 일정이 끝났다. 뒷날은 하루 여유가 있었다. 주최 측에서 도쿄 시내를 안내해주겠다고 했다. 일본인 남성 한 분이 오셨다. 그 분 성함은 지금 다 잊었다. 그 분이 손을 내밀고 악수를 하며 자신을 소개했다. 시계공장에서 20년 일했다고 하셨다. 악수하는 손은 말 그대로 노동자의 손이었다. 내가 내민 손이 낯을 뜨겁게 했다. 그 분은, 주말에는 1923년 간토대지진 당시 학살된 조선인 유해를 발굴하는 일을 하신다고 했다. 그러면서 당시 발굴현장을 보여드리겠다고 했다. 그 날 나는 발굴 현장이며, 관련 전시시설들을 둘러보았다. 잊을 수가 없다.

'자이니치'란 일제강점기 일본으로 건너간 조선인과 그 후손을 가리키는 말로, 요즘은 흔히 재일코리안 모두를 아우르는 의미로 쓰인다. 이 말에는 '이방인'이라는 이유로 차별 받고 외면당해온 재일코리안들의 고난사가 고스란히 담겨있다.

제주도 사람들은 1923년 제주도-오사카 간에 직항로가 생긴 후 많을 때는 제주도 인구의 1/4(5만여 명)이 일본으로 일거리를 찾아 떠났다. 이들은 오사카 지역에 제주도 출신자들의 커뮤니티를 형성하며 살았다. 해방 후 이들은 제주도로 귀향했지만 1948년 4·3 발발로 다시 일본으로 밀항해야 했다. 자세한 기록은 없지만 그 숫자가 1만 명은 넘으리라고 한다. 그 후 자이니치 제주인 사회는 심한 '4·3 트라우마'를 앓았다. 권력에 대한 저항의 대가로 얻게 된 정치와 사회에 대한 불신감은 조국에 대한 불신을 넘어 4·3을 언급하는 자체를 금기시하게 했다. 자이니치 4·3운동가들이 일본에서 처음 시작한 일은 1세들의 이러한 금기를 깨는 일이었다.

나는 일본에 대해서는 어떠한 교육도 받지 못하고, 불법적으로 우리나라를 강점했던 나쁜 나라라고만 배운 세대이다. 청소년 시기, 극장에서는 항일독립군을 소재로 한 영화가 많이 상영됐었다. 나는 일본에 대해 따로 관심을 갖고 공부하거나, 유학을 했던 사람도 아니다. 당시까지 일본에 대해서는 백지나 다름없었다. 그때나 지금이나 우리 대학교수들은 행사 포스터나 리플릿을 들고 거리에 나가지 않는다. 시민단체에서 일한다는 교수님들도 그런 일을 하는 걸 본 적이 없다. 그래서 더 더욱 기억에 남아 있는 것일까?

그 후, 나는 일본을 다니면서 정말 좋은 자이니치 분들, 일본인들을 많이 만났다. 어떤 일본인은 한 번도 본 적 없는 나를 자신의 집에 초대해 방을 내주기도 했고, 다른 자이니치 할머니는 꾸깃꾸깃한 천 엔짜리 지폐 몇 장을 몰래 내 손에 쥐어주며 반가움을 표시했다. 거절하고 말고 할 상황이 아니라, 내 마음 속에 그저 반가움만 새겨 놓으라는 무언의 압력이 그 할머니의 눈 속에 뚜렷했다.

사실 이 모든 일이 내게 일어날 수 있었던 건, 4·3 때문이었다. 내가 4·3일을 한다고, 힘든 일 같이 하자는 마음의 표시였다. 일본에도 4·3으로 피해를 당한 사람이 많다, 이 분들을 위해서도 힘써 달라는 무언의 압력이었다. 그러나 이러한 압력은 4·3일을 평생해 오면서 어려움보다는 오히려 따스함으로 지금도 내 마음 한 구석에 뚜렷이 자리하고 있다.

또 일본 속의 4·3을 생각할 때 먼저 떠오르는 분은 도쿄에 사시는 소설가 김석범과 오사카에 사시는 시인 김시종이다. 두 분은 지금 90을 전후한 연세도 연세지만 일본의 상징적인 두 도시에 사시면서, 한 분은 유명 소설가로, 다른 한 분은 유명 시인으로 뚜렷한 족적을 남기고 있다. 자이니치 제주인들을 이끌며 어려운 일본 속의

4·3운동을 대변하고, 일본 지식인 사회에 4·3평화를 각인시켜주고 있다. 두 분의 존재는 존재 그 자체만으로도 우리의 힘을 북돋운다. 4·3의 밝은 미래이다.

2007년 개인적인 일로 일본에서 몇 달을 살게 됐다. 무슨 뚜렷한 목적이 있었던 일본 방문은 아니었다. 그때 섭씨 40도가 넘는 무더위가 내 의식을 끈적여 놓고 있었다. 수십 년 만의 기록이라고 연일 방송하는 일본 여름을 견디며, 나는 생각했다. 여기저기 일본을 느끼는 것도 중요하지만 부끄럽지 않은 무슨 일인가를 해야 하지 않을까? 그래서 시작한 일이 일본 4·3운동가들을 한국에 소개하는 일, 바로 이 책을 써보자는 것이었다.

이유는 간단했다. 단지 내 마음속 고마움의 표시만은 아니었다. 이 분들의 생각과 활동은 내게 하나하나 새로움이었다. 나는 60년대에 일본에 친척이 있어 입던 옷을 깨끗이 세탁하고 보내주면 자랑스레 입고 다녔던 기억이 있다. 그리고 90년대 초반, 자이니치 제주인들의 일본에서의 항일운동과 관련한 논문을 쓰기도 했었으나 당시는 자료에 의한 것이었지 일본을 몸으로 쓴 게 아니었다.

자이니치 제주인들은 일본에서 어렵게 살았다. 그들 중 일부는 성공했고, 고향을 잊지 못해 고향마을에 조그만 정성을 보탰다. 제주대학교의 〈재일제주인센터〉는 2015년부터 제주도 각 마을의 「재일제주인 공덕비」를 조사하고 있다. 2016년 말 현재, 제주시 동지역, 조천읍, 구좌읍, 우도면 지역에서만 약 300기의 공덕비를 조사해 보고서를 펴냈다. 제주인센터는 제주도 전체에는 대략 800기의 공덕비가 있을 것으로 추정하고 있다. 자이니치 제주인 사회와 제주도가 얼마나 혈연적으로 얽혀있는지를 단적으로 보여주는 증좌이다.

나는 자이니치들의 성장과정이며 생활, 그 분들의 문화, 그리고 4·3을 다시 심층적으로 인터뷰해 한국에 소개해야겠다고 마음먹었다. 우리는 이들이 얼마나 어렵게 성장했으며, 민족의식과 고국에 대한 애정을 어떤 계기로 갖게 되었는지, 좋은 일본인들과 교류하며 어떻게 시민운동가로 거듭 났는지 하는 많은 일들을 일본에 살았거나 전공자가 아니면 아무것도 모른다.

그 무더웠던 2007년 여름, 몇 분 인터뷰를 했다. 그러나 그때는 준비 없이 시작해서 그런지 체계적으로 할 수가 없었다. 다음을 기약했다. 2010년, 내가 다시 제주4·3연구소장을 맡으면서 일본 4·3 운동가 몇 분을 모시고 제주도에서 세미나를 했다. 그리고 2012년, 다시 작업을 시작했다. 2007년에 인터뷰했던 분들도 다시 만났다. 그렇게 해서 10년 만에 태어나게 된 것이 이 책이다.

이 책, 『4·3으로 만나는 자이니치』에는 현재 일본에서 활동하는 여섯 분의 4·3운동가가 등장한다. 이들 거의 모두는 한국식으로 이야기하자면 '운동권' 사람들이다. 우리는 70~80년대를 거치며 반독재·군사정부 타도를 위해 싸웠던 사람들을 보통 운동권 사람들이라고 한다. 그런데 이들 자이니치 2세 '일본 운동권'은 주로 70~80년대 초에 일본에서 대학을 다녔던 사람들이다. 이들은 학내에서

〈한학동〉이나 〈유학동〉 써클 활동을 하면서 한국의 민주화를 위해 목소리를 높였다. 그리고 80년대에 가서는 지문날인 거부운동을 일본인들과 함께 벌이며 진정한 시민운동가의 길로 들어섰다. 지금 어떤 분은 시민단체에서, 다른 분은 대학에서, 그리고 또 다른 분은 출판계나 지역사회에서 일하고 있다.

제1부는 자이니치 4·3운동가 여섯 명의 이야기다.

먼저 오사카 측, **문경수**는 리츠메이칸 대학에서 근무했다. 4·3과 자이니치, 한국현대사에 대한 여러 저술을 갖고 있는 4·3운동가이며, 대표적 자이니치 지식인이다. 그는 자연스레 조선학교를 다니며 체득했던 민족의식과 일본대학 시절의 유학동 생활, 그 후 일본에서 4·3운동을 하며 여러 저서를 집필하던 당시를 담담하게 들려준다.

오광현은 오사카의 대표적 자이니치 시민운동가이다. 그는 어려서부터 일본학교를 다녔으면서도 민족의식을 갖게 되고, 한국말을 공부하게 된 사연들을 들려준다. 그리고 1998년 제50주년 4·3행사를 오사카에서 준비하면서 다른 모든 사람들이 반대함에도 불구하고 혼자 강력하게 주장해 '위령굿'을 성공시켰던 당시를 얘기한다. 그는 어렸을 때 자이니치 제주인들이 가장 많이 살았던 이카이노에서 살아 그들 삶 속의 '굿'의 의미를 잘 알고 있었다. 그는 결국 수백 명의 자이니치 1세들이 위령굿을 보러 오시도록 하는 데 성공한다. 그리고 그는 일본 4·3유족회 창립과 회장으로 취임한 후의 여러 일들을 가감 없이 들려준다.

정아영은 주변에서 "운동은 잘 하지만 스포츠는 못 한다"는, 농담 아닌 농담을 들을 정도로 자이니치 민족·인권운동에 열정을 다해

온 시민운동가이다. 현재 리츠메이칸 대학에서 경영학부 교수로 근무하고 있다. 그는 2010년 제주4·3연구소 세미나에서 일본의 4·3운동 실태를 몇몇 운동가를 인터뷰하고 분석해 발표하기도 했다. 부친 정경모는 저명한 통일운동가이다.

장정봉은 1993년, 어려움 속에서 혼자 노력으로 오사카의 4·3행사를 치른 시민운동가이다. 그는 당시 혼자 행사 리플릿을 붙이러 거리에 나가고, 행사의 사회를 보며 1인 10역을 했다. 그는 인터뷰에서 당시를 하나하나 떠올린다. 그리고 4·3 당시 제주도에서 일본으로 건너왔던 아버지를 아프게 기억한다. 아버지가 탄압 측에 섰던 경찰이었다는 사실, 돌아가실 때까지 4·3에 대해 아무 말씀도 하지 않았다는 사실들을 회한을 섞어 토로한다.

다음 도쿄 측, **조동현**은 총련 기관지인 『조선신보』에서 오래 기자생활을 했었다. 사직 후 그는 성공한 사업가로 변신하는데 4·3운동에는 다른 사람들과 달리 비교적 늦은 1998년 50주년 행사부터 참여했다. 현재 〈4·3을 생각하는 모임·도쿄〉의 대표로, 김석범 선생님의 매니저 역할까지 하며 4·3운동에 매진하고 있다. 그는 자신의 운동 목표로 '4·3의 대중화'를 주장한다. 그의 이야기는 기자 시절의 여러 에피소드 등으로 재미있게 이어진다.

마지막으로 출판사, 신간사를 운영하는 **고이삼** 사장이다. 그는 실질적으로 일본에서 4·3운동을 시작하고, 지탱하고, 이어오고 있는 중심적 4·3운동가이다. 그의 제주 사랑 또한 유별나서 신간사에서는 제주도 관련 서적을 수십 권이나 출간했다. 그의 이야기에는 4·3운동 초창기의 여러 비화나 그 후의 숨은 얘기들이 많이 나온다.

제2부는 일본 4·3운동을 이해하는 데 도움을 줄 수 있는 몇 가지 글을 실었다.

첫 번째, 문경수의 '침묵의 벽을 넘어서는 또 하나의 길'은 현재 일본의 4·3운동을 평가하고, 당면 과제를 살펴보기 위하여 쓰여진 4·3 시론時論이다.

두 번째, '일본 4·3 추도사업 일람'은 1988년 처음으로 도쿄에서 4·3 추도식이 거행된 이래 2016년까지 이어져 온 모든 행사를 정리한 글이다. 이 속에는 준비 강연회에서부터, 본 행사, 부대 행사까지 모든 행사를 목록화 하려고 노력했다. 그러나 중간 중간 자료를 다 모으지 못해 정리하지 못한 해年度가 많다. 앞으로 후속 연구자가 자료를 더 찾아 말끔하게 정리하기 바란다.

세 번째, 1998년 〈제주도 4·3사건 50주년 기념사업 실행위원회〉의 '호소문' 부분은 본격적인 4·3행사의 시작을 알리는 1998년 행사 자료 몇 가지를 모은 것이다. 당시 행사 참여를 부탁하는 호소문, 다큐물 '레드 헌트'를 일본어로 번역해 일본 전역에서 상영하며 4·3의 이해를 도왔던 상영 안내문, 일정표 등의 자료가 바로 그것이다.

네 번째, 마지막으로 소설가 김석범이 동아일보(2003.4.12.)에 실었던 문화칼럼 '기억의 부활', 김시종 시인이 2014년에 발표한 4·3시 '4월이, 먼 날이여', 2015년 오사카 4·3행사장에서 처음으로 공개한 박보 씨의 4·3 노래, '제주4·3'의 가사를 실었다.

이 책을 발간하기까지 많은 사람들의 신세를 졌다. 잊지 못할 것이다. 먼저 김석범 선생님과 김시종 선생님, 인터뷰에 응해주셨던 여섯 분의 선후배님들, 그리고 후지나가 다케시 교수님, 이지치 노리코 교수님, 사토 노리코 선생님, 다카무라 료헤이 교수님, 무라카미 나오코 선생님, 김동일 선생님, 서승 선생님, 고정자 씨, 교토에 갈 때마다 이것저것 돌봐주시는 고강호, 이미오 선생님……. 제주대학교의 〈재일제주인센터〉 최현 센터장님, 통역사 안행순 선생님, 그리고 인터뷰를 도우며 통역도 하고 녹취록을 정리하고 모든 일을 했던 교토에 유학 중인 조카 김한나, 절대적 조력자였다. 이 자리를 빌어 모든 분께 감사의 말씀을 드린다.

사실 이 책에 더 많은 분들의 얘기가 실려야 했다. 그렇지 못한 점, 전적으로 내 능력의 한계이다. 그 분들의 얘기는 후일을 기약한다.

2008년, 김동일 선생님의 생애를 기억하기 위해『자유를 찾아서』를 발간했다. 그리고 2007년 첫 인터뷰를 시작한지 10년 만에 두 번째로 자이니치 4·3운동가들의 이야기를 정리해 책으로 펴낸다. 이 책이 일본의 4·3과 자이니치들의 지난한 삶을 이해하는 데 조그만 도움이라도 되었으면 한다.

---

1 '4·3사건과 관련된 일'을 그냥 '4·3일'이라고 썼다.
　　4·3은 원래 2000년에 공포된 4·3특별법에 따라 '4·3사건'으로 표기하는 게 옳다. 그러나 나는 아직도 학문적으로나, 법적으로 4·3의 성격이 규명되지 않은 현 단계에서 '4·3항쟁'이니, '4·3폭동'이니, 아니면 아무 의미 없는 법적 용어인 '4·3사건'이니 해서 쓸 마음이, 애초에 없다. 그래서 추후 마땅한 4·3의 이름이 정해질 때를 기다리며 그냥 4·3이라고만 표기해왔다. 5·18 민중항쟁이니, 5·18 민주화운동이니, 아니면 4·19혁명이니……처럼, 4·3도 한시바삐 올바른 이름을 갖게 되기를 바란다.
　　이젠…… 버릇이 돼서 그런가, 나는 오늘도 그냥 4·3, 4·3 하고, 쓴다.

제 I 부

01

일본 4·3운동을 이끄는 자이니치 정치학자

문경수

정치학자 ㅣ 4·3운동가

2016년 1월, 도쿄의 신간사에서

문경수는 1950년, 도쿄의 아라카와구荒川区 미카와시마三河島에서 태어났다. 이곳은 도쿄에서도 제주출신자들이 많이 사는 곳으로 유명하다. 그는 이곳에서 30세 결혼 직전까지 살았다. 그는 1994년에 리츠메이칸 대학立命館大學 교수로 임명되면서 교토로 이주했다.

그는 자이니치 2세로 정치학자, 4·3운동가이다. 2016년 3월 리츠메이칸 대학 국제관계학부에서 정년퇴직하고, 현재 명예교수로 근무하고 있다. 바쁜 와중에서도 4·3운동에는 1988년 도쿄의 40주년 행사부터 줄곧 주도적으로 참여해왔다. 그는 지금도 다수의 4·3 관련 서적을 저술하며, 〈4·3을 생각하는 모임·오사카〉의 대표로 활동하고 있다.

(면담일: 2012. 5. 14. / 면담 장소: 교토 문경수 자택)

조선학교에서 한국어를 배우다

김창후: 문선배님! 고맙습니다. 드디어 인터뷰를 하게 됐네요. 오늘 인터뷰는 여러 차례 그 취지를 말씀드렸듯이 일본에서도 4·3행사가 1988년 이후 '4·3추도회', 혹은 '4·3기념식'이라는 이름으로 해마다 이어지고 있잖습니까? 그래서 먼저, 이런 행사가 일본에서는 어떻게 시작되어 어떻게 지금까지 이어져 왔는지, 이에 따른 진상규명 활동과 유족회의 활동은 어떠한지, 그리고 이런 4·3추도회, 혹은 기념식이 앞으로는 어떻게 이어져 가야 할 것인지 하는 일본에서의 4·3운동 전반적인 문제에 대하여 알고 싶습니다.

그리고 또 한 가지, 이런 행사들이, 그 규모는 문제가 되지 않는다고 생각합니다만, 지금까지 이어지게 된 데에는 당연히 행사를 준비하는 분들의 많은 노력이 있었을 것으로 여겨집니다. 어쩌면 '희생적인' 노력이었겠지요. 저는 문선배를 위시한 이런 활동가분들을 감히 '4·3운동가'라고 부르고 싶습니다.

두 번째 질문은 그래서 이런 겁니다. 이번 예정된 여섯 명의 자이니치 4·3운동가들은 일본 어디서 태어나 어떤 교육을 받았고, 어떻게 민족의식을 갖게 되어 〈4·3을 생각하는 모임〉 활동을 하게 되었는지 하는 것들을 두서없이 묻게 될 것입니다. 어쩌면 조국에서는 여러분의 이런 성장환경과 활동에 대해서는 잘 모를 것이기 때문에 이번 인터뷰는 일본에서의 4·3행사에 대한 것만이 아닌, 자이니치로서의 선배님 개개인에 대한 것들을 정리해 고국에 알리게 될 것입니다.

먼저, 선배님 성함과 생년월일을 알고 싶습니다.

문경수: 문경수라고 하고, 1950년 12월 17일, 일본 도쿄에서 태어났습니다. 그러니 지금 61세입니다.

김: 한국 나이로는 62세겠네요. 태어나신 곳은 도쿄 어딥니까?

문: 도쿄 미카와시마三河島라는 데. 아라카와구荒川区의 미카와시마.

김: 아라카와구 미카와시마? 예, 그럼 가족 상황이라든지, 학교 생활에 대해서 말씀해 주십시오.

문: 내가 자란 미카와시마는…… 제주 사람이 많이 사는 그런 커뮤니티예요. 그러니까 오사카에서는 츠루하시나 이쿠노 같은 데죠. 그런데 미카와시마는 규모는 작았어요. 츠루하시보다 훨씬 작았죠. 특징은 이 커뮤니티 안에는 제주도 사람이 많았고, 총련 계통이 많았다는 거. 우리 아버님도 분회장을 하셨어요. 당시 총련 분회장이라면…… 총련 중앙이 있고, 각 지역 본부가 있고, 지역 본부 밑에 지부가 있고, 지부 밑에 분회가 있고. 그런 분회 단위의 분회장을 하셨던 거죠. 총련 최말단기관에 계셨던 거예요.

아버님은 전임은 아니었어요. 다른 일을, 생업은 생업대로 했으니 전임활동가는 아니었던 셈이죠. 나는 이런 환경에서 자랐으니까 자연스레 조선학교에 다니게 됐어요. 제1 초중급학교라고 있어요. 아라카와에. 제1이니까, 맨 처음 만든 학교에 해당되죠. 도쿄에 제1부터 제9까지 있었어요. 초급중학교가. 그러니 이 학교는 초급학교하고 중학교가 병설된 그런 학곤데 나는 거길 다녔어요. 나는 이제 거길 졸업하고 고등학교는…… 도쿄에는 고등학교가 하나밖에 없었어요. 기타쿠에 있는. 기타쿠北区 쥬죠十条라는 데 있는데, 거길 다녔어요.

나는 초등학교부터 고등학교까지는 자연스레 조선학교에 다닌 셈이에요. 그러니 짐작하겠지만 거기서 한국말도 배우고 한국 표현 같은 걸 쓰다 보니 지금처럼 한국말을 잘 하게 된 거죠. 그런데 우리 집에서는 어떤 줄 알아요? 소위 '짬뽕'. 그러니까 말이, 일본말하고 한국말. 한국말도 보통 한국말 하고 제줏말을 다 섞은 쓰는 그런 것. 그때, 내가 조선학교에 다닐 때에는 부모님들은 나한테는 한국말로 얘기를 하고, 나는 일본말로 대답을 하고, 그런 식으로 생활을 했어요.

김: 제1 초중급학교의 학제는 어땠나요? 다 합쳐 1학년부터 9학년까지 있는?

문: 1학년부터 7학년까지 초급학교에 있고, 중학교가 3개 학년 있고. 우린 초급학교를 졸업하면 자연히 중학교로 진급했어요. 그런데 우리가 중학교 때 보면, 초급학교밖에 없었던 학교가 주변에 있었어요. 아다치구足立區라는 데. 거기는 내가 살던 아라카와 바로 옆인데 제4 초급학교가 있었어요. 거기 졸업한 학생들도 우리 제1에 옮겨 왔어요. 중학교는. 여기서 다니게 됐어요. 그 후, 고등학교는 도쿄 조선중고급학교 하나밖에 없었어요.

김: 중고급학교?. 왜 중자가 들어가요?

문: 중학교가 있으니까. 어쨌든 나는 도쿄 조선 제1 초중급학교를 졸업하고 왔으니 도쿄 조선 중고급학교에서는 1년부터 3년까지 고등학교 과정을 보내고 졸업한 셈이 되는 거예요. 뭐, 학교 이름이나 학제 같은 게 한국과는 좀 다르다보니 쉬 이해하기가 어려운 점이 있을 겁니다.

김: 예. 그러면…… 한국말이나 글 같은 이런 것들은 조선학교에서 자연스럽게 배웠고……. 민족의식 같은 것도 이때 자연스럽게 형성됐다고 봐야 하나요?

문: 그렇죠. 말은, 일단 우리말을 배우면서……. '우리말 100프로 쓰기 운동' 같은 것도 했거든요. 그런데 사실, 일본말 쓰는 기회가 실질적으로는 많았어요. 우리말을 배우긴 배우는데 말이죠. 그러니 완전히 어색한…… 뭐라 할까? 일본식 우리말. 예를 들면 이런 식으로 말을 해요. "오늘은 날씨가 좋습니다" 이렇게 말하는 걸, "오늘은 날씨가 좋습니다, 네ね" 해요. 이건 완전 일본식 우리말이에요. 일본식 우리말. 일본식으로, 今日は天気がいいです'ね'(쿄우와 텐끼가 이이데스 '네')라고 하거든요. '네ね'자가 들어가는.

학교 수업할 때는 다 한국말로 했어요. 우리말로. 그러니까 공식적으로 학교 내에서는 수업이든, 일상생활이든 공식 언어가 다 한국말이었다는 의미죠. 당시 교과서도 한국말이었어요. 그런데 우리 시대, 우리 시절에는 '일어', 일본어를 일어라고 하는데 일어만은 교과서가 일본말로 된 일본 학교에서 쓰는 교과서를 썼어요. 그런데 우리 후배들은 그 교과서마저도 전부 한국말로 된 거예요. 민족 감정이나 이런 게 더 뚜렷해져갔다고나 할까?

아버지는 해방 후 귀국했다 다시 일본으로 돌아왔어요

김: 이젠 가족 이야기를 듣고 싶습니다.

문: 예, 지금 둘째 형님은 제주도에 있고. 우리 큰형님은……. 그

러니까 우리 부모님은 일본에 있다가 해방 직후에 귀국하셨어요. 제주에 들어가셨어요. 그런데 거기가 혼란스럽고 일자리도……. 아버지는 농사를 할 수 있는 사람이 아니었기 때문에 뒷 해에 일본에 되돌아 왔어요. 1946년에 오사카로 되돌아 온 거죠. 어머님은 1947년에 나왔고요. 1년 있다가. 그때 돌아올 때 아이가 몇 명 있었나? 다섯이었어요. 나는 아직 태어나지 않았고. 부모님은 형제 다섯 중 가장 윗 형님, 장남만 데리고 왔어요. 그땐 장남만 겨우 말을 알아들을 수 있었으니까요. 나머지 네 명은 너무 어리다고 할머니한테 맡기고 나온 거죠. 우리가 고향이 김녕인데 거기서 그러니까, 장남만 빼고……, 지금 김녕에 계시는 두 번째 형님과 누님 셋은 그냥 남겨 둔 거죠. 그러니까 나나 막내는 그땐 태어나지도 않았을 때예요. 내가 1950년생이잖아요? 그때가 1946년, 1947년 시기니까.

아버지는 그 후 2, 3년 오사카에서 돈벌이를 했어요. 오사카를 잘 아셨으니까요. 아버님은 사실 중학교 때부터 오사카에서 생활을 해왔었거든요. 활자를 찍는 일을 했어요. 활자, 한국말로는 뭐라고 하나?

김: 인쇄공? 인쇄소에서 일했다는 것? 아니, 식자공이라 해야 하나?

문: 맞아, 식자공. 옛날에는 활자를 하나씩 늘어놓으면서 만들었잖아요.

아버님은 오사카에서도 그리 오래 살지 않으셨어요. 좀 힘들어져서 이와테현岩手県으로 옮겼다고 해요. 잠시. 그러다 도쿄로 왔죠. 그리고 내가 태어났죠. 도쿄에서.

아버님은 도쿄에서는 식자공 일도 못 했어요. 옛날 해방 전에는 그런 공장에서 일을 할 수가 있었는데, 해방 후에 자이니치는 공장에서 일을 못 했어요. 너무 일자리가 없어서 쓰는 사람들이 차별을. 그때 그런 면에서는 해방 전보다 해방 직후가 차별이 더 심했어요. 직장을 얻을 수가 없었어요. 그러니까 다 구멍가게나, 바타야. 아니 한국말로 뭐라고 해야 하나? 넝마주이? 그런 거나 했어요.

어쨌든 우린 아라카와 쪽에서, 내가 태어난 그 즈음부터 쭉 살았죠. 그러다 큰형님은…… 귀국을 하셨어요. 북한에. 그러다 돌아가시고요. 1998년에.

김: 돌아가셨다는 건 무슨 말이에요? 귀국했다는 말이에요, 귀국했다 거기서 돌아가셨다는 말이에요?

문: 귀국해서 살다 돌아가신 거예요.

김: 그런 사실을, 일본에서는 쉬 알 수 있나요?

문: 1998년도는 우리 어머님이 살아계실 때고……. 그러니까 어머님이 편지 주고받고 하고 있었어요. 그때까지도 계속. 그러다 어머님은 가끔 북한으로 가고. 아버님도 몇 번 갔다 왔어요. 형님 때문에 돈을 갖고 가는 거예요. 사실 집에는 돈도 없는데.

김: 이런 얘기 솔직하게 한국에선 하기 그런데……. 여기선 뭐, 서로 다 알고 있었던 모양이네요? 그럼 만나고 와서는 생활은 어떻다고……? 어렵게 산다고? 보통 북한에 귀국한 분들은 모두 힘들게 살았다고 하잖아요.

문: 어렵게 살았죠, 아마.

김: 그러니까 저 2006년에 나온 양영희 감독 다큐영화, '디어 평양'인가를 보면 그런 게 다 나오잖아요.

문: 그런 식으로 보내는 거예요. 영화처럼. 부자들이야 물건을 막 사들고 가고 그러지만 우리 집은 돈이 없어서 사고 가는 건 못 했어요. 그런데도 돈은 보내요. 여기서는 못 먹어도 돈을 보내는 거예요. 다 그렇게들 살았어요. 그러다가 돌아가신 걸 알았죠.

김: 아버님은 언제 돌아가셨나요? 아버님은?

문: 아버지가 언제 돌아가셨더라? 1984년? 아니, 아니. 1989년에. 아버님이 12년생이었으니까 몇 센가요? 77세에 돌아가신 거죠. 그리고 어머님은, 제주도에 가서 한 1년 사시다가 돌아가셨어요. 알잖아요? 그때가 2003년인가, 4년? 김녕 절에 49제 때 오셨잖아요? 이제 생각해보면, 일본에는 식구가 별로 없었네요. 부모님하고 나, 그리고 동생뿐.

자연스레 체득한 민족의식

김: 지금 문선배가 대표로 있는 〈4·3을 생각하는 모임·오사카〉에서 활동하는 자이니치들은 모두 다 민족의식이 상당하다는 게 느껴집니다. 근데 여기서 제가 궁금했던 건, 그럼 이런 민족의식들이 어디서부터 생겨난 것인가 하는 겁니다. 대표적인 게 문선배처럼 가

정환경이나 조선학교에 다니면서 체득했다는 게 그 으뜸 요인일 것
같지만 그외 조선학교 출신이 아닌 분들은 그런 의식들을 어떻게
갖게 됐는가 하는 겁니다. 제가 듣기론 대학에 입학한 후 문선배 연
배쯤이면 〈유학동〉[1]이나 〈한학동〉[2]이라는 서클활동을 통해서 얻었

---

1 〈유학동〉: 총련 산하의 재일조선인 대학생 단체. 재일조선인 대학생을 북
한 및 총련 주위로 결집시키고 정책 실천을 담당할 목적으로 결성되었다.
조국의 남과 북, 해외 학생들과의 우호·친선을 증진하는 활동도 함께 전개.
시초는 종전과 함께 결성된 〈재일본조선학생동맹〉이다. 1955년 5월 총련
이 결성될 때 재일조선인운동의 노선전환에 따라 1955년 6월 제4회 임시대
회에서 〈재일본조선유학생동맹〉으로 명칭을 바꾸고, 총련의 산하단체로서
발족했다. 1956년부터 매년 '재일본조선학생동맹 학술분화 교류회'를 열어
김일성 사상과 조선 통일 문제, 재일조선인의 법적 지위, 인권 옹호 문제 등
을 주제로 토의하고 있다. 1957년 4월 이후 북한에서 보내온 교육 원조비
와 장학금은 유학동의 활동을 더욱 활발하게 했다. 이후 남북한 통일운동과
한일회담 반대운동, 한국의 민주화운동에 대한 각종 지지운동 등을 벌였다.
일본의 각 대학에 〈조선문화연구회(조문연)〉를 조직하는 활동을 벌이는 한
편, 각 대학 자치회를 대상으로 일본 정부의 대조선 정책전환을 요구하는
서명운동 등을 실시하고 있다. 기관지는 『유학생신문』(한글판 및 일본어판
반월간지)이다.

   (국제고려학회 일본지부 『재일코리안 사전』 편집위원회, 『재일코리안 사전』, 2012)

2 〈한학동〉: 해방 직후 조직된 〈재일조선학생동맹〉은 조국의 분단을 전후로
좌우 대립이 격화되어 1949년 5월 총회로 분열된 후에 우파는 1950년 〈재
일한국학생동맹〉이라 칭하며 민단의 산하 조직이 되었다. 한국전쟁 때는
'재일한국자원군'에 학도병을 지원시켜 전선으로 보냈으며, 1952년 총회에
서는 임시수도 부산에서의 이승만 정권의 강권정치('부산 정치파동')를 비
판하고 계엄령 해제를 요구하는 결의문을 채택해서 한국에 전달함으로써
본국 내에 파문을 일으켰다.

을 것이라고 하고, 후배들이면 〈한문연〉 활동 등으로 그랬을 것이라 합니다. 이런 분들 모두 다 민족의식, 조국에 대한 의식, 이런 것들이 굉장히 강하고 그래서 4·3일도 하고 하는 것 같은데 어떻습니까? 이런 의식들은 조선학교에 다니면 자연스레 형성되는 겁니까?

문: 이런 게 있어요. 그러니까 내가 한국사람 커뮤니티에서 자랐잖아요? 그런데 이런 커뮤니티 안에서는 교육도 받고 그러면서도 오히려 의식을 안 해요. 자기가 한국 사람이라는 게 공기같이 당연한 일이라서 의식을 안 하는 거죠. 그래서 나는 '한국 사람으로서의 자각을 가져야 한다', 그런 식의 생각은 거의 안 했어요. 공부 열심히 하는 학급반장이니 그런 사람들은 이땠는지 모르지만. 친구들도 거의 일본 사람하고는 사귄 적이 없어요. 고등학교까지는. 그러니 나는 당연히 한국 사람으로서의 정체성을 확립해야 한다는 그런 생각을 할 필요도 없이 자연스레 체득한 거죠. 다

1961년 5월 박정희 군사 쿠데타가 일어나자 재빨리 '반군부 쿠데타 성명'을 발표하고, 군사정권을 반대하는 입장을 표명했다. 이후 한국 학생혁명(1960년)의 이념을 기본정신으로 한일회담 반대운동, 입국관리법 반대운동, 민단 민주화운동 등 재일동포 권익 옹호를 기반으로 본국의 민주화와 민족통일 운동을 활발하게 전개했다. 1972년 7월 민단은 한학동의 산하단체 인정을 취소하여 사실상 추방했지만, 한학동은 이후에도 한국, 민단 차원에서 한국 군사정권 반대, 본국 학생운동 지원·연대를 표방하는 활동을 자체적으로 계속했다. 중앙총본부(도쿄) 외에 교토, 오사카, 효고, 도카이에 지방본부가 있으며, 각 대학 〈한국문화연구회(한문연)〉는 그 지부에 해당된다. 2009년 현재 교토와 효고에서 활동하고 있다. 기관지로 『한국학생신문』이 발간되고 있다.

(앞의 『재일코리안 사전』에서)

른 자이니치 친구들, 예를 들어 일본고등학교에 다녔던 친구들은 대학 가서 배워요. '나는 한국 사람으로서의 자각을 가져야겠다' 할 때, 더 열심히 하게 되는 거죠. 더 강하게. 정체성 확립을 해야겠다 해서.

그런데 나는 김선생처럼, 어떻게 보면 같이 한국에서 살았던 거나 다름없이 자연스럽게 그런 의식들을 갖게 된 거예요. 대충 그래요. 정확하게 말하면 그런 의식을 가져야 된다, 배워야 된다 하는 것도 있었지만 저는 대충 지금 말한 대로예요.

김: 그러니까 문선배는 '미카와시마'라는 조선인 커뮤니티에서 청소년기를 보냈고, 조선학교를 다녔으니까 다른 일본학교에 다녔던 자이니치들과는 달리 이름 문제도 '본명이니 통명[3]이니 그런 것이 문제가 안 됐겠네요?

문: 거의 그래요. 통명은 있었는데 거의 쓰지 않았어요. 그런데 총련 쪽 사람들인 경우 이런 것이 있었어요. 총련 쪽 사람이 이런 한

---

3 본명(本名)과 통명(通名): 자이니치의 경우, '본명'은 본래의 이름이란 뜻이고, '통명'은 일상생활에서 편의적으로 쓰고 있는 일본식 이름을 말한다. 보통 통명은 자신이 조선인임을 숨기는 기능을 한다.
본명을 쓰고 있는 자이니치 대부분은 의식적으로 민족성을 유지하려 하는 사람들이다. 그들 가운데는 민족 교육을 받은 사람들이 많다. 민족 교육을 받지 않고 통명을 써오다가 어떤 기회에 민족의식에 눈떠 본명을 쓰고 민족성을 회복하고자 하는 사람들도 있다. 그들은 고등학교나 대학교에 다니고 있는 경우가 많은데, 그들은 '본명 선언'을 하게 된다. 고등학생인 경우 교실에서 고백이라도 하듯이 새로운 조선인으로서의 삶을 친구들 앞에서 다짐한다. 그 일은 엄청난 정신적 노력을 필요로 한다.
(앞의 『재일코리안 사전』에서)

국사람 커뮤니티에서 자란 경우 통명을 많이 써요. 직장에서 일을 할 때보다도 자기 생업을 하는 데. 생업을 할 때 일본 사람하고 협상을 해야 되고 해야 하잖아요.

통명은, 나는 거의 안 썼었어요. 그렇지만 있긴 있어서 후미모토, 후미모토라고 해요. 후미모토 히데오文本英雄. 다른 사람들을 보면 보통 일본식 이름하고 한국식 이름이 같은 경우가 많은데 나는 완전 달라요.

김: 나는 보통 때도 잘 쓰지를 않아서 그럼, 조선학교를 다녀서 그런가 생각했어요. 통명 자체가 없는 줄 알았죠. 그런데 그건 아니네요.

문: 없는 사람도 있긴 한데 거의 다 통명이 있어요.

김: 그럼 학적부에는 어떤 식으로 올라가요?

문: 학적부에는 물론 조선학교였으니까 '문경수'로 올라가죠. 본명으로. 그리고 나는 이 통명을 대학 가서도 안 썼어요, 거의. 그러니 있었다는 것만 기억에 남아있죠.

가고 싶어도 못 갔던 조선대학

김: 이젠 대학 이야기를 하고 싶은 데 일본대학 나오셨죠? 조선학교를 다녔으니까 당연히 조선대학교 입학하라는 이야기도 많이 나왔을 것 같은데 어땠습니까? 어떻게 해서 일본대학에 가게 됐습니까?

문: 제가 좀, 여러 가지 사정이 있었어요. 재류 자격이……. 내가 태어났을 때, 우리 아버님은 한국에서 밀항해 온 사람의 재류 자격을 갖고 있었어요. 어쩌면 가짜 등록증을 갖고 있었던 거죠. 그 당시에 그런 게 많았어요. 그러니까, 가짜 등록증이니까 나를 출생신고 할 수 없잖아요? 그래서 나중에, 내가 한 다섯 살 땐가 들켜서 새로 만들게 됐어요. 그때 다행히 강제추방까지는 당하지 않았어요. 생활 기반이 있고, 이미 뿌리를 내려 살고 있다고 해서. 그러니까 우리 재류 자격이 '특별 재류'라는 자격이었어요. 지금은 없는데 1년에 한 번씩 갱신을 해야 하는. 중학생이나 고등학생도 3년에 한 번 씩 갱신을 해야 하는 그런 자격이었어요. 그건 식구마다 한 사람씩 그 자격증을 따로 받는 형식이에요.

그런데 그때 여러 가지 등록 문제나 국적 문제로 해서 조선학교나 대학이 조사를 당하고 있었어요. 일본 공권력에 그런 면이 있었죠. 그 뭐냐? 학교 내에까지 들어와서 그런 조사를 하곤 했거든요. 그러니까 나는 특별 재류자라서 고등학교 들어갈 때에도 너는 못 들어간다고 했어요. 처음에는. 그래서 1차 시험을 못 쳤어요. 그러다가 2차 시험으로 들어갔죠.

사실 그때 나는 1차 시험을 치르지도 못했고, 뭐 처음에는 안 된다고 하니 고등학교를 안 가려고 했어요. 그러면 좋다. 공부는 무슨? 그땐 사실 공부도 진짜 싫어했어요. 그냥 무슨 기술, 기술을 배우는 연수소가 있었거든요. 거기, 차를, 자동차를 수리하는 그런 연수소를 1년인가, 2년 다니는 데가 있어요. 공짜로 배워주는 데가. 거기 가려고 했어요. 그런데 막판에 와서 갈 수 있다고, 2차 시험 치라고 해서 들어갔어요.

나를 그냥 입학을 시키고 싶은데, 그러면 공권력과의 관계에 혼란스러운 일이 생길 수 있다고 해서 그랬던 거예요. 그래서, 고등학교도 그랬으니, 조대(조선대학)는 애초 엄두도 못 낸 거예요. 내게 조대는 가고 싶어도 못 간 대학이에요. 그 자격, 체류 자격 때문에. 그런데 사실은 난, 조대에 가고 싶지 않았어요, 원래부터. 대신 선생님들이 나가사키長崎라는 데, 나가사키 종합대학이라고 있어요. 거기가 총련하고 무슨 관계가 있는 대학인데 나에게는 거기 조선대학, 이 '조선'이라는 것은 '배를 만드는 조선造船', 뭐 기술 대학이었죠. 거기 추천해줄테니 가라고 했는데, 어떻게 나가사키까지 가요? 그래서 안 갔죠.

그런데 한 친구가 일본대학을 간다고 해서, 그럼 나도 하자 해서 같이 학교에 다니게 됐어요. 무슨 말인고 하면, 그때에는 일본대학들은 조선학교 졸업장을 인정해주지 않았어요. 지금은 사립대학들은 조선학교 졸업을 인정해주는데, 그때는 거의 안 해준 거예요. 그러니까 일본, 야간 고등학교로 편입을 해서 1년 다니기로 한 거죠. 그래서 나는 기타쿠의 오오지라는 데에 있는 야간 학교에 편입을 했어요.

그런데 지금 생각해보면 참 뭐한데, 그 당시에는 선생님들이 일본학교에 편입 가면 안 된다고 했어요. 60년대 말이라서, 총련은 그때 소위 '김병식 시대'예요. 가장 까다로운, 여러 가지로 경직화된 그런 시기였죠. 그러니까 조선학교에서는 허가를 안 줬어요. 우린 졸업장이 있어야 그쪽에 편입을 할 수 있는데. 그때 우리가 다섯 명이 가려고 했어요. 우리 중 한 명이 아버님을 데리고 와서 많이 떠들었죠. 그러니까 그 학생에게는 허가를 내준 거예요. 그 이야기를 들고 우리도 학교에 갔죠. 누구는 주는데 왜 우리한테는 허가를 안 주냐고 해서 마지막에 허가를 받고, 그래서 일본 야간학교에 1년 다녔어요.

김: 그럼, 그 학교에 1년 다니면 어떤 자격이 나오는 거예요?

문: 고등학교 졸업장, 그게 나오죠. 그러니까 이런 거예요. 우리가 조선학교 3년 다닌 걸 인정해주는 거예요. 그런 사립학교가 몇 있었어요. 뭐, 학생수가 모자라서 그렇기도 했겠죠, 아마. 그래서 우린 4학년에 편입을 하게 됐어요. 야간학교는 4년제라서, 일본 고등학교는. 4년제라서 4학년에 편입을 해서 1년 다녀서 거기 고등학교 졸업장을 갖고 대학에 간 거죠.

김: 그럼 문선배 같은 경우에는 고등학교 졸업장이 두 개가 있다는 얘기네요?

문: 그런데 난, 조선학교에선 졸업장을 받았는지 안 받았는지 모르겠어요. 왜 그러냐 하면 마지막에 출석이, 3학년 때 아르바이트를 너무 많이 해서 학교에 잘 나가지 못했고, 또 마지막에 월사금도 안 낸 것 같아요. 우리 집이 그때는 너무 가난했어요. 그래서…….

어쨌든 내가 그때 편입한 일본 고등학교 이름이, 순다이가쿠엔 고등학교駿台學園高等學校예요. 거기 1년 다녔어요. 그리고 졸업하니 그게 언제야, 1969년? 아, 1969년은 조선학교. 일본학곤 1970년, 1970년에 졸업한 거예요. 그러고 그때 우리 다섯 명 중 일본대학에 간 학생은…… 세 명 갔네. 두 명은 못 가고.

적성에 맞지 않았던 조청 활동

김: 그럼, 일본대학 가려니까 거기 일본고등학교에 편입 가서는 열심히 공부했겠네요?

문: 허허. 나는 열심히 공부를 안 했어요. 김선생이 한국식으로 그럼 어떻게 일본대학을 가, 하고 걱정을 하는데. 그땐, 어떤 목적의식……? 그러니까 나는 그때 막연하게 그런 생각을 했었던 것 같아요. 나는 졸업하고 〈조청〉 활동을 시작하자 한 거예요.

김: 〈조청〉이라면 총련의 청년회?

문: 그렇죠. 청년 조직이죠. 정식 명칭은 〈재일본 조선인 청년동맹〉. 내가 반장을 했어요, 조청 반장. 그 4학년에 편입해서 다닐 때. 낮에는 공장에서 일하고. 우리 집 주변에 한국사람 공장이 있었거든요. 거기서 일하고, 저녁에 야간학교에 갔다 돌아오면 아홉 시쯤 돼요. 그 후에는 조청 활동. 그리고 주로는 토요일, 일요일에 활동하고. 당시 조청 활동이 상당히 활발했어요. 반이 있어요. 반이라는 것은 한국식으로 하면 동 단위. 우리 아라카와는 그런 반 단위로 했어요. 다른 덴 보면 반 단위로 못 할 때는 두 개 반이 합동으로 하고. 반장도 있고.

그때 가장 중요한 게 지부예요. 각 지부에 전임 일꾼이 있는데 한 대여섯 명 돼요. 그러면 이제 아라카와 지부 전임이 우리 반에 지도하러 온다, 그러면 나도 그 사람들하고 같이 다니면서 반에서 여러 가지 학습회를 하거나, 회상기 학습……, 아침 일찍 일어나서 회상기 학습회 활동을 해요.

김: 회상기?

문: 빨치산 회상기.

김: 아아.

문: 항일 유격대, 항일 빨치산. 1930년대에 김일성의 지도하에 중국 간도 지방에서 전개된 항일 유격투쟁의 기록이에요. 그걸 공부한다는 거예요. 뭐, 북한에 대해서 공부하는 거죠. 우린 그때 회상기하고 김일성『혁명 활동 약력』이라고, 한 200페이지 짜리 책을 공부했어요. 그 약력을 통달하라는 거예요, 통달. 다 외운다는 거죠. 그러니까 백 몇 페이지를 다. 그런데, 나는 거의 못 했어요.

어쨌든 우린 활동으로 그런 걸 하거나, 개별 방문하고, 무슨 모임이 있으면 사람들을 동원하고 하는 그런 활동들을 했어요. 그때 보면 우리 지역에 총련 사업체도 있었어요. 신보사(조선신보)도 있었고, 무슨 은행도 있었고. 그외 여러 산하단체 사업체가 있거든요. 그러면 거기에 전임으로 일하는 사람들도 여기 살고 있었으니까 반 사업을 같이 해줬어요.

김: 그런데, 어떻게 해서 이런 활동을 하게 된 겁니까?

문: 그러니까, 활동을 하라고 오는 거예요. 선배들이, 조고 선배들이 거기 많이 있었으니까 와서 같이 하자고 하는 거예요.

김: 그러니까 뭐, 그런 점도 있지만 문선배도 그런 데 관심 있었던 게 아니에요?

문: 음, 난 그런 관심은 없었던 것 같은데. 잘 모르겠어요. 그

때…… 고등학교를 졸업하고, 사회에 일자리를 얻어서 공장 같은 데서 아르바이트를 하게 되면, 그러면 너무 쓸쓸했어요. 그러니까 좀 마음 놓고 이야기할 수 있는 사람들하고 어울리고 하는 그런 자리였어요. 일종의 어울림 마당이라고 할까? 총련 사업이, 그런 면도 있었어요. 그때 보면, 조청 전임일군이나 윗사람들은 대개 조고 선배였어요. 그러고 간혹 일본 고등학교에 다니는 학생들의 학생회가 있어서 거기서 활동했던 분이 있었고.

김: 그러면 대학 들어갈 때, 시험공부는 언제 했어요?

문: 대학시험 공부는……. 그러니까 그때 반 사업을 히는 와중에 전임을 해야 된다고 공작을 받았어요, 내가. 전임을 하라, 전임을 하라고. 그때 100일간 혁신운동이라고 해갖고…… 있었어요. 나는 공장일을 그만 뒀어요. 그래서는 전임 비슷한 일을 하기 시작했죠. 모두 합숙을 했어요. 그때 강동학원이라고 해서 거기서 몇 주일, 몇 달 교육을 받는 데가 있었어요. 그 강동학원이 오오미야에 있었는데, 거기 일 주일 납치 비슷하게 당해서 갔어요. 그래서 돌아오니 이젠 공장에도 못 가고……. 어쨌든 그렇게 그냥 100일간 혁신운동이라고 해서 했는데, 나는 석 달간 해 보니까 이건 나와 전혀 안 맞아요. 그래서 그냥 나왔어요. 총련지부 건물에서 자면서 한 석 달간 지냈죠. 선배들은 그렇게 그냥 전임이 되라고…….

호세 대학(法政大學) 쵸분켄(朝鮮文化研究會) 가입

그때가 그러니까, 야간 고등학교를 졸업한 직후예요. 1970년, 내가 대학을 1971년에 들어갔으니 1970년 4월부터 몇 달 정도 되겠네요. 그때는 졸업하면서 시험도 안 보고, 활동하면서 여러 가지 혼잡도 있고, 싸우기도 하고. 그러다 마지막으로는 활동 안 하겠다 해서 대학 가는 공부를 석 달간 한 거예요. 혼자 공부했죠. 실질적으로 재수를 한 거예요. 돈이 없으니 학원은 안 다니고, 도서관 다니면서 공부했어요. 그땐 참, 완전 석 달, 대학 가려니 인연 다 끊고 집중해서 했어요.

김: 하하. 머리가 참 좋았네요. 석 달 공부해서 대학 들어갔으니?

문: 그때는 그렇게 어렵지 않았어요. 처음에는 야간부에 들어갔었거든요. 법정 대학法政大學. 호세 대학. 정확히 말하면 호세 대학 문학부 영문과 2부. 2부라는 건 야간. 그때가 1971년이니 일본 나이로 스물 하나에 입학한 셈. 한국 나이론 스물 둘이고, 삼수를 해서 대학에 들어간 셈이 되나요? 뭐, 그게 일본에서는 늦은 편은 아니에요

이젠 내가 대학을 다니는데 총련을 그만 뒀으니까 자연히 〈유학동〉을 하게 돼요. 그건 그냥 대학에 가니까 내 소식을 듣고 사람들이 찾아오는 거예요. 몇 명 와 갖고 그 당시는 〈쵸분켄朝文研〉이라고 있었어요. 그리고 〈칸분켄韓文研〉이라는 단체도 있었고 이 쵸분켄, 우리말로 〈조선문화연구회〉는 지금 우리 리츠메이칸 대학에도 있어요

김: 앞에서도 잠깐 나왔지만 이 〈한문련〉과 〈조문련〉에 대해 설

명 좀 해주세요. 제가 자이니치 여러분을 만나 이야기를 들을 때도 보면 자신이 민족의식을 갖게 된 것은 이 단체에서의 활동 때문이었다고 하는 걸 여러 번 들었거든요.

문: 음, 간단히 말하면 〈한문련〉은 민단 계통이고, 〈조문련〉은 총련. 조문련은 실질적으로는 〈유학동〉의 산하 단체라고 할 수 있죠. 혼란될 텐데 다시 말하면, 〈한문련〉은 〈한학동〉의 산하 단체격이지만 또한 별도의 단체로 대학에서는 〈한학동〉이 〈한문련〉으로 간판을 내걸고 활동한다고 보면 되요. 그러니 〈한문련〉에 속한 사람들은 당연히 〈한학동〉 멤버도 거의 된다고 봐야죠. 내가 그쪽은 아니어서 자세히는 모르겠는데 그렇지 않는 경우도 있을지 몰라요.

마찬가지로 〈조문련〉도 〈유학동〉과 다른 조직이지만 서로 겹치고, 동시에 가입되고 했는데 우리 호세 대학은 달랐어요, 좀. 뭐냐면, 쵸분켄을 일본 사람들하고 같이 하고 있었어요. 당시 나는 〈조문련〉과 〈유학동〉에 동시에 가입된 거 같아요. 그런데 그때 우리 호세 대학을 보면 두 개 조직이 따로 활동했어요. 그리고 호세 대학엔 또, 일본 공산당계 학생들이 있어서 그 학생들하고 우리 〈유학동〉 계통 학생들이 따로 활동했고. 그 양쪽에 걸쳐 〈조문련〉이 있는 식으로 우리 2부는 활동을 했어요.

당시 그렇게 조직이 복잡하게 된 이유는 이런 거예요. 우리가 학교에 신고를 해서 이런 서클을 하겠다고 서약을 해서 지원을 받잖아요? 그럼 그때 〈유학동〉이니 하는 정치조직으로는 지원을 못 받아요. 사회 정치조직은 안 된다고 해서. 그럼 학교 신고 서류를 만드는 데에는 문화서클 활동을 하고 있다고, 그런 형식으로 만드는 거예요. 그러니까 이름이 〈쵸분켄〉, 〈조선문화연구회〉가 된 거죠.

그러니까, 실질적으로는 무슨 민주화운동을 한다, 지문날인 거부활동 데모를 한다 할 때는 〈유학동〉이나 〈한학동〉으로 하고. 학교에서 서클룸 같은 것을 받고 할 때는 〈한문련〉으로 받고. 그때 우린, 대학엔 이런 조직들이 있다는 걸 다 알고 있었어요. 그리고 자연스럽게 가입했죠. 왜 낯선 대학에 가니까 처음엔 친구도 없고 그렇잖아요? 그래 거기서 벗도 얻고.

거의 공부를 할 수 없었던 대학 생활

호세 대학은 집에서 전철 타고 한 30분밖에 안 걸리는 가까운 데 있었어요. 그때 우리 가족은 아버지, 어머니하고 나, 그리고 동생 해서 넷이 있었어요. 주로 집에는 우리 둘만 있었죠. 부모님들은 일하러 다녔으니.

김: 예, 좀 적적하기도 했겠네요. 문선배! 이젠 대학 생활, 그 〈유학동〉 활동에 대한 이야기를 좀 해주십시오. 제가 문선배 이야기 중에 제일 궁금한 부분 중의 하나이기도 합니다. 참, 호세 대학에는 〈한학동〉도 있었겠네요?

문: 〈한학동〉? 당연히 있었죠. 서로 다 알았어요. 친하진 않았지만. 다른 친구는 모르겠는데 나는 특별히 호세대에 〈한학동〉 친구를 두지는 않았어요.

김: 그리고, 두 단체는 조직적으로 활동을 절대로 같이 하지 않는

다면서요?

문: 절대? 몰라요. 절대까지는 안 가겠지만, 거의 안 했어요. 그러니까 〈한학동〉이…… 1971년에 내가 대학에 들어갔을 때는 참 미묘한 시기였어요. 70년대 전반이 돼 가면 1972년에 '7·4 남북공동성명'이 나오고, 그쯤에서 〈한학동〉은 완전히 민단에서 쫓겨나요. 그런 원인이…… 그러니까, 민단 민주화를 위해서 싸웠다는 거예요, 그 사람들이. 민단에 대항한 거죠. 민단에 대항하고 군사 정권에 대항하고. 사실, 민단 주동세력은 모두 군사정권을 추종했잖아요?

그때 보면, 〈한학동〉 내에서도 민단 민주화를 위해 민단 주류, 즉 집행부에 남아 활동하자는 쪽하고, 바깥에 나가서 싸우자는 쪽하고 양측이 갈렸던 것 같아요. 60년대까지는 민단에 남아서 민단 전체를 민주화해야 한다는 의견이 좀 많았었다고 하고요. 그러다가 1971년에 한 사건이 발생해요. '로쿠온 테푸 지켄録音テープ事件' 즉, '녹음 테이프 사건'[4]이라고 해서. 영사관이 관여한.

———

4 1960년 4월 혁명과 이듬해 발발한 군사 쿠데타에 대한 평가를 놓고, 민단은 군사정권을 전면적으로 지지하는 민단중앙파와 이에 비판적인 민단유지간담회(유지간)를 비롯한 민단 민주세력파로 양분되었다. 1971년 민단 중앙대회(단장 선거)를 앞두고 열린 중앙위원회에 김재권 공사가 내빈으로 참석했다. 축사에서 민주세력파의 유석준 후보의 참모격이었던 인물이 도쿄 데이코쿠(제국)호텔에서 총련의 최고 간부와 만나 대한민국을 전복하기 위한 음모를 획책하는 대화를 녹음한 테이프가 있다고 공언했다. 대사관과 민단중앙 측은 모 인물이란 유지간 리더인 배동호라고 하며 유후보를 지지하지 말도록 노골적으로 선거에 간섭했다. 그 결과 유석준 후보는 낙선하고, 대사관 측이 밀었던 이희원이 중앙단장에 당선되었다. 당초에 테이프는 대사관이 보관하고 있으며 선거 후에 공개하겠다고 했지만, 결국 공개되지

김: '녹음 테이프 사건'?

문: 예. 그게 무슨, 민단의 반주류파, 그러니까 민주화파가 어떤 발언을 했다, 안 했다는 하는 사건인데 영사관이 그걸 폭로를 하겠다 하고 민단대회에서 발언을 했거든요. 그걸 계기로 민단은 완전히 두 파로 쪼개지는 거예요.

김: 그러면, 〈한문련〉이든 〈한학동〉이든 호세대에서 볼 땐 모두 학생이잖아요? 그럼, 졸업한 후에는 어떻게 되는 거예요? 청년동맹으로 당연히 들어가는 겁니까? 이 사람들은? 마찬가지로 〈조문련〉이나 〈유학동〉도?

문: 졸업하고 난 뒤에 〈유학동〉은 총련 산하기관에 가는 경우도 있어요. 나도, 〈조선문제연구소〉에 가고 싶었어요. 〈조선문제연구소〉는 인원수가 많고 해서. 여긴 뭐, 일본 학교나 대학을 졸업하면 못 가요. 그리고 또 〈조선신보사〉 같은 신문사가 있고. 나는 거기 가라고 하달을 받았어요. 그런데 가기 싫어서 대학원 간다고 해서 안

않았다.

이후 사태의 수습을 위해서 민단중앙은 민단의 자주화, 민주화 투쟁에 참가하고 있던 민단 도쿄 본부, 가나가와 본부에 '직할처분'을 내리고, 〈재일한국청년동맹(한청동)〉, 〈재일한국학생동맹(한학동)〉의 산하단체 인정을 취소했으며, 민주파 간부와 활동가를 권리 정지 · 제명 처분했다.

나중에 이 사건은 중앙정보부가 민단 민주화 세력을 배제하고, 중앙파지지 세력으로 민단을 조직화하기 위해 날조했다는 사실이 밝혀졌다. 박정희 정권(본국 정부)이 재일동포사회(민단)의 분열을 초래한 대표적인 사례이다('배동호 사건'이라고도 불린다).

(앞의 『재일코리안 사전』에서)

갔어요. 그러니까 총련 조직에는 본부나 그런 조직이 위에 있고, 산하단체가 많고, 은행도 있고, 상공업 단체도 있고, 그리고 예술단체가 있고. 그러니 그런 데로 가는 사람도 있고. 또 일본 회사에, 그때는 차별이 심해 어렵긴 했지만 일본 회사로 가는 사람도 있고, 한국 사람이 하는 기업에 가는 사람도 있고, 이런 식이었어요. 몇 프로가 가고 안 가고 하는 정확한 통계는 모르겠는데 당시 총련에는 일거리가 많았어요. 전임으로 갈 수 있는 요인이 많았던 거죠.

그러니까, 총련에서는 〈유학동〉 나오고 본인이 거부만 안 하면 그쪽 관계된 여러 조직이나 기관에서 일할 수 있도록 해주었어요. 그리고 〈유학동〉 조직에서 전임으로 일할 수 있게도 해주고. 우리 때도 보면 〈유학동〉에서 가장 핵심적으로 일했던 사람 중 몇은 그쪽으로 갔어요. 〈유학동〉으로 바로.

김: 〈한학동〉은 어떻습니까? 비슷합니까? 졸업한 후에도?

문: 〈한학동〉은 아니에요. 〈한학동〉은 완전히 달랐어요. 왜 그러냐? 〈한학동〉은, 윗 조직이 민단이잖아요? 민단하고 싸우고 있었잖아요. 그래서 〈한학동〉은 일자리가 별로 없었어요. 한청에 가서 전임을 하거나, 민단지부에 가는 경우도 있었고, 한국사람이 하는 어떤 기업에 가거나, 일본 회사에, 아니면 한국에 유학을 가기도 했어요.

김: 문선배의 경우, 말씀을 듣다보니 대학 4년을 공부보다는 거의 활동으로 보내다시피 한 것 같은 데요?

문: 수업은 거의 안 나갔어요. 그러니까 〈한학동〉이든 〈유학동〉이든 거기에 속한 사람들은 수업보다는 거의 활동만. 강의도 나는

거의 안 들었어요. 내가 지금 후회를 하는 게 그런 쪽이에요. 변명이라면 당시 일본도 70년대 상황이었다는 거. 아직 60년대 말의 학생운동 분위기도 좀 남아있었고 하는, 그런 상황. 그런데 시험도 없었어요. 우리가 1학년 때 호세 대학은 그 무슨 좌익단체, 신좌익단체의 거점이었어요. 그래서 공산당 계통이 강했고, 학교하고 갈등이 있어서 학생들이 떠들어대면 시험도 중지됐어요. 다행인지 불행인지, 내가 1학년과 4학년 가장 어려울 때 시험이 없었어요. 학생들이 들고 일어나 시위를 해준 덕에 나는 졸업을 할 수가 있었던 거지요.

김: 대학 4년 활동 중에 특히 기억에 남거나 하는 그런 게 있습니까?

문: 이건, 기억에 남는다기보다도 아까 두 개 단체와 같이 한다고 했잖아요, 쵸분켄이. 그게 무슨 말이냐 하면 쵸분켄이 일본 사람들하고 같이 많은 일을 했어요. 일본 사람은 〈일조협회日朝協會〉라고 있었거든요. 공산당 계통의 대중단첸데 그 당시에는 총련하고 사이가 안 좋았어요.

우린, 일조협회 사람들하고 학습도 많이 하고, 활동도 많이 했어요. 그런데 중간에서…… 그 당시에는 여러 가지가 까다로웠어요. 어느 날, 일본 사람들을 쫓아내라고 하는 거예요. 우리한테 와서, 압력을 가하는 거죠.

김: 그건 누가? 〈유학동〉이?

문: 다 쫓아내고, 다른 대학 비슷하게 〈유학동〉만으로 쵸분켄을 하라고. 하루는 본부에서 사람이 온 거예요. 전임 일꾼이 오더니 그

런 식의 지도를 하는 거죠. 그러니까 내가 2, 3학년 때 책임자를 할 땐데 많이 싸웠어요. 그러다가 결국은 내가 손을 들고 그러면 알았다, 우리가 쵸분켄을 나간다 해서 했는데 당시는 참 어려운 시기였어요. 총련에서 소위 '김병식 위원장' 시대였어요.

김: 거꾸로? 일본 사람들을 내보내지 않고?

문: 그런 거죠. 우리가 나간다고 했어요. 그런데 사실, 일본 사람들만 남으면 쵸분켄을 못 하잖아요? 그러니, 결국에 가서는 일본 사람들이 나가게 됐어요. 그런데 호세 대학에는 일본 사람과 한국 사람이 같이 하는 그런 전통이 있어서 일본인 선배들도 많았어요. 지금도 사귀어요, 그 사람들. 그때처럼. 내가 1학년 때, 그분들은 3, 4학년으로 있던 선배들이었어요. 진짜 좋은 사람들이에요, 그 사람들. 직업은, 야간 학교라서 보통 간호사를 하는 사람들이 많았어요. 여성들.

김: 하하, 그럼 그 〈유학동〉에 여성이 절반은 넘었다는 얘기에요?

문: 절반은 안 넘었어요. 그러니까 〈유학동〉에, 한국사람 쪽에는 남자가 많았어요. 그런데 그쪽, 일본 사람 쪽은 여성이 많았어요. 지난번 4·3행사를 도쿄에서도 했잖아요? 그때도 왔었어요. 선배 여성 한 분.

중앙대에 학사 입학을 하고 고이삼을 만나다

김: 졸업할 때 되어가니까 문선배는 이제 무엇을 해야겠다고 생각했습니까? 전임활동가를 하겠다고 마음먹었던 건 아니잖아요?

문: 아까 잠깐 이야기했듯이 신문사에 갈까 말까 하다가 결국엔 대학원에 갔어요. 아, 대학원 말고 그 전에 학사 입학을 했어요. 중앙 대학에 학사 입학.

내가 졸업한 게 1975년이니까 그해 4월에 중앙 대학 3학년에 전입을 했어요. 그런 제도가, 지금은 없는데 옛날에는 있었어요. 학사 입학이라고 해서. 그때 시험을 봤어요. 그 시험이 어려웠어요. 한 네 명인가, 입학을 할 수 있었어요.

지금 생각해보면 당시엔, 신문사에도 가지 않겠다고 마음먹으니까 당장 갈 데가 없어진 거예요. 조직 일을 하기는 좀 어렵다는 생각도 들었고. 〈조선문제연구소〉 같은 데서 연구만 하면 좋겠는데 거기는 거기대로 어렵다고 하고. 그렇다고 일본 회사는 도저히 못 가겠고. 그러니까 이젠 공부를 하자 한 거예요. 그때 나는 아르바이트를 해서 웬만한 수입은 있었어요. 무슨, 개인 과외 같은 거. 수입이 좋았어요. 그래서 이젠 저녁에 하는 일들이 많아졌으니까 낮에 학교를 다니자. 주간반에 들어갔죠. 내가 정치학을 하게 된 건, 그 중앙 대학 전입 때 법학부 정치학과에 들어간 것 때문이에요.

그때 중앙대에선 쵸분켄이 무너지기 직전이었어요. 부실[5]은 있었는데 활동할 사람이 없었어요. 그래 내가 간다니까 목을 빼고 기

5　부 사무실

다리고 있었던 거죠. 이건 뭐, 난 3학년에 전입가자마자 다시 활동이 시작된 거예요. 당시 보면 쵸분켄이 너무 활동을 하지 않아서 부실한 때는 〈한문련〉이 와서 점거도 했다고 하더라고요. 내가 가기 전에 누가 그 사람들은 쫓아냈어요. 그때 중앙 대학은 본부하고는 사이가 안 좋았지만 〈유학동〉과 〈쵸분켄〉이 완전히 한 단체였어요.

그때 이삼이[6]하고 처음 만났어요. 고이삼하고 부실 문제며 여러 가지 문제로 많이 싸웠죠, 그러니까…….

김: 고이삼 선배도 중앙 대학 다녔다는 얘기네요?

문: 야간부에 다녔어요. 상학부인가에. 그때 4학년이었나? 아니, 아니 같은 3학년이었지, 아마? 그때 처음 만났는데 입장이 달라서 싸웠죠. 그러면서 한 번 이야기해보자고 술 먹으러 갔어요. 술 마시면서 여러 가지 이야기를 나누고. 그런데 그 당시 이삼이네 〈한학동〉은 완전히 마르크스-레닌주의였어요.

김: 그런 고이삼 선배는 〈한학동〉 대표고, 문선배는 전입하자마자 거의 〈유학동〉 대표를 맡다시피 하면서 싸웠다? 그런 말?

문: 그런 말. 그래 만나서 이야기를 했죠. 그날, 술만 많이 먹었어요. 그 후 우린 아는 사이 정도는 돼서 대립까지는 안 갔죠. 그때가 내가 고이삼 사장을 처음 만난 때예요. 지금이야 아주 친한 친구지만.

김: 근데, 지금 문선배 얘기를 듣다보니 문선배의 모습에 대해 여

---

6 고이삼. 출판인으로 신간사 대표, 4·3운동가. 이 책 여섯 번째 구술자

러 가지를 생각하게 되네요. 공부하는 걸 보면 훌륭한 학자이기도 하고, 또 학교 밖의 〈4·3을 생각하는 모임〉 대표로 활동하는 걸 보면 이건 완전히 시민운동가이고, 또 어떤 때는 행사 포스터 들고 거리에 붙이러 다니고. 이 마지막 모습은, 한국에서는 절대 상상이 안 돼요. 한국에서는 교수들이 권위의식은 높지만 직접 활동하고, 말단 직원들이나 학생들이 할 행사 포스터 붙이러 다니는 일 같은 걸 하지는 않지요.

문: 뭐, 요즘은 좀 있죠. 내가 알기로 한국 성공회대학 같은 학교의 선생님들, 하하하.

김: 어쨌든 문선배가 이런 패턴의 연구하고 행동하는 방식은 이 때부터 굳어진 거네요?

문: 그렇죠. 그때부터 그랬다고 봐야죠. 대학 일이 아무리 많아도 내가 맡은 외부 일도 반드시 해야 되요. 습관적으로 그렇게 된 거예요. 활동은 당연히 해야 한다는. 생활의 일부가 되어 버린 거예요. 내가 오사카에서 물러설 수 없잖아요? 포기할 수 없잖아요? 그런데 …… 이런 것도 있어요. 내가 무슨 확고한, 견고한 어떤 신념 갖고 이런 일을 하는 거냐 할 때는, 아니에요. 그런 면에선 부족한 점이 많아요. 사실 〈유학동〉도 내가 안 하면 할 사람이 없어서 그랬던 면도 많아요. 지금도 그래요. 여기 오사카에서 〈4·3을 생각하는 모임〉은 다른 사람이 없잖아요? 자이니치로 대학교수하고, 나이도 그렇고 한……. 그러니 내가 대표를 오래 계속하게 되는 것 같아요. 뭐, 일하다 보면 내가 신념이 굳은 사람이 아니니 일도 무리를 안 하게 되는 것 같아요. 그런 면이 이렇게 장점이 될 때도 있네요.

내가 지금 있는 자리만은 포기하지 말자

　김: 또 한 가지. 문선배 성격적인 부분인데 활동하면서 싸울 때, 예를 들어서 지문날인운동하면서 싸우잖아요? 밖에서, 구호를 외치고 하면서 전면적으로 투쟁도 하잖아요? 어때요, 그렇게도 해봤어요?

　문: 난 안 해봤어요. 그렇게 시위 같은 걸 하고, 구호 외치고 하는 건. 그러나 해야 할 때는 해요. 그런 마음 가져요. 그러니까 나도 한 가지 생각하는 것은, 자기가 있는 자리만은 포기를 하지 말자. 절대 물러서지 말자. 그것만 생각하고 있어요. 상황이 아무리 어려워도 포기하면 안 된다. 휘어지더라도 부러지지 말자, 그렇게 생각하며 지금껏 살아온 것 같아요.

다시 호세대 대학원으로

　이젠 다시 아까 얘기로 돌아가죠. 그래 내가, 3, 4학년 다시 다니면서 취직을 하려고 해도 나이도 좀 차고 해서인지 안 되요. 그때 당시는 취직 상황이 좋은 시기였는데도 그렇더라고요. 일본은 70년대 중반 같으면 전체적으로 좋은 시기였어요. 고도 경제성장이 꺾이긴 했어도 그래도 중앙 대학 정도 졸업하면 취직을 쉽게 할 수 있었어요. 근데도 난 어려울 것 같았어요. 한국 사람이라서 아무래도……. 그래서 대학원엘 갔죠.

　그때 취직시험은 한 번도 안 봐봤어요. 취직 설명회에만 몇 번 가봤는데 어려울 것 같더라고요. 뭐, 지금은 정확한 기억이 없네요.

학교에서 하는 취직 설명회, 몇 번 갔는데 아, 이건 내가 갈 데가 아니다, 그랬어요. 이제 대학원을 지원했죠. 호세 대학 사회과학연구과, 사회학 전공. 뭐, 전공은 또 달라진 것 같지만 그건 아니고 공부는 그대로 정치학을 했어요. 그때가…… 1977년 쯤 된 거 같아요.

김: 문선배 얘기를 들으면서 일본이라는 나라에 대해 참 부러워지는 게 많은데 먼저 한 가지 떠오르는 게 있어요. 왜 한국에서라면, 문선배가 대학졸업과 편입학, 취직문제, 대학원 입학 등등의 인생 진로를 고민할 때쯤엔 군대를 가야 하잖아요? 군대. 젊은 시기 자신의 앞길에 대해 고민할 시간적 여유도 없어요. 저는 군에서 만 3년을 근무했거든요.
문: 그렇죠, 그건. 한국이라면.

김: 그 후에는 어땠습니까? 호세 대학으로 다시 돌아가서 공부하게 되는데, 이때는 〈유학동〉 활동은 안 했습니까?
문: 이때는 일단 많이는 안 하는데, 소속은 〈과협〉에 뒀어요. 〈과학자 협회〉. 거기 소속을 해서 거기 분들하고 지냈죠. 깊숙하게 관여를 하지는 않았어요.

김: 〈과협〉은 이거…… 이것도 혹시 총련 소속?
문: 예. 총련 단체.

김: 아, 역시 문선배의 성장과정은 철저한 총련맨.
문: 하하. 뭐, 그렇네. 어쨌든 이후부터 나는 이름만 올려서 관련

되는 분들하고 교류하고, 연구회 같은 것을 하기만 했어요. 전면적인 활동은 안 했죠. 사실 과협 자체가 무슨 지부 활동을 하거나 하는 건 아니었거든요. 무슨 모임 있으면 가고. 또 한 가지 좋은 건, 〈과협〉 소속으로 있으면 장학금을 받을 수 있었어요. 거기서 나오는 장학금은 다 받았어요. 하나는 〈조선장학회〉라고 있거든요, 거기서 주는 거 받고.

김: 그것도 총련 쪽?

문: 아니 아니. 거기 〈조선장학회〉라는 곳은 이름은 그렇지만 민단하고 총련이 같이 만든 장학회예요. 이사진도 민단하고 총련 같이 들어있고요. 그러니까 〈유학동〉도 〈한학동〉도 골고루 지원을 해주는 그런. 이 단체는 신주쿠에도 있고 오사카에도 있어요. 지금도 한국에서 온 유학생이나 자이니치 대학원생, 대학생들에게 장학금을 주고 있어요. 심사를 해서 결정을 내리죠. 또 〈교육회〉라고 있는데 이건 총련 교육회. 거기에서도 장학금을 줬고. 이건 총련 과협에 속해야 줬죠. 그리고 또 일본 정부의 〈이쿠에이카이育英會〉라고 지금 이름은 〈학생지원기구〉인데, 이 일본 장학단체가 주는 장학금도 받았고.

그때 일본 정부에서 주는 건, 그냥 주는데 급여 형식이었어요. 그때 액수가…… 여기 교육회하고 조선장학회가 주는 급여는 3만 엔, 2만 엔. 그럼 5만 엔이죠? 거기에 이쿠에이카이는 7만 엔을 줘요. 모두 한 달에 한 번씩. 돈이 꽤 되죠. 그런데 여기 이쿠에이카이가 준 7만 엔은 나중에 돌려줘야 돼요. 이자 없이. 그런데 이것도 나중에 대학이나 연구기관에 취직을 하게 되면 돌리지 않아도 돼요. 참 공부할 수 있는 환경은 좋았어요. 근데, 한 가지. 그 이쿠에이카이는 상환조건 기간이 한 10년 됐어요. 10년 안에 연구기관에 취직해야 상환을 안 해도 됐죠. 난 다행히 그 10년 안에 여기 리츠메이칸 대학에 취직을 하면서 돈을 갚지 않아도 됐어요. 그 액수가 얼마예요? 그러니까 석사 2년, 박사 3년 하면 5년이잖아요. 여기에 5년, 매달 7만 엔씩 하면 얼마나 돼요? 400만 엔? 4백 몇 만 엔은 됐어요. 엄청 큰 돈이었죠.

김: 박사 과정도 호세 대학에서 계속했네요?

문: 그렇죠. 그런데 나는 대학원을 9년 다녔어요.

김: 아까는 5년?

문: 아니. 3년은 그러니까, 최단 코스를 말하는 거고. 나는 석사를 3년, 박사를 6년 다녔어요.

김: 그건 왜, 이때도 활동 때문에?

문: 아니에요. 이때가 되면 활동 때문은 아니고, 사실은 취직이 안 되어서 그랬다는 게 맞아요. 시간 강사 자리도 없었어요. 그러니까, 내가 여러 가지 일을 하잖아요? 그러니 수입은 있어요. 그렇지만 나름대로 불완전했죠. 불완전 수입. 지금으로 치면 비정규직이요.

그때는 그랬어요. 사회과학 계통은 학위논문을 안 썼어요. 학위를 가진 사람이 거의 없었죠. 한 10프로 정도밖에 없었어요. 미국에서 공부를 하거나 한 그런 사람들밖에. 그렇지만 논문은 계속 쓰면서, 여러 가지로 업적을 내면서 취직자리를 잡은 거예요. 그러면서 내가 최종적으로 박사 과정 끝낸 게 언제가 되나? 1986년? 1986년 이네요. 그때 또 한 가지, 박사 과정은 6년 이상을 못 갔어요. 6년 이 상 재직을 못 해요. 그래서 나는 그 기간을 최대한 채운 거죠.

시간 강사 시절

그 즈음, 난 다행스럽게도 시간 강사를 할 수 있게 됐어요. 몇 군 데 찾다 시간 강사 자리를 얻은 거죠. 지도교수님이 호세 대학에서 잡아줬어요. 시간 강사하게 되니까, 그 자격으로 여러 가지 강좌를 하게 됐죠. 당시 일본에서는 대학에서 한국말을 가르치는 강좌가 많 이 만들어지고 있었어요. 내가 처음에 한 강의는 세계 정치론.

그리고 그때도 난 시간 강사를 하면서 여러 가지 일을 했어요. 일종의 아르바이트를 겸업하는 거죠. 생활비는 벌어야 하니까 개인 과외도 하고. 또 친구하고…… 일본에서는 쥬쿠塾라고 하는데, 한국 에서는 뭐라고 하더라? 학생들을 학교 밖 강의소에 모아서 돈 받고 하 는 거? 학원? 학원. 그 학원, 쥬쿠를 친구하고 같이 한 시기도 있었어 요. 오오미야大宮에서. 친구와 둘이 공동경영으로 했지만 그건 학생 이 너무 적어서 망했어요. 하하.

김: 그럼, 그 사이에 결혼은 언제쯤 했습니까?
문: 1979년. 그러니까 석사 과정 마치고 나서 박사 들어갈 때. 그 때 내가 스물아홉 살이었어요.

김: 참, 형수님은 간호사하셨다고 들었던 것 같은데요?

문: 간호사 말고. 다 간호사라고 하는데 아니에요. 그때 니시아라이병원(西新井病院)이라고, 총련 계통 분이 운영하던 병원이 있었어요. 그분은 북한에도 병원을 만들고 한 그런 분인데 제주도 출신, 유명했어요. 성함이 김, 김…… 김만유[7]. 그분 병원에서 경리로 근무했어요.

김: 김만유라면, 항일운동가이고 의사이신……?

문: 맞아요. 거긴 큰 병원이었어요. 거기에 풀타임으로 근무해서 월급을 몇 만 엔인가 꽤 받았죠. 그러니 그걸 갖고 친구들이 나를 놀렸어요. 내가 대학원 다니니까 우리 집사람이 나를 먹여 살린다고.

---

7 김만유(金萬有): 1914~2005. 의사. 제주도 출신의 재일 1세. 소년기 강문석에게 가르침을 받았다. 1931년 독립운동 혐의로 특고경찰에 체포·고문당하고, 정치범으로 투옥됨. 1936년 진학을 목적으로 도일. 1941년 도쿄의학전문학교를 졸업. 1942년 동향인의 자금원조로 빈민가인 아라카와 나미다바시(荒川涙橋)에 의원(金本醫院) 개업. 1945년 재일본조선인연맹에 입회, 나중에 선전부장으로 취임. 1946년 노사카산조의 추천으로 일본공산당에 입당. 1953년 빈민가·의료 과소지(過疎地)의 유지들의 요청으로 '조일친선 민주적의료센터 사회복지'라는 3대 정신을 내걸고 니시아라이병원(西新井病院) 창립. 1955년 조선총련 입회. 1957년 경영위기를 겪으면서 귀화를 융자조건으로 하는 금융기관과 대립. 국적을 불문하는 일본인 은행가가 나타나 경영위기를 극복. 1979년 제2차 구급의료병원·도쿄도재해거점병원이 되어 도쿄도내 유수의 의료기관으로 발전함. 1977년 망국의 고학생 시절 차별경험 때문에 후진양성을 결의하고, 조선인 과학자를 지원하는 김만유 과학진흥회를 설립. 1986년 북한정부와의 합병사업·김만유 종합병원을 평양에 설립. 의료를 통한 북일교류에 노력함

（앞의 『재일코리안 사전』에서）

하하하. 그러나 꼭 그렇지만은 않았어요. 생활비는 절반씩 같이 내고 했죠. 나도 아르바이트하며 돈을 꽤 벌었으니까요.

김: 예. 1986년부터 강의를 시작했는데, 시간 강사는 몇 년 쯤 하신 것 같으세요?

문: 시간 강사하고 여러 가지 아르바이트를 하면서 먹고 산 그런 시기는 1986년부터 1988년까지. 이 시기, 시간 강사로 일 주일에 열다섯 시간 정도 그렇게 했었어요. 그러다 1989년에는 전임이 됐죠. ICU라고 있어요. ICU, 국제기독교 대학이라고. 이 학교가 도쿄의 무사시노武藏野라는 데에 있는데 거기 전임 조수가 된 거예요.

김: 조수?

문: 조수, 그때 정식으로는 상근 조수라고. 이건 교수는 아니지만 일단 상근이니까 수업은 안 했어요, 지금으로는 조교 비슷해요. 공부하면서, 일은 한 달에 한 번씩 열리는 교수회의 기록만 만들면 됐어요. 거의 연구만 하라고 하면서도 월급은 참 많이 줬어요. 이때부터는 예금도 할 수 있었어요. 그때 나는 수업이 없으니까 시간 강사도 계속했고요. 다른 대학에서. 이렇게 내가 이 일을 한 2, 3년 했던 것 같아요.

리츠메이칸 대학으로

그 다음, 내가 학교를 한 1년 비웠어요. 그러다가 리츠메이칸 대학立命館大學에 왔죠. 그때가 정확히 1994년. 처음엔 조교수였어요. 지금의 국제관계학부에. 그러다가 교수로 승진한 게 1998년인가?

내가 리츠메이칸에 올 때는 공개모집이었어요. 그때, 그러니까 국제관계학부라서 처음으로 한국말 교수를 뽑는, 그 뭐냐? 제2 외국어가 있잖아요? 1학년이나 2학년 때 배우는 제 2외국어? 독일어나 그런 거. 그때 제2 외국어로 한국말이 없었어요, 그 때까지는. 내가 갈 때까지는. 그래서 새로이 제2 외국어로 한국어 강좌가 개설된 거예요. 그러니까 대학에서는 한국어 강좌하고 국제관계학부에서 사회과학을 가르칠 수 있는, 양쪽을 동시에 할 수 있는 사람을 모집했어요.

김: 그건 문선배 조건에 딱 맞은 거네요.

문: 음. 그때 서른 몇 명인가 지원을 했다는데 뭐, 난 그런 건 자세히 몰라요. 어쨌든 완전 공모.

도쿄에서 교토로 생활근거지를 옮기는 부담

김: 제가 알기로 일본도, 한국에서 경상도와 전라도가 서로를 질시하면서 경쟁 상대로 보듯이 간토 지방과 간사이 지방도 그와 비슷한 줄 아는데 도쿄에서 교토로 생활근거지를 옮기는데 대한 부담은 없었나요?

문: 처음엔, 많이 고민했죠. 고민한 것은, 내가 오래 시간 강사를 했던 쇼와죠시 다이가쿠昭和女子大學에서도 저보고 전임을 해달라고

했기 때문이에요. 원래 이 학교는 임철 선생님이라고, 아시죠? 그분 소개를 받고 시간 강사를 시작했는데, 이 학교는 원래 시간 강사를 오래 시키지 않았어요. 얼마 없어 전임으로 채용해주겠다고 했어요. 그러니까, 1993년 말쯤에 이듬해부터 해달라고 이야기를 받았죠. 고민했어요. 그쪽 전임을 할까, 리츠메이칸 대학에 갈까……. 사실 그때 쇼와 여자 대학에서는 나를 위해 여러 가지로 노력해 준 사람이 많았어요, 안에서, 나를 전임시키기 위해서. 우선 그 사람들한테 미안해서 더 고민이 됐죠. 그리고 또 한 가지, 이 학교는 도쿄에 있는 거잖아요? 생활근거지를 옮길 필요도 없었고.

김: 그럼, 결국 리츠메이칸 대학을 택한 건, 역시 대학 이름 때문이었겠네요?

문: 그렇죠. 그렇다고 봐야죠. 보람도 있고. 역시 여기, 리츠메이칸 대학이 좋죠. 그리고 나는 도쿄에 사는 것도 별로 좋아하지 않았어요. 비록 도쿄가 고향이긴 했지만. 아까 한국의 전라도와 경상도를 이야기했는데 사실 일본은 한국만큼 서로를 질시하지는 않아요. 농담으로 '오사카 놈들 이렇다 저렇다, 도쿄 놈들 마음속을 털어놓지 않는다,' 이런 식으로 서로 비방은 하지만 뭐, 결혼을 하거나 직업을 얻는데 한국처럼 그렇게 지역 차별을 하거나 하지는 않지요.

또 한 가지, 쇼와 여자 대학은 좀 보수적인 학교였어요. 분위기 자체가 그렇고. 그런데 리츠메이칸 대학은 정반대로 진보적인 성향이 강한 대학이에요. 그게 더 매력이 있었죠. 근데 사실, 오사카는 가끔 4·3행사나 뭘로 해서 오기도 했지만 교토는 그때까지만 해도 전혀 인연이 없었던 곳이에요. 그렇지만 그 후 내 인생은 교토나,

리츠메이칸 대학을 생각하지 않으면 상상할 수도 없게 변했죠. 지금 지난 일을 돌이켜 보니, 참 내가 그때 이랬었구나 하고, 참 야릇해요.

첫 저서 〈현대한국에의 시점〉

내가 처음 여기, 교토로 온 게 1994년이니까 얼마야? 벌써 20년이 다 되어가네. 이젠 다 늙었어요.

김: 그래도 어때요. 이쪽이 제2의 고향도 됐지만 여기서 문선배는 학자로서의 이름도 굳혔잖아요. 리츠메이칸 대학 와서 18년. 주변에서는 대단하게 평가하던데요?
문: 아니, 그런 건…….

김: 자이니치 학자들 중에서 동에는 누구, 서에는 누구 하는 얘기를 안 들어보셨어요?
문: 일본에선 흔히, 동쪽에는 강상중, 서쪽에는……?

김: 문경수?
문: 아니, 박일이라고 하거든요.

김: 박일이 아니고 문경수라고 하는 걸 제가 들었는데요?
문: 전혀 틀려, 아니야. 그건 김선생이 일부러 그렇게 말해주는 거지.

『현대한국에의 시점』 표지

어쨌든 지금 가만히 생각해보면, 내가 학자로서 차근차근 경력을 쌓고 책을 쓰고 한 게 이 18년 동안 다 이루어진 건 사실이네요. 공저지만 내 이름을 달고 처음으로 나온 책이 『현대한국에의 시점』이에요. 그건 1990년 전후해서 ICU에 있을 때 썼던 건데, 정장연 씨하고 문경수 공저로. 단행본으로는 이 책이 처음이고.

그 다음, 이 책 이전에 논문 몇 편 쓴 게 있어요. 다른 여러 책에 실렸죠. 이 책은 내가 리츠메이칸 대학 임명에도 큰 도움이 됐어요. 큰 업적으로 여겨줬죠. 내가 나중에 리츠메이칸 대학에 가보니까 이 책을 읽었다는 사람도 있었어요.

그때 이 책은, 아까도 얘기했지만 80년대 이후의 한국 상황을 해방 후로부터 1987년 6월 항쟁 이후까지 다루고 있어요. 한국에서 '시민사회의 등장', 다른 말로 하면 '시민사회의 대두'라는 시각에서 정리를 한 거예요. 근데 이 책은, 그 연구 관점은 지금도 제가 적절하게 이용하는데 당시 한국에는 '시민사회'라는 개념 자체가 없었어요. 사용 안 했어요. 지금이야 누구나 다 이야기하지만. 그 당시 한국에선 뭐냐? 한국 자본주의에 대한 논쟁도 있었고, 사회과학계에서는 주로 계급투쟁이나, 민족해방투쟁적 시점에서 한국사회 구성체, 뭐, 보통 '사구체 논쟁'이라 했죠, 그리고 자본주의를 논의하는 게 보통이었어요. 그렇지만 나는 그런 관점을 참고하면서도 '시민사회의 등장이라는 시점'에서 그 당시 한국사회의 움직임을 처음으로 정리한 거죠.

한국은 당시 많이 달랐어요. 지금 생각해보면, 내가 그럴 수 있었던 건 내가 독창적이라거나 뛰어나서가 아니라 일본이라는 나라에서 정치학을 공부했다는 것, 단지 그 이유 하나 때문이었던 것 같아요. 만약 한국에 있었다면 나도 그런 논쟁에 휩쓸려 독창적인 작업은 할 수 없었겠죠. 당시 일본에서는 그런 연구가, 시민사회라는 시각에서 일본사회를 보는 그런 연구는 많았어요. 그건 아마 60년대부터 그런 운동도 있었고, 논리도 있었고, 연구도 있었고 한 게 그 이유일 것 같아요.

내 글의 결론은 그래요. '공론장'이라는 개념으로 조사를 하게 되는데, 그러니까 어떻게 토의할 것인가, 그러기 위해선 진정한 토의 방법이나, 구조, 시스템을 어떻게 만들어낼 것인가. 이런 게 제대로 만들어지면 사회가 제대로 굴러간다, 제대로 가는 시민사회가 형성된다. 이게 결론이고, 내가 이런 틀로 90년대까지의 제주 현대사도 분석을 했었죠. 박사논문으로.

〈한글교본〉도 저술했었죠

김: 그것 참, 공부하는 데에도 어느 나라에서 했느냐 하는 것이 이렇게 큰 차이를 만드는 거네요. 다음 여기, 이 책은 어떤 겁니까?

『아시아 사람들을 아는 책 5』의 표지

오츠키서점大月書店, 『아시아 사람들을 아는 책 5』. 1992년에 발간됐네요. 이거?

문: 그러니까 이건…… 80년대에 우리가 연구, 아니 연구라기보다도 자이니치에 대한 '논의'를 많이 해왔어요. 그때 보면, 우리가 자이니치에 대해 논의할 때 그건 '민족'에 대한 거잖아요? 그래서 난 민족을 중시하면서도 시민사회라는 시점을 적용했어요. 지역에서 대등하게, 일본 사람들하고 대등하게 시민 혹은 주민으로 살아가는 것이 그렇게 간절하다.

김: 그러니까 문선배는 민족 문제를 얘기할 때도 '시민사회적 관점'에서 본다는 얘기네요?

문: 그렇죠. 그래, 이 책은 그런 관점에서 시선을 아시아까지 확장한 거예요. 난 이 책을 편집하면서 권두 논문으로 '일본 속의 아시아와 에스니서티'를 실었죠. 여기서 에스니서티라면 잘 아시겠지만 일본 사회 속의 자이니치 같은 '마이너리티'를 의미하는 거예요.

김: 여기 이 〈오츠키서점〉은 어떤 출판사입니까?

문: 공산당 계통의 서적을 많이 내는 서점이에요. 일본에서 마르

크스·엥겔스 전집을 낸 서점이 여기에요.

김: 그러니까 리츠메이칸 대학 공모가 1994년인데, 1990년과 1992년에 나온 이 책 두 권이 임명에 결정적인 역할을 했다는 거네요?

문: 그렇죠. 그리고 별도로 논문 몇 편 더해서. 그리고 그때 또 한 가지는, 한국말 교수라서 한글교본……. 그건 내가 신간사[8]의 많은 도움을 받아…… 항상 고이삼에게 고맙다고 생각하는데, 당시 내가 한국말 시간 강사를 했잖아요? 거기서 한국말 책을 한 권 낸 거예요. 제목이, 『한글교본 – 기초부터 독해까지』. 이게 1989년에 나왔나? 그 책 어디 찾으면 있을텐데.

그러니까 이건, 내가 리츠메이칸 대학 공모에 이 책들 셋을 다 제출했는데 어쩌면 공모에 꼭 맞춘 모양이 된 거예요. 그래서 주변에선 누가 힘써줬다고도 얘기하는데, 그건 완전히 틀려요. 하여튼 이때부터 우리 국제관계학부라는 데에 한국말 강좌가 시작된 거예요. 그런 이유가, 리츠메이칸 대학에도 한국 유학생들이 그 즈음부터 많이 오기 시작해서 그럴 필요도 있었던 거죠.

내 연구의 핵심 주제, 시민사회론

김: 문선배 연구의 핵심 주제, '시민사회론'에 대해 더 듣고 싶습

8　신간사(新幹社). 도쿄에서 고이삼이 운영하는 출판사. 제주도 관련 서적을 많이 출판한 것으로 유명하다.

니다. 어떻습니까? 1994년 리츠메이칸 대학에 자리를 잡은 후 이제 20년 가까운 세월이 흘러가는데, 많이 변했죠? 생각이나 사상도?

문: 1990년에 『현대 한국에의 시점』을 썼을 때의 나의 시민사회론은, 기본적으로 그람시의 이론이었어요. 한국에서는 80년대에 마르크스주의가 복권하고 격렬한 논쟁이 벌어지는데, ML이든 PD든 시민사회가 덜 발달된 러시아나 중국과 같은 농촌사회를 모델로 하고 있었다고 할 수 있어요. 그러한 사회에서는 국가 권력을 둘러싼 기동전이라고 할까, 힘의 논리가 중시되거든요. 그런데, 70년대~80년대의 고도 경제성장과 도시화를 경험한 한국은 그 나름대로 도시 중심의 시민사회가 성장한 사회예요. 때문에 한국에서는 힘의 논리보다도 시민사회에서의 동의나 합의가 결정적으로 중요하게 되죠. 『현대 한국에의 시점』은 이 점을 강조한 거예요. 당시, 일본이나 서양사회에서 유행하고 있었던 그람시를 비롯한 네오마르크스주의의 선진국혁명 논리를 적용할 수 있는 단계에 한국 자본주의도 이르고 있다고 하는 인식이죠.

어쨌든 그때까지 나의 시민사회론은 어디까지나 마르크스주의의 테두리 안에 머무르고 있었어요. 그런데, 2000년대에 들어서 『제주도 현대사』나 『한국 현대사』를 쓸 때에는 내 생각이 많이 변한 거죠. 그때까지 전제로 하고 있었던 마르크스주의나 계급투쟁 논리에 의문을 품기 시작했어요. 한국에서는 '거대담론'이라고 하지 않아요? 그러한 특정한 세계관이나 가치관을 전제로 사물을 판단하는 것 자체에 대한 의문이라 해도 좋아요. 거기에서 내가 다다른 것이 '공론장(공공권)의 논리'죠. 거기에서는 아무런 전제 없이 시민사회에서의 대등하고 열린 논의熟議가 모든 일의 핵심이 되는 거예요. 그람시의 시민사회론에서는 계급투쟁이 전제가 되지만, 공론장의 논리에서는 그러한 전제 없이 자립적인 시민들 간의 논의와 소통의 공간인 시민사회가 있고, 그러한 시민사회와 권력의 논리가 작동하는 정치사회, 그리고 이윤의 논리가 작동하는 경제사회의 세 가지 공간들의 상호작용으로 사회를 보는 거죠.

그러니까, 마르크스주의적인 것은 뭐라 할까 많이 가셔지고 좀 리버럴해졌다고 할까, 그런 것 같아요. 요즘은 그래요. 기본은……이해도에 있어서는 여러 가지 비판이 있을 수 있기는 하지만 기본은 하버마스예요. 내가 많은 생각을 하면서 도달한 논리, 그 연구자가 하버마스예요. 하버마스의 공론장, 공론의 장이라는 개념. 하버마스나, 아렌트가 그랬죠. 아렌트는 아시죠? 한나 아렌트. 그 나치 악마 아이히만 재판정에 참석하면서 '악의 평범성'을 주장했던 아렌트

그리고, 내가 2005년에 썼던 박사 논문 『제주도 현대사』는 그 기본이 해방 직후에 '인민위원회'를 중심으로 한 공론의 장이 나름대로 생겼다는 인식에서 출발해요.

그런데 이런 공론의 장이 4·3으로 깨지고, 사멸했다가 반세기가 지난 90년대에 제주도개발특별법 싸움으로 재생하면서 다시 공론장이 형성됐다는 논리 속에서 쓰여진 글이에요. 그런데 사실 이

『제주도 현대사 공공권의 사멸과 재생』 표지

글도, 신간사에서 단행본으로 발행되기는 했지만 그 이후 2000년에 제정된 4·3특별법을 중심으로 한 4·3진상규명운동 부분은 빠져 있어요. 그래서 4·3과 관련한 내용과 강정 해군항 건설반대운동을 첨가한 『신 제주도 현대사』를 빨리 써야 한다는 압력도 많이 받고 있죠.

김: 두 시간 가까이 지났는데 좀 쉬고 하겠습니다.

제주도 유학 1년

김: 이제는 본격적으로 4·3 이야기를 나누고 싶습니다. 제가 듣기로 리츠메이칸 대학에 오면서 학문적으로도 많이 발전하고 저술활동도 많이 했다고 알고 있는데 그건 우선 생활환경이 안정된 면 때문이겠죠?

문: 물론, 그렇죠. 그러나 그 뿐. 더 이상의 진척은 없었어요. 내가 4·3 문제를 본격적으로 운동적으로 학문적으로 끌어안기 전까지는. 그냥 내공만 쌓을 뿐이었던 것 같아요. 그러다가 차츰 내게 큰 영향을 끼치기 시작한 것이 4·3이에요. 사실 4·3은 내가 1988년 도쿄에서부터 마주했었죠. 첫 행사부터 참여했었으니까. 그런데 뭐랄까, 그것뿐이었어요. 4·3도. 그러다가 내가 더 적극적으로 4·3 운동가가 되고, 4·3연구가가 되게 만든 건 1년 간의 제주도 유학이었어요. 그게 그러니까 1999년이죠. 내가 교환교수로 1년간을 제주도에서 지내게 된 거예요. 나는 그때서야 비로소 제주도를 직접 보

고, 느끼게 되었던 거죠. 그 이전에 내가 4·3운동에 참여하고, 글도 썼지만 추상적인 면이 강했다 한다면 그 이후부터는 정말 제 자신이 단단해져 진정한 4·3운동가가 된 거예요. 제주도 생활로 비로소 4·3을 논할 자격을 얻은 것 같았고, 4·3이 무엇인지 눈에 들어오기 시작한 거죠. 그 과장에서 많은 제주도 사람들이 저를 도와줬어요. 왜 김선생도 나에게 많은 도움을 줬잖아요.

김: 예. 제주도 유학 1년 후 많이 달라졌다? 그 얘기 좀 더 해주십시오.

문: 그러니까, 이런 거예요. 내가 여러 책들을 냈을 때 한국은 아직 80년대 군사정권 하에 있어서 마르크스주의를 공부하는 분들은 많았어도 논리적인 저술서는 내지 못했었잖아요? 어쩌면 그 덕에 내가 일본에 앉아서 책 몇 권을 쓸 수 있었던 거죠. 일본에는 여러 가지를 다양하게 논의할 수 있는 자유가 있었고, 자료도 많았죠. 그런데 90년대에 들어서니까 한국에서도 사회과학이 많이 발전합니다. 그때가 되면, 이젠 반대로 일본에 앉아 있는 사람들, 한국사회 전공자들은 오히려 한국에 대해서 잘 모르고, 할 일이 없어진 거예요. 한국사회 연구에 관한한.

그래서 그 후부터는 내가 자이니치에 대한 글도 쓰고, 근대사에 관한 논문도 쓰고 하게 된 거예요. 그 당시에 썼던 글들이 잠깐만요……. (자료를 찾으러 일어섬) 이게, 그 당시 썼던 글을 모은 책이에요. 『재일조선인 문제의 기원』. 2007년에 발간됐죠? 90년대부터 쭉 써 온 논문들을 정리한 거예요.

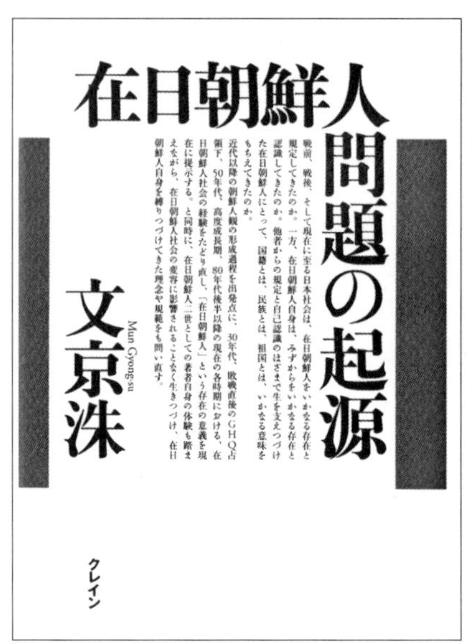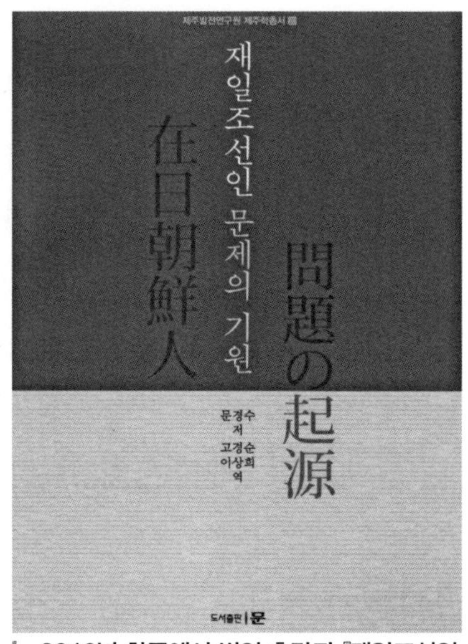

『재일조선인 문제의 기원』 표지(2007)

2016년 한국에서 번역 출간된 『재일조선인 문제의 기원』 표지

김: 그러니까 그 후부터는 자이니치 문제나 4·3 연구로 가게 된 거네요?

문: 대충 그래요. 4·3도 하게 되고. 그때까지 4·3은 뭐냐……? 활동하고, 운동은 했지만 글쓰기까지는 못 갔어요. 그런데 1년간 제주도에도 가 있게 되고, 시간이 지나니까 글을 쓸 수 있게 되더라고요.

어머니의 제주도 생활

김: 그럼 제주도 가야겠다, 제주대학교에 교환 교수로 유학 가야겠다고 처음 생각하게 된 주 이유는 무엇이었습니까? 연구의 공백 문제 때문이었습니까?

문: 처음엔, 연구보다도 어머니 문제 때문이었어요. 어머님은 원래 도쿄에서 혼자 살다가 여러 번 입원하면서 병원에 오래 계셨어요. 근데 사정상 병원에서도 나와야 할 처지가 된 거예요. 그래서 혼자 사시도록 할 순 없고, 어쩔 수 없이 제주도 형님께 부탁했죠.

김: 그래서 제주도에는 어머님과 같이 들어가신 겁니까?

문: 아니에요. 어머니는 내가 있을 때 와서 석 달 같이 살았어요. 1999년에. 그때 저랑 한 달 살고, 그리고 형님 집에 두 달 살고. 누님 집에도 며칠씩 살고 그랬어요. 그런데 처음엔 안 맞는다고 해서 그냥 돌아왔어요. 그러다가 혼자 살 순 없으니 어쩔 수 없이 다시 제주도로 돌아가게 됐죠. 그래서 형님 집에서 한 2년, 지냈죠? 돌아가신 게 2003년이에요. 2001년부터. 그때 어머니는 건강도 안 좋았지만 치매도 조금 있었어요. 연세가, 1913년생이니까 90 정도였고요.

그때 어머님이 제주도 형님 집을 불편해하셨던 이유는 자이니치 혈연들이 일본에 있는 제주도 여느 집 사정과 비슷할 것 같아요. 서두에 얘기했지만 해방 뒷 해 우리 부모님은 어린 형님과 누님들을 두고, 일본으로 건너 온 거잖아요? 그 후 생활이 어렵다보니 자주 연락하거나 별 도움을 주지 못했어요. 그러다보니 자연 자식들에게 미안할 수밖에요. 아들집이지만 불편했던 거죠.

김: 그렇군요. 저는 그것까진 몰랐네요. 사실 제주도에 자이니치 친척 없는 집안이 얼마나 되겠어요? 저도 어렸을 땐 일본에 있는 친척이 보내준 헌 옷을 받아 고맙게 입어본 경험이 있어요. 왜 6, 70년대 한국이 워낙 못 살다보니까 일본에 있는 친척들이 입던 옷들을

빨아서 보내주곤 했었잖아요?

문: 그렇죠. 우리도 뭣 좀 보낸다곤 했지만 그건 생활에 별 도움을 줄 수 있는 정도는 아니었죠.

하여튼, 어머님 문제 외에도 아버지 유골을 제주도로 이장하는 일부터 형님이 참 애 많이 썼어요. 원래 아버지 유골은 도쿄의 한 절에 맡겨두고 있었어요. 나중에 제주도로 이장하기로 해서. 그랬다가 형님이 집안의 묘를 정비하시면서 김녕에 아버님 묘지도 만들었어요. 아버지는 3일장, 아니 4일장이 됐네. 그때 비가 많이 내려서 4일장을 한 모양이 됐어요.

이게 그때 묘역을 찍은 거예요. 이장을 했을 때. 이 시진 보면, 묘 주변에 테두리가 있는 데 뭐지요? 제줏말로?

김: 산담.

문: 아, 산담. 돌과 시멘트로 묘의 테두리를 만들었어요. 할머니 묘 곁에.

제주생활에서 시작된 저술 작업

김: 문선배는 어쨌든 1999년에 제주도에 가서 1년 생활을 하시면서 많은 경험을 하신 것 같아요. 물론 어머님 문제도 있긴 했었지만, 환경 변화 못지않게 새로운 내적 변화의 필요성도 절실하게 느끼셨던 것 같고요?

문: 맞아요. 그리고 스스로의 한계도 느꼈고요.

김: 예. 그럼 제주도 생활 1년이 가져다 준 가장 큰 소득은 뭐라고 생각하시나요? 흔히 얘기하듯 고향에서 '민족'이며, '조국'을 온몸으로 느꼈다는 건가요?

문: 뭐, 나도 간단히 말한다면 그런 거겠죠. 그런데 나는, 일단 그러면서도 더 절실하게 느낀 게 뭐냐 하면 소위 '공동체' 문제. 제줏말로 '궨당'이니 그런 것 있잖아요? 친척. 요즘은 그런 게 좀 깨져가는 시대인데도 우리 형님들은 꼭 붙들고 있는 거예요, 공동체를. 벌초 가면 공무원하시는 분들도 같이 다니면서 이젠 이런 식으로 하지 맙시다, 아니면 이렇게 합시다, 제의하고 싸우기도 해요. 나는 그런 거 하나하나를 눈으로 보며 배운 거죠.

그러니까 나는 4·3도 그런 '공동체에 대한 억압'이라는 측면을 기본으로 해서 보는 거예요. 통일운동이나 그런 측면 말고요. 공동체 안에서의 민주주의나 토의, 공론의 장이 어떻게 형성되고……. 사실 공론의 장이라는 개념은 추상적인 것인데 실질적인 현실 공동체 속에서 어떻게 토의가 진행되고 있는가를 느낀 거죠.

사실 가족 단위의 공동체 규모는 아주 작은 거예요. 그렇지만 가족이라는 조그만 공동체도 4·3에 대입하면 제주도 전체 사회로 확장되어 가는 거죠. 지금 확실히 얘기할 수 있는 건, 어쨌든 피부로 제주도를 느꼈다는 거. 글로 쓴 건 없지만 피부로 느껴 여러 가지를 알게 됐다는 거. 학생들하고 접하고.

김선생은 어떻게 생각하고 있는지 모르겠는데 4·3은 연구라기보다는 운동적인 면이 강해요. 그러니까 4·3 진상규명운동을 어떻게 해야 하나 하는 그런 데에도 연구 이상으로 관심이 많았었죠. 그래서 4·3연구소나 제민일보 양반들하고도 교류도 하고, 그랬죠.

그리고 또 한 가지, 이때 나는 주민 자치, 시민사회의 연장선에서 주민 자치에 대해 연구를 하고 있었어요. 그래서 한국 전반에 대해서 주민 자치적 측면의 접근도 해보면서 논문도 썼죠. 한국의 90년대는 주민 자치가 부활하면서 지방자치가 조금씩 기지개를 켜나가기 시작한 그런 시기잖아요? 그러고 나는 4·3만이 아니고, 제주도의 주민운동에도 관심이 많아요. 그때 왔을 때 80년대에 탑동운동[9]이 있었다는 것도 듣고. 그러니까 한 10여 년 지났나요? 탑동운동이 일어난 때로부터? 그리고 또 90년대 초에는 제주도개발특별법에 관한 여러 가지 사건[10]이 있었고. 내가 나중에 직접 이 운동에 참여했던 사람들을 만나 이야기도 다 듣고 했었잖아요?

그래서 나중엔 이런 것들을 연결하는 글을 써야겠다. 주민 자치로 해서 연구를 해가면서 그것만으로도 연구는 할 수 있지만 기왕 내가 4·3을 하고 있으니까 4·3하고 연결하자. 그러면 4·3에서 공론장이 생겼다가 4·3으로 시민사회가 죽고, 50, 60년대 경제 성장이나 도시화 과정에서 시민사회가 재등장하기 시작하고 80년대 6월 항쟁을 거치면서 많은 운동의 흐름이 나온다. 이런 흐름으로 제주도 현대사를 잡아보자, 생각했던 거죠.

김: 그러니까 그런 생각의 흐름들이 제주도 현대사가 되고, 문선배 박사 논문이 됐던 거네요?

문: 그렇죠.

---

9 정확한 명칭은 '탑동매립 반대운동'
10 '제주도개발 특별법 반대운동'을 말함

김: 그게, 제주도 가서 1년 살면서 조금씩 구체화되기 시작?

문: 그래요, 완전히 그래요. 박사 논문은 완전히 그랬어요. 그때 1년 제주도에서 살지 않았다면 나올 수 없는 저술이에요. 그때 창후 선생이나, 양동윤 선생 같은 분들이 이야기도 해주고, 자료를 보게 해주지 않았다면 불가능했겠죠.

김: 문선배 저술 중에 『제주도 현대사』말고, 비슷한 책으로 이와나미문고岩波文庫에서 신서로 나온 『한국현대사』가 있잖아요? 제가 듣기로 일본 지식인 사회에서 이와나미 출판사에서 책을 내면 유명 지식인 반열에 오른다는 말도 있던데, 『한국현대사』[11]가 문고판으로 나온 이래 판을 거듭하고 있죠? 이제 그 책에 대해 이야기해주세요.

『신 · 한국현대사』(2015)와 『한국현대사』(2005)의 표지

---

11 이 책은 판을 거듭하다 2015년에는 『신 · 한국현대사』 개정판으로 발간됐다.

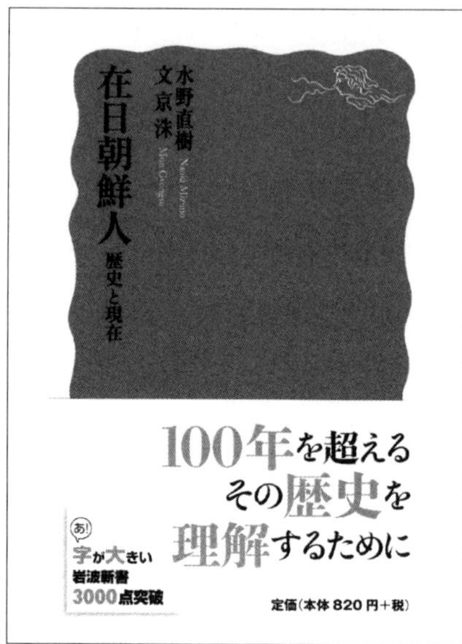

두 사람이 함께 쓰기로 했던 책, 『재일조선인 역사와 현재』의 표지. 이 책은 1915년이 되어서야 간행됐다.

문: 그 책이 처음에 내게 의뢰가 들어오기는……. 교토대학에 미즈노[12] 교수라고 있어요? 아시죠? 한국사를 전공하는? 그 양반이 '재일조선인에 대한 역사'를 신서 형식으로 만들어보자고 제안해온 거예요. 같이 쓰자는 건데, 사실은 이와나미 쪽에서 저술 의뢰가 왔는데 자신은 해방 전의 재일조선인사는 쓸 수 있지만 해방 후는 어렵다고 하는 거예요. 공저를 제의한 이유는 간단해요. 해방 후 재일조선인사를 쓰려면 총련에 관한 걸 이것저것 써야 되요. 그러면 자연히 총련과 마찰을 빚게 될 수도 있고. 그러니 이건, 골치 아픈 일을 나한테 넘긴 셈인데 그때 나는 재일조선인에 대해 잡다한 논평을 쓰고 있었으니까 제안이 왔던 거예요.

그때가 2004년인가, 그랬어요. 그런데 이 책은 쓰기는 시작했지만 참 어려웠어요. 진전이 전혀 안 됐어요. 그런데 당시, 그 책 출판 담당자가 나와 친해지면서 그 분은 4·3행사에도 참여하게 됐어

---

12 미즈노 나오키(水野直樹): 역사학자. 리츠메이칸 대학 객원교수. 교토대학 인문과학연구소 명예교수. 전공은 조선 근대사, 동아시아 관계사. 저서로『創氏改名』(岩波新書), 『生活の中の植民地主義』(人文書院), 『在日朝鮮人 歷史と現在』(岩波新書, 문경수 공저) 등이 있다.

요. 그러다가 그 분이 저에게 제안을 해요. 단행본으로 『제주 현대사』 비슷하게 한국에 대해 쓸 수 없나 하고요. 그래서 내가 목차를 만들기 시작했어요. 단행본을 생각하면서 제목은 '주변에서 보는 현대사'라고 했어요. 이때 주변이라는 것은 광주나 전라도처럼 차별받는 그런 주변을 말하는 거예요. 그러니 이 책은 '주변에서 보는 현대사', 혹은 '밑에서 보는 현대사' 식의 내용이 되는 거죠. 그 후, 여러 차례 논의를 거쳐 이건 『한국현대사』라는 제목의 '신서新書'로 가자. 그렇게 해서 이 책이 나오게 된 거예요.

그런데 지금도 의아한 게, 당시까지만 해도 일본에 『한국 현대사』 같은 책이 없었다는 거예요. 최근엔 좀 나왔지만, 어쨌든 체계적으로 해방 직후부터 오늘까지를 연구한 저술이 당시에는 없었다는 거죠. 노무현 정권까지 다룬 책은.

김: 참, 출판문화가 일본은 전문적이네요. 문선배 얘기대로라면 일본 출판사에는 출판담당자라는 전문가가 있어서 출판의 기획부터 전문 집필자 선정까지 체계적으로 이루어진다는 것이잖아요? 출판 메카니즘이 그럴 듯해요. 그렇고 보니 김석범 선생님이나 김시종 선생님을 행사 때 뵈면 담당 출판사 분이 항상 같이 하는 걸 본 것 같은데 같은 얘기네요.

문: 아무래도 그렇죠. 한국 출판계가 어느 정도 전문적인지 나는 잘 모르지만 어쨌든 일본은 철저해요.

김: 예. 어쨌든 1999년의 제주도 유학 1년, 가족을 배우고 공동체를 몸으로 체감한다. 그리고 제주사회 분석틀을 만들고, 『제주도 현

대사』집필 구상을 한다. 이 글은 나중에 박사 논문이 되고, 이어져 저명한 『한국 현대사』로 발전한다. 이렇게 정리가 되네요. 문선배님 어떻습니까? 1999년, 제주도의 1년. 가장 중요한 경험을 한 인생의 전환기였다. 그런 것을 가져다 준 공간적 지형은 제주도였다, 이렇게 되나요?

문: 음, 한 가지가 더 있어요. 내 한국말. 그 이전에는 내가 아무리 조선학교를 다니면서 한국말을 배웠고, 학생들에게 가르치기도 했었지만 한국에서 본격적으로 쓰고 배운 적은 없었잖아요? 사실 내 한국말은 조선학교식 우리말이 빠지지 않았어요. 어미 같은 것도 '~거든'이나, '~네요'도 못 썼어요. 근데 역시 모국어로 우리말을 쓰는 데 와서 살게 되니까 조금은 달라진 거죠.

김: 그럼 지금은 한국어 실력, 말하는 거나 글 쓰는 게 어느 정도라고 생각해요?

문: 하하하. …… 더 이상 발전은 안 돼요.

김: 안 된다. 그 수준은요? 한글로 논문을 썼을 때, 한국 사람들이 보면 어떨 거라고 생각하세요?

문: 음, 좀 답답하게 느낄 게 아닌가?

대학에서 여러 보직을 맡다

김: 이젠 리츠메이칸 대학 생활에 대해 알고 싶습니다. 듣기로는

얼마 전에 대학에서 학생처장의 직책도 맡고 하셨다던데?

　　문: 보직이, 학생처장까지는 아니에요. 한 번, 연구소에서 전임 연구원을 했었고. 국제지역연구소라고 있어요. 거기서 2년간 전임연구원을 했어요.

　　김: 그건 강의는 안 하고 그 쪽 일만 하는 것?

　　문: 강의는 보통 때는 6시간을 해야 하는데 3시간만 하고 연구소 일을 보는 거죠. 그걸 2년 하고, 그 다음에 부학장을 했죠. 부 학부장. 국제관계학부의 부학장. 1년 했나? 그런 다음 보직을 안 갖다가 그 다음에 학생부 부장을 했어요. 이건 대학 전체의. 우리 대학에선 학생부 부장이면 학부장하고 같은 자리로 높은 보직이죠.

　　김: 그런데 제가 좀 궁금한데, 대학에서는 자이니치라고 하여 보직 임명에서 일본인과 비교해 차별 받진 않나요?

　　문: 우리 학교는 그런 건 없어요. 왜 여러 면에서 진보적인 대학이라 그랬잖아요? 그렇지만 가만 있어라, 내 이전에 자이니치 중에 보직을 맡았던 사람이…… 딱 한 명. 한 명만 있었네. 내가 할 때는 혼자였지요. 그런데 지금은 많아요. 우리가 지금 교직원이 얼마나 되나, 800명?, 900명? 그 중에 내 이전에는 한 명만 있었어요. 허만원이라고, 헤겔을 전공하셨던 분. 그 분이 보직교수로.

〈재일조선인 – 역사와 현재〉의 이론

김: 지금, 정년이 한 4년 남았나요?

문: 음.

김: 그 사이에 더 연구하고 싶다거나, 책으로 내고 싶은 주제, 혹은 분야가 있다면 어떤 것이 있겠습니까?

문: 책은, 아까 이야기한, 거의 10년이 다 되어 가는……. 왜 미즈노 교수랑 공저로 나올 책이 있다 했잖아요? 자이니치와 관련한 그 책. 뭐, 아직은 책제목도 정하지 못했어요. 대충 '재일조선인의 역사'. 이와나미 신서로 해서.

김: 근데 그 주제로는 비슷한 책, 많잖아요?

문: 많죠.

김: 많은데 새삼스럽게 이와나미에서?

문: 다른 시각? 아무래도 '이와나미 신서'로 내게 되면 그 책이 관련 분야에선 가장 중요한 책이 될 가능성이 높아요. 이와나미 신서라는 건 그런 지위가 있죠. 아무튼 내가 재일조선인사를 잘 정리해야 할 거예요. 10년 가까이 지나서 이제 더는 늦출 수 없어요. 올해, 그러니까 7월 말 까지는 발간돼야 해요. 지금 원고가 70% 정도는 돼 있어요.

이 책에서 내가 맡은 부분은 해방 직후부터. 총련이 탄생하고 50년대까지, 여기가 1장이 되고. 사실 이 시기는 '민족' 개념이 확립되는 시기에요. 민족이라는 틀, 운동. 총련에선 재일조선인을 조선민주주의 인민공화국의 공민으로 봐요. 그렇게 확립을 했어요. 그러니까 지금 보면 이게 잘 됐든, 잘못됐든 민족 개념이 확립되고 그 흐름의 연장선상에서 귀국운동사업이 나오죠. 60년대까지는 그런 시기에요.

그러다 70년대가 되어 가면 주민운동, 시민운동이 등장해요. '히타치 사이반日立裁判(히타치 재판)'이라고 들어본 적 있죠? 당시 총련은 일본 사회에서 직업을 가지면 안 된다고 할 땐데, 1970년에 박종석이란 청년이 히타치제작소 입사시험에 응시해 합격이 됐어요. 그런데 나중에 호적을 보니까 한국 사람이어서 채용을 취소해버려요. 이 사건의 정확한 이름이 '히타치 슈쇼쿠사베츠 사이반토소日立就職差別裁判闘争(히타치 취직차별 재판투쟁)'[13]으로, 그 후 4년 동안 반민족차별운동이 대대적으로 벌어져요.

---

13 히타치 취직차별 재판: 1970년 히타치제작소의 입사시험에서 성명란에 통명(아리이 쇼지)을 적고, 본적지에 현주소를 쓴 재일조선인 2세 박종석 청년(당시 19세)이 재일한국인이라는 이유로 채용이 취소되었다. '히타치 취직차별 재판'이란 이에 불복하여 히타치를 상대로 제소하고, 4년에 걸친 법정 내외의 투쟁에서 승리한 싸움이다. 차별을 감수하지 않고, 민족차별의 근원을 공략한 싸움으로 히타치라는 일본을 대표하는 대기업에 정면으로 맞섬으로써 '재일'의 전후사에 있어 새로운 지평을 열었다. 판결은 히타치의 민족차별에 따른 부당해고를 전면적으로 인정하고 '재일'이 처한 역사적 상황을 언급함으로써 일본사회에 만연해 있는 민족차별에 대해 처음으로 공식적으로 거론한 획기적인 사건이었다. 히타치가 항소를 포기함으로써 판결은 확정되었고, 이후 기업이 국적을 이유로 해고나 차별을 못 하게 하는 법적 근거가 되었다.

(앞의 『재일코리안 사전』에서)

그러니 이런 거예요. 60년대의 민족 개념 내지 민족주의적인 흐름은 50년대 중반에 확립된 후, 60년대를 거쳐 70년대까지 계속 이어져 나가요. 그런 가운데 총련은 60년대 들어 더 경직화 되어 가면서 소위 '김병식 사건'이 발생해요. 그리고 민단 쪽에서도 젊은 사람들을 중심으로 민족주의적인 흐름이 나오면서 〈한학동〉이 탄생하죠. 그러니까 민단 내에서는 한국의 민주화, 통일을 위해서 싸운다는 그런 흐름이 나오기 시작하는 거예요. 70년대에. 근데 70년대는 이런 흐름들과 병행하면서 지역에서는 일본 사람들과 '공생'해야 한다는 그런 흐름도 나오게 돼요. 일본에서 오래, 계속 살게 되고 나아가 미래까지도 생각해야 하니까요. 이 시기, 총련의 사상을 보통 '귀국의 사상'이라고 해요. 무슨 말인가 하면, '우리는 통일되면 돌아간다'는 생각인 건데, 이걸 '키코쿠노 시소帰国の思想'라고 하는 거죠. 그러니까 총련의 생각은 일본회사에 취직하는 것도 반대하면서, '통일이 되면 우리는 다 돌아간다, 여기 일본에는 임시로 머물고 있을 뿐이다'예요.

그런데 우리가 역사적 사실을 살펴보면, 자이니치 1세대 중에도 30%는 전전 즉 식민지 시대부터 들어왔지만 일본에서 태어난 사람들이에요. 이렇게 일본 태생은 60년대가 되면 더 늘어 2세가 70%, 80%가 되어 가요. 그러니까 이젠 일본에 정주해야 한다는 그런 생각들이 자라가는 거예요. 그래서 일본회사에서 취직 차별을 없애자는 흐름이 나오고, 지역에서도 권리를 찾자는 그런 흐름이 나오는 것이 70년대에요. 새로운 운동의 흐름이 나오는 거죠. 그게 재일조선인운동의 2단계. 1단계는 50~60년대 민족주의의 흐름이 확립되는 시기.

김: 지역에서는 구체적으로 어떤 운동이?

문: 재일조선인 권익찾기 운동. 다시 말하면, 일본에서 살아가기 위한 권익쟁취 운동이 나오는 시기에요. 차별…… 취직 차별도 그렇고, 아동 수당. 당시에는 아동 수당도 없었고, 국민 보험도 없었고. 그런 게 다 없었어요. 사회보장만 받을 수 있었죠. 그러니 그런 차별을 넘어 우리도 일본 사람들과 비슷하게 받을 수 있도록 해달라, 자체적으로 투쟁하는 시기였죠. 이렇게 70년대는 민단, 총련과는 별도의 제3의 그룹이 출현하는 시기예요.

그 다음, 세 번째 단계는 80년대 후반부터 지금에 이르는 시기예요. 이때는 국제화시기예요. 일본사회가 국제화 다원화되는 시기. 80년대가 되면, 일본에서 외국인이라고 할 때 거의 대부분은 재일조선인이었어요. 80% 이상이 그랬거든요. 그런데 지금은 40%도 안 돼요.

나는 이렇게 재일조선인사를 세 시기로 구분하면서 거기에 어떤 문제가 있었고, 앞으로 어떤 과제가 있는지를 찾아간 거예요. 어쩜, 재일조선인사에서 이런 학문적 틀을 놓는 작업은 내가 처음인데 지금은 연구가 많은 분야에서 진전이 됐어요. 최근 1년만 보더라도 연구 실적이 굉장해요. 아주 미시적 분야의 연구도 두드러지고 있고요. 이젠 여기서도 내가 할 일이 거의 없어요, 하하하.

시민사회의 변화 – 반대에서 협력으로

김: 그 다음에는 또 어떤 연구를 하고 싶은지?

문: 그 다음에는…… 그러니까 4·3에 대해서 아니, 그보다는 『제주도 현대사』 보완 문제부터…… 많아요.

김: 그러네요. 그러니까 한국에는 『한국현대사』도 『제주도 현대사』도 번역되어 소개가 되지 않았는데 그런 번역 소개 문제와, 『제주도 현대사』는 집필 당시 90년대 중반까지로 시기가 잡혀 있는데 그 이후 제주도에서 치열해진 '4·3진상규명운동', '환경운동', 그리고 최근의 '강정 해군항 반대투쟁' 문제까지 보완해서 집필하는 문제 등등?

문: 그렇죠. 그거 한 가지와 내가 원래 해왔던 연구 과제?

김: 시민사회 문제?

문: 예, 시민사회운동. 지금 시민사회의 문제라면 이런 거예요. 지난번에 책 한 권 드렸죠? 여섯 명이 편집한 거.[14] 거기에도 나오는데.

일본은 90년대를 잃어버린 10년이라고 하잖아요? 한국은 1997년에 IMF 사태를 맞고. 그 후 우리는 완전히 새로운 사회를 맞은 거예요. 국제화가 진척되면서 일자리는 없어지고, 빈곤은 광범위해지고. 빈곤도 새로운 빈곤이에요. 옛날의 빈곤이 아니에요. 이런 문제가 발생하면, 옛날의 시민사회는 이의를 제기하고, 반대를 했죠. 정치가가 하는 일이나, 기업이 하는 일에 대해 정치·경제적으로 이의 제기를 하고 반대했던 거죠. 이런 게 시민사회의 역할이었어요. 주민운동도 그렇고. 나도 지금까지는 그런 식으로 시민사회를 연구해

14　문경수 외, 『危機の時代の市民活動』, 토호출판, 2012

왔어요. 그런데 지금은 시민사회가 스스로 그런 빈곤 문제 같은 걸 해결해나가야 하는 처지가 된 거예요. 그것도 주도적으로. 그런 시도 중의 하나가 시민사업이고 사회적 기업이에요.

그럼, 사회적 기업은 무엇인가? 지난 시기 기업이나 행정은 반대의 대상이었어요. 그러나 점차 민주화가 진척되고 지역 행정도 나아지면서 이젠 시민사회도 기업이나 지역 행정과 협력하면서 여러 가지 새로운 빈곤문제를 해결해 나가야 하는 그런 단계가 된 거예요. 쉽게 말하면, 옛날에는 반대만 하면 됐는데 지금은 스스로 문제를 해결해야 하고, 장기적 차원에서 경제적인 자립도 이루어야 하는 단계가 되었다는 거죠. 어때요? 상상이 돼요? LG하고도, 교보생명 하고도 협력해 나가야 하는 사회.

한국에서 이런 일을 선구적으로 시작한 사람이 박원순 시장이에요. 왜 그분이 최근에는 〈희망제작소〉 일을 했지만 그 이전에는 〈참여연대〉에서 주로 반대운동을 했었잖아요? 주로 이의를 제기하고, 반대하고. 그런데 2000년에 들어서서 〈아름다운 재단〉을 만들고, 직접 빈곤문제 해결에 나서면서부터는 이 운동을 새로운 시민운동으로 자리매김하기 시작한 거예요.

김: 그런데 이 운동의 시작은 일본입니까, 한국입니까?

문: 일본이 먼저죠.

김: 그러면 일본에서는 언제부터 이런 사회적 기업 형태의 조직들이 생겨나기 시작했습니까?

문: 일본은…… 좀 교과서적인 해설이 되겠지만, 일본의 고도경

제 성장기는 50년대 중반부터 70년대에 걸쳐 있다. 그런데 고도성 장은 경제 위주잖아요? 자연히 지역사회의 여러 모순이 생겨나는 거예요. 직접적인 형태로 나타나죠. 어느 지역엔 뭐가 모자라다, 여 기는 공해 문제가 있고 환경 문제가 있다. 그러니까 주민운동이 탄 생하는 거예요. 일본에서 사회운동이라면 그때까진 계급투쟁이었어 요. 직장을 중심으로 하는 계급투쟁. 그런데 이 계급투쟁하고는 차 원을 달리하는 주민운동이 생겨나온 거예요, 60년대에.

이 60년대의 주민운동이 반영돼서 도쿄도가 혁신 자치체로 변하 고, 공산당이나 사회당이 여러 자치체에서 뿌리를 내려요. 한때 일 본 전체에서 40%가 혁신 자치체였어요. 그런 흐름이 있었죠. 60년 대는 이런 시민운동 외에 이의 제기형 시민운동이 나오고, 또한 베 트남전쟁을 반대하는 시민운동도 나왔어요. 기존의 정당이나 공산 당, 사회당이 했던 운동 형태와는 다른 형태의 운동도 많이 이 시기 에 나왔어요. 오다 마코토 같은 사람이 중심이 돼서 오키나와에서도 그런 운동이 나왔고요. 그런데 이건 어디까지나 이의제기, '반대를 위한 반대'였어요. 만약 어느 지역에 쓰레기 버리는 문제가 나오면 그건 안 된다 하는 식의.

김: 그걸 '님비현상'이라고 하죠? '낫 인 마이 백 야드'라는 의미의.

문: 그래요. 그런데 80년대가 돼 가니까 '마을 만들기 운동'이 나 와요. 지역에서 마을을 자기네 손으로 만들어야겠다고. 밑에서부터 지역사회를 만들어야겠다고 하는 마을 만들기 운동이 나오고. 또 80 년대 중반, 90년대가 되어가니까 이젠 '사회적 기업'이나 사회문제 를 시민사회가 행정하고 협력하면서 해결해나가는 그런 흐름이 나

오게 돼요. 영국의 브레아 정권이 주장한 '제3의 길'이 대충 그런 개념이고, 일본의 민주당 정권(2009~2012년) 때의 '새로운 공공公共'도 비슷한 발상이에요.

우리는 이런 새로운 흐름을 사회적 경제라고 해요. 사회적 경제라는 것은…… 그러니까 생협이 그래요. 또 생산공동체가 그렇고, 사회적 기업이 그렇고. 그러니까 기업을 그냥 반대하는 게 아니고 주민들과 공동으로 만들어나간다. 이런 걸 사회적 경제라고 한다.

김: 그러면 한국하고는 어떻게 연결이 되기 시작한 거예요? 특히 박원순 시장쪽과는?

문: 아, 그 〈희망 제작소〉, 그게 일본에서는 이미 2001년에 만들어지는데, 한국에서는 박원순 씨가 만들었잖아요? 최근에 거기하고 같이 일을 많이 해요. 일본에 박원순 씨가 오면 보고. 지금은 뭐, 서울 시장이 되니까 시간이 없어서 하지만 전에는 1, 2년에 한 번씩은 왔어요. 그래서 강연회도 하고. 강연회라 해봤자 청중이 두, 세 명밖에 안 왔던 적도 있었지만 재작년인가 그때는 한 100명이 모이기도 했어요.

김: 지금 일본의 〈희망제작소 본부〉는 어디 있습니까?

문: 도쿄에 있어요. 조직은 별로 크지 않아요. 운영도 잘 안 되고, 조그만 해요. 박원순 씨와는 이 일과 관련해서 책도 같이 내고 했어요. 내가 서울 조사 갈 때에는 〈희망제작소〉 분이나 〈참여연대〉 분들도 같이 참여해요. 성미산 조사에도 같이 갔었고요.

김: 최근에도 문선배는 제주도에 와서 사회적 기업의 운영을 살펴보고, 의견도 나누고 하시던데 그럼, 제주도에서든 한국에서든 앞으로 사회적 기업은 어떻게 나아가야 된다고 보세요?

문: 사회적 기업, 사회적 경제는 더욱 활성화되어야 한다고 봐요. 그러니까 문제 해결이, 일본이 상징적인데 행정이 할 수 있는 일에는 한계가 있어요. 그게 보면, 행정 자체가 계급적으로 나쁘다, 민주적으로 나쁘다 하는 요인은 차치하고, 행정 자체가 재정적으로 이미 한계에 왔어요. 일본은 재정이 완전히 깨졌거든요. 정부 빚이 국민경제의 두 배나 돼요. 그런 건 영국도 비슷한데. 그럼 이렇게 한계가 뚜렷한 행정이 빈곤문제를 해결한다, 취직 문제를 해결한다 할 때 어떻게 해야겠어요? 독자적인 능력이 있겠어요? 당연히 시민사회나 다른 기업들과 협력을 할 수밖에 없는 거예요. 시민사회도 그래요. 그러니까 이제는 단지 반대만 하고는 아무 문제도 할 수 없다는 사실을 알아야 돼요.

일본은 민주사회라서 옛날부터 그런 협력의 형태가 있었어요. 반대도 하고 협력도 하고 하는. 한국은 진보정권이 들어서니까 그렇잖아요. 시민사회와 협력하는 창구, '민간협력과'가 생기고, '비영리민간단체 지원법'이 탄생해요. 이걸 '거버넌스'나 '협조'라고 하는데, 시민사회와 행정의 융합이 다양하게 진행되는 거죠.

나는 이렇게 생각해요. 미래를 위해서도 정치나 행정이 바로 서야 한다. 그러나 정치가 바로 서는 것만으로는 모자라다. 새로이 제기되는 문제를 해결하기 위해서는 시민사회나, 지역사회의 여러 주체가 협력을 하면서 지역사회 문제를 해결해 나가는 그런 식의 형태가 나와야 한다. 그런 식의 가장 주된 형태가 '사회적 기업'이고,

'협동조합'이다.

그리고 달리 생각하면 이렇게도 볼 수 있어요. 그러니까 1990년에 사회주의 체제가 깨졌잖아요? 붕괴됐잖아요? 이건 위에서 하는 사회주의가 결국 안 됐다는 거예요. 위에서 국가 권력을 잡고, 국가가 모든 걸 소유하고. 협동조합도 위에서 만들었잖아요? 위에서 하는 건, 결국에 가서는 경제도 안 되고, 민주주의도 안 되고 모든 게 깨졌어요.

그런데 사회적 경제는 밑으로부터 사회주의를 만들어 나가는 거예요. 공동체적인 의사 결정 방식을 만드는 거예요. 그래서 행정에 대해서도 영향력을 갖게 되고, 기업에 대해서도 단지 돈벌이만 할 게 아니라 제대로 된 사회 일을 해나가도록 하는 거죠.

김: 그럼, 뭐, 이건 너무 앞 선 질문인지도 모르겠습니다만, 사회적 기업이 궁극적으로는 사회 변혁까지도 가져올 수 있다고 보는 겁니까?

문: 그렇죠. 대변혁까지는 모르겠지만, 조금씩 사회적 변화를 늘려가는 식이니까. 결국 사회적 기업이라는 것은 그냥 돈벌이가 아니라 사회 공헌을 위한 기업이라서 기업이라는 형태로 사회 문제를 해결하자는 거니까, 그 수가 늘어난다는 것은 그만큼 민주화가 더 진전돼 나가고 있다는 사실을 의미하는 거예요. 결정 방식도 민주적으로 변화돼 가는 거고.

김: 문선배 같은 사회적 기업의 이론가들은 그러니까 우리 미래 사회에 대한 가장 바람직한 대안은 사회적 기업으로 보는 거네요.

문: 그래요. 그런데 간단하지는 않아요. 여기에는 전통적인 막스 이론부터 시작해서 시민사회 이론까지 다 망라돼요. 이론적으로는 그렇고, 그게 실생활에서도 조금씩 결합돼 나가고 있어요.

사실, 지금 일본은 큰 역할을 못 하고 있어요. 일본은, 그런데 이런 말이 있어요. 이것도 실현은 거의 못 하고 있는데, 민주당 정권이 들어서고…… 민주당 정권이 들어섰잖아요, 일본에서도? 칸 나오토가 비록 실패를 했지만 그는 '새로운 공공'이라는 개념을 내세웠어요. 그럼, 새로운 공공이란 것은 무엇이냐? 새로운 공공이라는 것은, 과거에 공공이라고 할 때는 행정이 하는 일, 나라가 하는 일, 이런 게 공공이었어요. 한국도 그렇고. 사적인 것은 민간이 하고, 공공은 다 행정이 하고. 그러니까 혁명을 하는 사람들은 먼저 공공을 잡아야 했고, 사실 그렇게 했잖아요? 그러니까 '새로운 공공'이라는 것은 공공의 목적을 가진 여러 가지 사업을 행정은 시민사회와 같이 해야 한다는 뜻이에요.

그러면 그 주된 분야는 어느 분야인가? 단적으로 말하면 노인 문제나, 육아 같은 복지 분야예요. 그런 걸 과거에는 '생산적 복지'라고도 표현했는데, 나라 돈을 안 쓰고 시민사회와 함께 그런 문제를 해결해 나간다는 그런 면도 있긴 한데 앞으로는 그럴 수밖에 없어요. 그런 쪽으로 갈 수밖에 없어요. 새로운 공공이라는 게 그런 생각이에요. 영국에서는 이걸, 제3의 길이라고 했잖아요?

근데 지금 보면 혹자는 제3의 길은 이루어지지 않았다고 하는데, 제3의 길은 어떤 면에서는 완전히 정착을 했어요. 당연하게 제3의 길로 우리 사회가 가고 있는 거예요. 무너진 게 아니고. 알게 모르게 그냥 정착 됐다, 일반화 됐다는 거예요, 제3의 길이. 사회적 기업은 뿌리 내렸다.

도쿄 4 · 3 40주년 행사의 기억

김: 인터뷰가, 지금 세 시간 가까이 지나가네요. 좀 쉬고 이젠 4 · 3 얘기를 듣고 싶습니다.

…… 일단, 4 · 3에 대해서 처음 알게 됐던 게 언제였던 것 같습니까? 어떤 기회로?

문: 4 · 3에 처음? 확실한 기억은 없는데, 대학원 다닐 때 우리가 서적, 주로 문학서적을 읽는 모임을 했어요. 〈나그네〉 라고 이름도 짓고. 4 · 3 모임은 아니고, 책자도 좀 냈어요. 모여서들. 그걸 한 10년 했나? 꽤 오래 했어요. 그때 그 나그네 모임에 고이삼도 들어왔어요. 김석범 선생님을 초청해서 이야기를 듣기도 하고, 이회성 같은 분들을 모시는 기회를 많이 만들었어요. 그런 와중에 김석범 선생님의 「까마귀의 죽음鴉の死」을 읽고 처음 4 · 3을 인식하게 됐던 것 같아요.

김: 그 시기가 언제 쯤 되는 겁니까? 대학원 시기니까?
문: 70년대 후반부터 80년대 초, 사이.

김: 집안에, 아무래도 김녕 집안에는 희생자 분도 계시죠?
문: 없어요, 우리는. 전혀. 아, 이런 게 있었어요. 우리 아주 가까운 친척 중에, 조선학교에서 교원을 하셨던 분이 계셔요. 아버지 친

척인가? 맞아요. 아버지 친척. 그 사람이 4·3 때 도망 나왔어요. 활동하다가 도망 온 걸로 알고 있어요. 그러니까 그 분이 아주 엄하고, 완전히 생각도 사회주의고. 교직원. 교직 생활, 오래 하셨어요. 성함이 문익형. 김녕 분. 난, 참…… 이런 4·3 이야기 같은 것도 처음에는 막연하게 들었어요. 자세히 따져보고 듣지도 않았죠. 그렇게 의식이 없었어요. 지금 같으면 당장 찾아가서 이야기를 듣고 했겠죠.

김: 그러니까 제주도에서 우리가 현기영 선생님의 「순이삼촌」을 읽어 4·3을 알았듯이 여기서는 「까마귀의 죽음」으로 알게 된 거네요?

문: 거의 그래요.

김: 그러면 도쿄에…… 40주년 때에는 계셨던 거잖아요? 1988년 40주년 행사 때 기억나시는 것 좀 말씀해주십시오.

문: 그때 나는 행사도 하고. 그해 우리가 존 메릴의 「제주도 반란」을 번역해 책을 내기도 했어요. 그러니까 그건, 그때 고이삼이 『삼천리』라는 잡지를 내는 출판사에서 일하다가 독립해서 자기 출판사 신간사를 하고 있었어요. 『삼천리』는 강재언 선생님이나, 이진희 선생님이 발행하는. 거기 존 메릴의 글도 있었는데 번역이 좀 정확하지 않았어요. 이삼이가 그걸 수정해서 책으로 내고 싶다고 해서 번역 작업하는 걸 돕기도 했죠.

사실 40주년 행사에서, 나는 그저 밑에서 도와주는 역할만. 주동적으로는 안 했어요. 그러니 기억도 별로 없어요. 무슨 모임을 하고, 회의를 하고 했을 건데 기억이 안 나는 거죠. 그때는 완전히 고이삼 중심이었어요. 우리 젊은 또래에서는. 나는 밑에서 도와주기만 했고요.

그때 현광수 선생, 김민주 선생 그런 분들이 했어요. 현광수 선생은 잡지도 내고 계셨어요. 〈코리아 연구센터〉인가 연구소도 만들어 활동하셨고. 그 주위에 몇 분 선생님들이 계셨어요. 아까 말한 김민주 씨. 또 김일 씨라고 돌아가신 분도 있었고. 그리고 김석범 선생님…… 강창일도 있었고. 나중에 강창일은 자기하고 김석범 선생님이 의논하면서 하게 됐다고 그런 식으로 이야기를 했죠. 당시 누가 주된 역할을 했는지 나는 잘 모르지만, 김석범, 강창일, 고이삼, 현광수, 그리고 돌아가신 몇 분 해서 그 분들이 주로 하신 걸로 보면 돼요.

4 · 3기념사업 실행위원회 대표로

김: 도쿄의 〈4 · 3을 생각하는 모임〉은 40주년 때 바로 만들어졌습니까? 그리고 대표는 언제부터?

문: 생각하는 모임은 그때 생긴 걸로 알고 있어요. 당시 나는 참석도 별로 안 했었는데 40주년 이후부터는 대표를 맡게 됐어요. 40주년 행사 후에 젊은 사람들이 내가 대표를 맡아야 된다고 의견을 모았나 봐요. 그래서 내가 하게 된 거죠. 그 과정 역시 나는 자세하게는 모르겠어요. 그냥 대표를 맡게 됐어요. 회장을. 다음해부터. 고이삼이 사무국장을 하고.

김: 그럼, 40주년에는 대표가 없었던 거네요?

문: 그때는 현광수 선생님이 하셨던 게 아닌가? 잘 모르겠네.

김: 그 후 도쿄에서는 해마다 위령제가 이어지죠?

문: 먼저, 도쿄의 행사는 '기념식'이에요. 아니면 '추도회'. 위령제는 나중에 오사카에서도 행사를 하게 되면서 '위령제'를 하게 되죠. 지금도 그래요. 도쿄는 학술 심포지움이나 예술적인 행사가 주예요. 김석범 선생님, 소설가 양석일 선생, 영화감독 최양일 씨 같은 유명 인사들을 모시고 행사를 하죠. 일본인들도 많이 참석하고요. 그런데 오사카는 처음에는 논쟁이 많았다 하는데, 어쨌든 재일제주인들이 많이 사는 곳이어서 직접적인 위령제가 주고, 다른 행사는 그때그때 부수적으로 하는 식이에요.

김: 그러면 도쿄 쪽 생각하는 모임의 대표는 언제까지 했나요? 교토에 오면서 그쪽은 정리가 된 건가요?

문: 아니에요. 대표를 한 게…… 내가 여기 1994년에 왔다고 했잖아요? 리츠메이칸 대학에. 1994년에 와서도 했어요. …… 1998년까지 했어요. 4·3 50주년 행사에도 내가 대표를 했던 기억이 나요. 그러니까, 오사카·도쿄 양쪽에서 모두 대표. 우리가 구별하게 된 것은 60주년 때부터예요. 50주년이 아니고.

김: 50주년 행사에 대해 듣고 싶습니다. 당시에는 어떤 식으로 행사 주관단체를 꾸렸나요?

문: 당시 팸플릿 좀 봅시다. 이것 보세요. 그때는 실행위원회 형식이에요. 정식 명칭은 〈제주도4·3사건 50주년 기념사업 실행위원

회〉예요. 그때는 오사카, 도쿄가 〈4·3을 생각하는 모임〉으로서는 구별이 안 됐어요. 그러니까 실행위원만 구분해서 누구는 오사카 실행위원회, 누구는 도쿄 그렇게 한 거예요

김: 그럼, 이렇게 도쿄와 오사카가 구분된 것도 50주년 때가 처음이겠네요?

문: 그렇죠. 그 전까지는 생각하는 모임 하나 갖고 다. 그리고 사실, 생각하는 모임이 오사카와 도쿄로 완전히 갈라진 건 60주년부터예요. 그때까지도 대표는 나 혼자. 나는 그렇게 생각하는데 기억이 틀린 거나 아닌지 확인해주세요.

그리고 50주년 실행위원회할 때, 오사카는 오사카라는 문자를 넣었어요. 〈제주도 4·3사건 50주년 기념사업 오사카실행위원회〉라고. 이것도 50주년 때부터 그렇게 한 거예요. 60주년까지. 근데 지금 생각해보면, 〈4·3을 생각하는 모임〉 그 자체로는 뭐, 별로 한 일은 없었어요. 실행위원회 형식으로 모든 행사를 치렀으니까.

이제 그러다 2000년에는 유족회가 생기잖아요. 〈재일본 제주 4·3유족회〉. 그 이후부터는 유족회가 주체가 되어 행사를 할 경우도 있었어요. 그러니 이렇게 보면 될 것 같아요. 2000년 유족회가 결성되기 이전에는 행사 때마다 실행위원회를 만들고 했던 게 기본이다.

김: 그럼 문선배는 40주년 이후, 41주년부터 대표를 맡으면서 지금까지 계속 이어져 온 거네요?

문: 그런 셈이죠. 그렇지만 오사카 모임에 대표는 특별히 없어요,

지금. 60주년부터 도쿄 쪽은 우리 선배, 조동현 씨가 하고 있는 게 맞아요. 그런데 오사카에선 내가 대표라고 하는 사람도 있는데, 내가 대표라고 인정이 된 게 아니에요. 도쿄에 조동현 선배가 대표로 있으니 당연히 오사카에서는 문경수다, 이런 건데, 아니에요. 우리는 특별히 대표를 선발한 적이 없어요. 선임한 적이. 무슨 회의를 해서 투표를 하고, 그렇게 선발한 적이 없다는 거예요. 아마 오사카에는 유족회가 결성되면서 행사 준비는 생각하는 모임을 통해 하지만 주관은 유족회가 맡게 되면서 그렇게 된 거 같아요. 도쿄, 생각하는 모임·도쿄는 정체성이 분명해요. 그러나 오사카는 이렇게 좀 애매한 면이 있어요.

도쿄의 〈4 · 3을 생각하는 모임〉

김: 초기, 도쿄에서 활동할 때 얘기를 듣고 싶습니다. 당시 도쿄에서는 크게 행사를 방해 받거나 하는 그런 어려운 점은 없었나요?

문: 도쿄에서는…… 없었어요. 거긴 명망가들이 많아서 그랬는지 모르겠는데, 없었어요. 나는 그런 기억이 없어요. 그런데 민단이나 총련에서 이런 일은 있었어요. 50주년 때 그런 건데, 민단 사람은, 민단은 전혀 관여를 안 하잖아요? 4 · 3 행사에. 그런데도 그때 50주년에 민단 사람 이름이 많이 나와요. 실행위원에. 또 하나, 당시 총련은 총련 행사로 4 · 3 50주년 행사를 도쿄에서 했어요. 우리 행사와 날짜는 다른데 총련이 했어요. 총련이 공개적으로 그렇게 한 것은 완전히 그때 한 번뿐이에요.

김: 왜, 총련 쪽에서는 그런 행동으로 나온 건가요? 50주년 때는.

문: 그러니까 김석범 선생님이랑 현광수 선생님이랑 모두 총련에서 나온 사람들이잖아요? 어쩌면 견해가 다른 것 때문에 모두 싸우고 나왔잖아요? 그러니 총련에서는 그런 사람들이 주동하고 있는데 안 되겠다, 비판적이 되면서 그랬던 것 같아요.

사실, 1992년경부터는 평양에서도 어떤 4·3 모임이 있었고, 공개적으로 4·3 문제를 다루기 시작해요. 총련 행사는 당연히 평양의 그런 흐름들도 참고했겠죠. 총련 4·3행사는 그때 한 번뿐. 그 후에는 안 했어요.

김: 50주년 즈음에 조동현 선배가 모임에 참여하죠?

문: 그렇죠. 그 후 조선배가 도쿄 모임의 실질적 중심이 되어가요. 조선배가 특이한 건, 다른 분들과는 달리 조선배는 총련을 나오기는 나왔지만 지금도 다투지는 않아요. 여러 가지로 연결돼 있어요. 어쩌면 그때부터 조선배의 분명한 역할도 있었어요. 그러니까, 총련과 연결을 하면서, 그쪽 사람들을 끌어들이기도 하고. 이런 얘기 이렇게 해도 되는 것인지는 모르겠지만, 처음엔 조선배도 참석할까 말까 망설이면서 시작을 했고, 나도 이삼이하고 조선배 문제로 많이 싸우고 했어요. 반드시 끌어들여야 된다고 하면서요.

어쨌든 50주년 때 우린 총련하고 관계도 안 좋았고, 모임 구성원들도 거의 다 총련의 입장에서 보면 반총련, 그런 분자들이었어요. 그래서 행사도 따로 했던 것 같은데 그 후, 조선배가 여러 인맥을 동원하면서 우리 쪽으로 그쪽 사람들을 많이 끌어들이기도 했어요. 그런 노력 때문에 60주년 때는 완전히 총련도 조직적으로 뒷받침을 해주게 된 거죠.

김: 아아, 50주년 때는 총련이 별도로 4·3행사를 했다가 60주년 때는 협력하는 쪽으로 돌아서서 하나의 행사를 했다 그런 말이죠?

문: 그래요. 왜 그때 제주도에서 〈놀이패 한라산〉도 조선학교에 와서 공연했잖아요? 그것도 다 그런 사유가 있었던 거죠. 김선생도 그때 조선학교에서 공연을 봤죠?

김: 예. 조선학교, 조선고등학교 강당에서.

문: 그때는 그 정도로 가까워진 거예요. 그런데 50주년부터 60주년 사이가 10년이 되는데 나는 정확히 어느 때부터 그렇게 된 건진 기억이 없어요. 조동현 선배도 그러니까 이 50주년부터 행사를 주도적으로 맡게 돼요. 고이삼 사장하고. 그러면서 도쿄 쪽 대표도 하게 되고.

김: 그 다음, 양 지역 행사에 대해서 더 기억나는 건요? 행사에서?

문: 도쿄 쪽에서는 해마다 했고. 도쿄 (4·3)행사는 여러 가지 연구회적 성격이 커요. 세미나 식으로 발제하고. 음, 그러니까 현기영 선생님이 온 게 언제였나요? 현선생님이 온 게? 그때 내가 통역을 하고 그렇게 했어요. 자료를 갖고. 200명은 모였어요. 그리고 또 그게 몇 년도지? 김석범, 양석일 선생님을 모시고 대담을 할 땐데, 그때 내가 사회를 볼 예정이었어요. 그런데 집안일이 생겨서 못 했던 기억…… 그때가 1997년이야. 50주년 전 해. 49주년. 이 시기 행사는 다 50주년 행사 준비의 일환이었죠.

김: 그러니까 50주년 행사 준비는 그 전부터 조금씩 해왔던 거죠?

문: 그렇죠. 그렇다고 봐야죠.

이 시기, 특별히 기억나는 건, 50주년 같이 큰 행사가 있으면 사전에 준비해요. 크게 준비하는데 그때 난 도쿄나 오사카 양 쪽에서 일했어요. 힘들었죠. 커밍스[15] 교수도 부르고. 커밍스를 초청하는 것

4·3 50주년 도쿄 행사의 일환으로 열린 브루스 커밍스의 강의 안내 리플릿

15　브루스 커밍스(Bruce Cumings) 시카고대 교수. 『한국전쟁의 기원』, 『한국현대사』의 저자. 2017년, 제2회 제주4·3 평화상 수상

은 당시 아주 힘들었어요. 영어로 해야 되는 문제도 있었고.

김: 예.

문: 그 외에 50주년 행사에서는 조그만 행사도 여러 가지 했었죠. 계속해서. 본 행사를 맞기 위해. 다들 열심히 했어요.

오사카 4 · 3 50주년 행사 준비와 영사관에서의 호출

김: 이젠 오사카의 50주년 행사에 대해 묻고 싶습니다. 그때 제주도에서 김윤수 큰심방을 모셔가서 굿도 했죠?

문: 예. 그건 오광현의 생각이었어요. 오광현[16]이 강력히 주장하고, 우리는 반대하고 했는데. 그때 우린 여러 가지 일로 고생 많았어요. 그 중 하나가 영사관에서 우릴 부른 거예요. 출두하라고. 그래서 강실 선생님하고, 나하고, 김성원 하고 셋이 갔죠.

김: 그건 개별적으로, 우편 같은 걸로 통지가 온 거예요?

문: 아니에요. 어떤 사람을 통해서 오라고 했어요. 그래서 갔죠. 영사관의 부총영사가 우리한테 행사를 하지 말라고, 단적으로 말해요. 사실 부총영사는 안기부에서 온 사람이잖아요?

---

16 현 〈재일본 4 · 3유족회〉 회장. 당시 오사카에 김윤수 심방을 모시고 제1세 자이니치 제주인 유족을 위해 굿을 하는 문제에 대해서는 두 번째 '오광현의 구술'에서 자세히 언급됨

김: '부'자가 들어간 사람이 보통 안기부에서 파견된 사람이죠? 어쨌든 왜 행사를 하지 말라고 했습니까? 그 전에도 행사는 해마다 조금씩 다 했잖아요?

문: 그렇죠. 오사카에서 다했죠. 그런데 그땐, 크게는 안 시킨다고 했어요. 그러니까 우리가 크게 (행사를) 한다는 소식을 어디서 들은 모양이에요.

김: 작게 한 건 되고, 크게는 안 된다? 그래서 어떻게 했어요?

문: 그러니까 내가 이야기를 한 게……. 우리는 50주년 행사를 1997년 말부터 준비하고 있었잖아요? 그런데 마침 1997년 말에 선거가 있었어요. 대통령 선거가. 사실 그 사람은 김영삼 정권의 마지막 간부들, 관료들이에요. 김영삼 정권에서 파견한. 1998년 여름 경부터는 영사들도 다 바뀌어져요. 김대중 신정권이 임명한 사람들이 오니까.

그때까지도 오사카에서는 4·3에 관해서 그렇게 시끄럽지 않았어요. 그렇지만 김영삼 정권의 안기부 선에서는 4·3을 꺼리는 사람들이 많았어요. 민단에서도 물론 반대를 했고. 그래서 그런 거예요. 우리를 불러서 절대로 못 하게 하겠다고. 민단을 불러서 방해할 수도 있다. 어쨌든 행사를 하면 안 된다는 거예요.

그래서 내가 이야기를 한 게…… 두 가지를 말했어요. 이걸 그대로 다 말하기가 그런데……. 김선생! 나중에 정리할 때 신경 좀 써 주세요.

첫째는, 정치적으로는 안 한다고 했어요. 우리는 심방을 부르고 해서 추도회만 하겠다. 이건 정치 모임이 아니다. 그러니 완전히 비

정치적으로 추도공연을 하겠다. 1세 우리 할머니, 할아버지들을 모아서 돌아가신 분들을 추도하는 모임으로 하겠다고. 둘째는, 만약 우리가 이 행사를 안 하게 되면 다른 어떤 진보적 시민단체가 하게 될 지도 모른다. 요즘 많은 단체들이 4·3에 대해서도 목소리를 높이고 있다는 건 당신네가 더 잘 알고 있지 않느냐? 뭐, 김선생도 잘 알고 있을 거예요. 왜 1998년 여름에 행사를 했잖아요? 동아시아 인권팀들이……. 김선생도 참여했죠?

하여튼 이 두 가지를 얘기하고 많이 싸웠어요. 나중엔, 뭐, 그러면 반대는 안 한다고 했어요. 근데 그 말이 우리 이야기를 납득해서 그런 건지, 어떤 건지는 모르겠는데 나중에 안기부에서 보러 왔어요, 우리 행사를. 하여튼 지금 기억나는 건 내가, 정치적으로는 안 한다고 했던 말만 기억나요.

김: 그렇게 해서 그 사건은 일단락되고, 그 다음, 50주년 할 때나 그 후에 영사관에서 간섭했던 것은 없나요?

문: 없어요. 당연히 없죠. 50주년 이후에는 있을 수도 없잖아요. 정권이 바뀌었으니까. 51주년 때부터 DJ정권이 들어섰잖아요?

1993년, 오사카의 첫 4·3 추도회

김: 문선배님! 오사카에서 첫 4·3 행사를 한 게 1993년 45주년 때라고 알고 있는데요, 그때 일들 기억나십니까? 이번에 자료를 찾으면서 팸플릿을 보니까 문선배가 강의도 하고 그랬던데?

문: 그러니까… 내가 교토로 오기 전 해?

김: 예. 그때는 장정봉 씨가 혼자서 팸플릿 뿌리고 모든 일을 하면서 참 고생 많이 했다고 알고 있는데요?

문: 그 팸플릿 좀 보여주세요. 음, 45주년. 이때…… 아, 내가 〈제주도 4·3사건 45주년 추도회 실행위원회〉의 대표를 맡았었구나. 개회사를 하고 강의도 하고. 강사로 김석범 선생님과 김민주 선생님 이름이 있고.

김: 장정봉 씨 말로는 이 행사가 오사카의 첫 추도회라고 하던데요? 일반인들을 모으고 공개적으로 한 행사는.

문: 그래요. 공개 추도행사로서는 처음일지 몰라요. 그러나 강연회는 있었어요, 1992년도, 그리고 1991년 4월에도. 강연 모임, 공부하는 모임 같은 게 있었어요. 내가 1991년에 오사카에 왔던 기억이 있어요. 그러다가 1993년 이후에는…… 1994년에는 양영후 선생님이 강의하고, 1995년에는 누군가? 이것도 안 나오네. 1996년에는 후지나가[17] 선생이 했고.

김: 1993년 이외에는 추도회가 아니고 다 강연회로 한 거죠?

문: 그래요, 강연회. 코우엔카이講演会를 해마다. 음, 후지나가는 해녀 투쟁에 대해 강의했고. 이건, 전부 기억해요. 후지나가에 대해

---

17 후지나가 다케시(藤永壯). 일본 오사카시립 산업대 교수. 「1931년 해녀 투쟁」 등 제주도에 관한 논문이 다수 있음

선. 그러다 1997년엔, 이땐 거의 다 이듬해 50주년을 준비하기 위해서 여러 가지를. 무척 바쁘게들 움직였어요.

김: 그리고 그때는 해마다 결성된 실행위원회가 행사를 맡고요?

문: 그렇지, 뭐.

4 · 3 도쿄 행사와 오사카 행사의 차이

김: 근데 여기서, 제가 한 가지 묻고 싶어요. 도쿄와 오사카 4 · 3 행사에는 성격상 큰 차이가 있어요. 앞에서도 비슷한 이야기들이 나왔지만 오사카는 추도회, 위령제 형식. 그건 당연히 오사카에 자이니치 제주인 1세들이 많이 살아서 그런 거겠죠?

문: 그렇죠.

김: 반대로 도쿄에서는 강연회나 콘서트 형식으로 해서 유명 학자나 예술가들을 모셔서 하는 기념식……?

문: 그러니까 한 마디로 하면 도쿄 쪽은 시민운동이에요. 시민운동 방식의 평화운동, 인권운동. 일본 사람들도 행사에 많이 오고. 그런데 이쪽 오사카는 유족 중심의 추도회, 위령제가 되는 거죠.

김: 오사카는 일제시기부터 역사의 현장이었던 그런 배경도 한 요인이겠죠?

문: 물론 그런 면도 있죠.

김: 제가 '일제시기 재일제주인들의 항일운동' 관계 글을 쓴 적이 있어요. 그때 새롭게 알게 된 사실 중 하나가, 오사카를 중심으로 한 간사이 지역에는 공장들이 많아서 그런지 자이니치 노동자들이 많이 살았고, 이들 다수는 노동운동을 통해 서로 하나가 되면서 치열한 항일운동을 벌였다는 거예요. 자신들의 생활현장이 바로 삶터이고, 싸움터였던 거죠. 당시 김문준 선생 같은 유명한 항일운동가도 계셔서 오사카 지역 노동계를 이끌기도 했고요. 그런데 도쿄 쪽의 항일운동은 지식인이나 학생들을 중심으로 한 사상운동이 주였어요. 참 다르죠. 저는 지금도 두 지역 4·3행사를 보면서 일제시기의 차이점이 지금과 거의 같지 않나 생각하는데요, 좀 과장일까요?

문: 음.

4·3 50주년 행사 준비와 『제주4·3통신』 발행

김: 다시 오사카의 4·3 50주년 행사 준비로 돌아갑니다. 그때 50주년을 준비하면서 『제주4·3통신』을 3호까지 발행했잖아요? 이 『제주4·3통신』은 어디서 만든 겁니까, 실행위원회에서?

문: 그래요. 〈제주도 4·3사건 50주년 기념사업 실행위원회〉에서 만들었죠. 3호까지. 내가 조동현 선배하고 팩스를 주고받고 하면서 만들었어요.

김: 음. 그러니까 첫 회가 1997년 10월에 발행됐고…… 2호는 1998년 2월, 3호는 1998년 6월에 발행됐네요.

문: 그거 이리 줘보세요. 이 1호에 보면 같이 일을 했던 분들 중에 이젠 돌아가신 분들의 이름도 나와요. 어디 보자. 당시 실행위의 공동대표는 김석범, 이철, 현광수, 김민주, 김병도, 김일, 안수영, 한태숙, 이수오, 양석일, 문경수고, 사무국 일꾼으로는 고이삼, 조동현, 고희탁, 한성현, 문경수, 박향구, 김중명이네. 그런데 처음에는 공동대표로 있는 김병도 선생님이 사무국장을 했어요. 그 다음 두 번째부터는 고이삼이 하고. 그리고 사무국에는 제주도에서 유학 온 학생도 있었고. 여기 향구는 나중에 제주도에서 만났어요, 한 번. 지난해에 돌아갔어요. 죽었어요.

김: 제주도에서 만났다는 말은 뭐예요?

문: 내가 제주도에 유학 가 있을 때 왔다는 말이죠. 조대를 졸업하고 시간 강사를 하고 있었어요. 제주도에 무슨 토지 문제로 몇 번 왔었어요.

김: 실행위원회는 자주 모였나요? 행사며 『제주4·3통신』 기획으로 무척 바빴을 것 같은데요?

문: 이것저것 준비하느라 한 달에 한 번씩 실행위원회를 열었어요. 많은 논의도 하고. 싸우기도 참 많이 했어요. 커밍스 초청 문제도 논란이 있었고.

4 · 3 50주년 오사카 추모제의 의의

김: 50주년 행사는 준비를 하면서 고생도 많이 하고 했을 것 같은데요 어떻습니까? 우선, 1세분들의 참여도가 현저히 달라졌을 것 같아요. 행사가 끝나고 평가회에서는 어떤 평들이 나왔습니까?

문: 그래요. 참여도가 엄청 높아졌죠. 나는 4 · 3 50주년이 지나면서 일본에서는 그 뭐랄까, 침묵의 벽이랄까, 장벽이라고 할까, 그런 게 많이 무너졌다고 봐요. 금기가 깨지고. 50주년 행사에서처럼 어르신들을 그렇게 많이 모시고 크게 한 건 처음이었어요. 그때부터 4 · 3도 이렇게 크게 할 수 있다는 분위기가 조성 됐죠. 그때까지만 해도 사실 많으면 100명, 200명 정도 모여서 강연회나 하는 그런 인텔리들의 모임이었어요. 그런데 그 (오사카의) 츠루하시 한 복판에서 그렇게 나이 드신 분들을 많이 모시고 행사를 한 게 처음이었고…… 그런 의미에서도 50주년 행사는 획기적인 일이었어요. 그때 오사카에서는 어떤 행사를 해야 한다는 앞으로의 행사 방향까지 다 결정된 것이나 다름없었죠.

1998년 4 · 3 50주년 오사카 위령제의 리플릿

<h1 align="center">호 소 문</h1>

현금 우리 조국은 혹독한 시련을 겪고 있습니다. 남/북을 막론하고 매일같이 전해 듣는 조국의 모습은 어두운 소식으로 가득차 있습니다. 물론 이러한 암흑 속에서도 밝은 미래를 향한 어렴풋한 광채가 전혀 보이지 않는 것은 아닙니다. 그러나 이 시련을 빛나는 내일을 위한 초속으로 삼을 수 있을 지의 여부는 오직 우리들 각자의 어깨에 달려 있습니다.

미래를 지향하는 우리들의 영위의 발걸음은 이 지경에 이르게 한 도정에 대한 엄격한 성찰을 요구하고 있습니다. 제주도4.3사건도 싫건 좋건 우리들이 회피해서는 안되는, 그러한 과거사의 하나라고 할 수 있습니다.

민족의 미래를 한몸에 짊어지고 취임한 김대중대통령도 4.3사건에 대하여 다음과 같이 말한 바 있습니다.

"내년이면 4.3발생 반세기가 되는 해입니다. 한국 근현대사를 살펴 보면, 사실 진상규명이 채 이뤄지지 않거나 왜곡된 부분들이 많습니다. 이는 21세기 한민족의 재도약을 위해서도 반드시 해결되어야 합니다"(1997년9월12일. 제민일보 기자와의 인터뷰)

제주도 4.3사건은 3만명 내지 5만명에 이르는 엄청난 희생을 초래한 미증유의 비극임에도 불구하고, 오랫동안 봉인된 채 그 진상이 밝혀지지 않고 있습니다. 재일 동포사회도 이러한 침묵의 압력으로부터 자유로왔다고는 결코 말할 수 없습니다.

사건 발생으로부터 50년째를 맞이하는 오늘날, 4.3사건에 관련하여 문제해결을 위한 기운이 다영한 지역과 수준에서 고양되고 있습니다.

신대통령은 4.3사건에 관련된 정부보유문서의 공개, 국회수준에서의 진상규명과 명예회복, 배상문제를 해결하기 위한 특별 위원회의 설치, 특별법의 제정을 약속하였습니다. 제주도에서는 50주년을 맞이하여 위령제를 비롯하여 다양한 학술, 문화 행사가 공사를 불문하고 전 도민이 일치 단결하는 가운데 진행되고 있습니다. 나아가 東京에서도 고향이 제주도인 재일동포를을 중심으로 당파나 이데올로기를 초월하여 각종 행사가 정력적으로 추진되고 있습니다.

침묵의 두꺼운 벽은 4.3사건과도 인연이 깊은 이곳 大阪땅

1998년 4·3 50주년 오사카 위령제의 호소문

에서도 깨어지고 있습니다. 4.3사건을 일년 앞둔 작년 4월, 우리들은 청명한 눈으로 역사의 진실을 응시하고, 사건에 관련된 모든 희생자의 영혼을 위로하기 위해서 50주년 사업의 계획과 실천을 개시하였습시다. 우리들의 사업은 어떠한 당파나 조직하고도 관련됨이 없이, 갖자의 역사에 대한 자각과 희생자에 대한 추모의 념에 기초하고 있습니다. 나아가, 이 사업은 제주도만이 아니라, 민족의 "화해"와 "평화" 그리고 상초받은 온 세계 사람들의 기원하고도 직결되는 것으로 믿어 의심치 않습니다.

　침묵과 봉인으로는 4.3사건의 뿌리깊은 아픔과 슬픔을 치유할 수 없습니다. 말문을 트고 배우며, 더불어 춤추며 노래하며 연주하는 길만이 희생자의 영혼과 교감하며 살아 남은 자의 상처를 치유할 수 있습니다. 가능한 한 많은 분들이 우리들의 사업에 동참하고 협력해 주실 것을 빌어 마지 않습니다.

제주도 4.3사건 50주년사업 大阪 실행의원회

│ 1998년 4·3 50주년 오사카 위령제의 호소문

오사카 4 · 3유족회의 제주도와 연계한 활동

김: 이제 행사 내용에 대한 건 그만하고, 문선배 개인 얘기로 넘어가겠습니다. 이런 표현이 적절한지 모르겠는데, 원래 문선배는 활동의 근거지가 도쿄였는데 교토에 와서 살게 되고, 지금은 활동도 오사카 쪽에서 하시잖아요? 그러다보니 양 쪽 일에 다 관여하면서 더 힘들었을 것 같은데 어떠세요?

문: 50주년 때는 그랬죠. 그때는 완전히 양 쪽 다 관여했어요. 그런데 지금은 거의 이쪽 오사카에 중심을 두고 활동해요. 작년에는 거의 도쿄 쪽은 관여를 하지 않았어요. 행사에 가지도 않았고요. 올해는 심포지엄을 한다고 해서 참석을 했어요.

김: 그렇군요. 그럼 다른 문제로 50주년 행사 이후 전반적으로 크게 달라진 것을 들자면 어떤 걸?

문: 우리가 50주년 이후로 계속 추도회를 해왔잖아요? 추도회 형식으로 해서 관음사 같은 절에서 하기도 하고. 그러다가 2000년에 일본 유족회가 만들어져요. 강실 선생님 중심으로 해서. 그때부턴 행사도 유족회 중심으로 하게 됐어요. 그러나 그 과정에서, 특히 2000년대 초까지는 완전히 우리가 자체적으로 행사를 했어요. 우리 힘으로 행사비를 모으고 그렇게 하면서.

그런데 2003년에 그 뭐야, 진상조사 보고서가 나오죠? 그리고 그때는 〈4 · 3평화재단〉이 만들어지지 않았으니까 그쪽 유족회(제주도 유족회)가 있어서 뭐라 할까 원조도 조금씩 받기 시작하고, 연결 고리가 생겨요. 내가 유족회와 직접적인 관계는 없어서 자세히는 모르겠는데 2003, 2004년? 2005년경부터인가 우리가 위령제를 하게 되면, 행사비도 받고 그렇게 했던 것 같아요. 그건 강실 선생님이 혼자 관여했어요. 그러다 이제 2008년엔가 평화재단이 생기잖아요? 60주년 때. 그 후부터는 위령제 때마다 재단의 지원을 받죠.

김: 초청도 받고?

문: 초청도 받고. 그런데 지금은 보면, 제주도에선 오사카 쪽보다는 도쿄 쪽에 더 무게를 두는 것 같아요. 이건 뭐, 꼭 그래서 그런 건 아니지만 얼마 전부터 우리 오사카의 중심 활동가들끼리는 이런 얘기도 했어요. '제주도의 행사비를 받지 말자. 행사를 크게 하든 작게 하든 우리 손으로 옛날처럼 모금하고 그렇게 해서 하자. 제주도에 예속되지 말자, 속박 받지 말자.' 나는 더 적극적으로 이런 생각을 하고 있어요.

〈4·3을 생각하는 모임·오사카〉 활동의 향후 과제

김: 그건 이번 행사 때문에 그렇게 생각하게 된 건가요?

문: 올해 행사 말고도 항상 그렇게 생각해왔어요. 특히 60주년 때는 더 그랬죠. 어쨌든 현재처럼 행사 중심 방식의 4·3운동은 안 되고…… 뭐, 안 된다기보다는 한계가 있고요. 그러니까 우리가 취재팀…… 조사팀 같은 조직인데, 나는 관여를 안 하고 있지만 취재팀이 생기고, 취재팀이 앞으로 해나갈 조사나 그런 것 중심으로 우리의 4·3운동을 바꿔야 할 그런 시기가 온 것 같아요. 행사만 하는 게

아니고. 행사는 행사대로 하지만요.

김: 그러니까 유족회 중심이 아니고, 쉽게 말하자면 다시 생각하는 모임 중심으로 돌아가면서 강습회, 이런 거를 더 활성화시키고, 조사기능도 갖자. 제주도의 예산을 안 받고 자율적으로 해보자, 이런 걸로 이해하면 됩니까?

문: 음. 그러니까 유족회를 배제하자는 게 아니에요. 유족회 중심으로 해도 돼요. 다만, 행사하기 위해서 경비를 지원 받잖아요. 그게 짐이 되는 거예요. 행사는 조그마하게 하면 돼요.

김: 그러니까 행사비를 받는 것으로 해서 저쪽, 재단의 간섭을 받는다는 건가요?

문: 간섭받는 건 아니에요. 몰라요. 다만, 귀찮은 게 여러 가지 있어요. 행사비를 받고 한다는 게, 우리가 완전히 그쪽 기관에 종속되는 꼴이 되어 버린 거예요.

김: 내가 볼 때, 꼭 그런 의미만은 아닌 것 같은 데요.

문: 아니긴 하지만, 이젠 그런 쪽으로 가버렸어요. 그리고 내가 지금 하는 말, 그런 외적인 측면만을 얘기하는 게 아니에요. 내적으론 우리 스스로의 책임이 더 커요. 잘 알겠지만 생각하는 모임이 질서 있고, 지속적인 그런 조직이 아니잖아요? 사무실과 상근자를 갖춘 그런 상시적 단체도 아니고. 일이 있을 때마다 모여서 하는 식이잖아요. 그러다보니 이젠 모임의 순수한 성격까지 변질이 되어가는 그런 느낌이에요. 순수성이 상실되는 그런 감정이라고 할까. 평소에

는 활동도 안 하다가…….

김: 무슨 말인지, 이제 알겠네요. 행사비에 목을 맨 그런 부정적인 모습. 예, 좋습니다. 이젠, 오늘 인터뷰를 마감하는 것으로 하여 생각하는 모임이나 추도회가 앞으로는 어떤 방향으로 나아가는 게 좋다고 생각하는지 말씀해주십시오.

문: 이건 내 생각인데, 뭐, 여러 가지가 있겠지요. 앞으로 활동이. 진상규명을 한다, 추도를 한다. 그런데 그전에 과거를 돌아보면 우리의 가장 큰 과제는 일본에서도 4 · 3에 대해서 쉬쉬하는 분위기가 높아서 그걸 어떻게 깨뜨리나 하는 것이 일차 목표였어요. 그러니까, 내가 아까 얘기했던 침묵의 분위기라고 할까, 침묵의 벽이 너무 높았어요. 우리가 그걸, 4 · 3행사를 하면서 깨뜨렸다는 거죠.

지금 우리에게는 그렇게 하는 데에 우리가 큰 힘이 된 게 아닐까 하는 자부심이 있어요. 오래 해왔으니까요. 50주년이 가장 획기적인 전기였고요. 그런 걸 돌아보면 우린 참 일을 많이 해왔다. 신문에도 많이 보도가 되고. 그러나 여전히 완전히 무너진 건 아닌데…… 침묵의 벽이. 완전히 해결된 건 아닌데 하는 초조감도 동시에 있고요. 사실 지금 우리가 자유롭게 4 · 3에 관해서 이야기할 수 있는 그런 분위기가 일본에도 조성됐다는 것, 그것만도 대단한 거예요. 우리가 그 조성에 어떤 역할을 하지 않았나 싶어요.

그러나 문제는, 지금 우리가 그것만 붙들고 앉아 있어선 안 된다는 거죠. 앞으로는 일본에서의 4 · 3 진상규명에 직접 나서야 하고, 조사도 해야 되고. 그런 쪽으로 모임의 중심을 옮겨야 되지 않을까 하는 게 내 의견이에요. 이제 그런 단계가 되지 않았나 싶어요.

김: 주도적으로 진상규명운동을 벌이고, 조사하고. 대신 행사 규모는 줄이고?

문: 그래요. 아무래도 지금까지는 행사 중심으로 모든 일을 해왔지만 그런 단계는 이제 지났다. 사실, 조사를 담당할만한 사람도 많이 늘었어요.

김: 아까 잠깐 60주년 행사 얘기에서도 나왔지만 일본에서 느끼는 4·3 60주년의 의미가 과연 무엇이었을까 궁금해요. 조금의 다툼은 있었지만 유족들이 제주도의 초청을 받아 제주도 행사에 참여했고…… 이건 대단한 일이잖아요? 행정에서 4·3 문제로 자이니치들을 초청한다는 게 상상이 되지 않는 일이었잖아요?

문: 그런 의미에서는, 그렇죠. 그러니까 4·3에 대해서 억압적으로만 대하고 있던 한국정부가 우리를 초청한다? 자이니치들은 4·3에 관한 한 이제까지 한국정부의 눈치나 보다가 이젠 한국 쪽 행정과 협력하면서 행사를 하는 그런 분위기가 비로소 생겨난 거예요. 한국정부도 4·3에 협조적이다, 그런 인식이 가슴에 다가온 거죠. 2000년에 4·3특별법이 제정되고, 2003년에는 정부의 『4·3진상조사 보고서』도 나오고, 2008년 60주년에는 우릴 초청까지 해준다? 금기의 벽이 깨진 거예요.

그러나 60주년 행사 후에는 다시 보수정권, 보수 대통령이 나오면서 또 위축되고 있어요.

김: 예, 그럴 거 같아요. 잘 알겠습니다. 이젠 결론적으로 마지막으로 하고 싶은 말씀이 있으면 해주십시오. 특히 문선배는 정치학

자시니까 4·3의 학술적인 연구 분야에 대해서 하실 말씀이 있을 것 같은데요?

문: 연구 분야는, 그렇죠. 4·3의 침묵의 벽이 아직도 존재한다면, 이야기를 다 못 하고 있는 그런 분위기가 아직도 있다면…… 이런 문제가 있어요. 진상조사보고서 나오고 한 후 이걸 비판하는 소리가 우익이나 그런 쪽에서 많이 나왔잖아요? 헌법소원까지 제기하고요. 그래서 헌법적 판단이 나오고. 그러다보니 4·3 중앙위원회는, 항쟁 주동자들에 대해서 일괄적으로 희생자로 인정할 수 없다는 결정을 내렸지 않아요. 그런 면에서는 4·3의 완전해결의 앞길은 아직 먼 것 같아요.

사실, 4·3의 성격에는 두 가지 측면이 있잖아요? 하나는 이데올로기적 측면인데 이건 완전히 통일운동적 측면이고요. 다른 한 가지는 공동체를 지켜야한다는 공동체의 자기 방위적인 측면이에요. 그래서 나는 이데올로기적 측면에 관해서는 시대적 배경을 감안해서 지금 시점에서 옳고 그릇됨을 가릴 필요는 없고, 두 번째, 자기 방위적인 측면에서 4·3을 해석하면 항쟁 주동자들에 대해서도 그 정당성을 인정할 수 있지 않나 봐요.

김: 그건, 여기 일본 쪽의 입장을 많이 생각한 것 같기도 한 의견으로 보이는데요?

문: 그래요, 그래요.

김: 총련이 있기 때문에?

문: 꼭 그런 건 아니고요. …… 어쨌든 주동자들도 그런 논리로,

'방어의 투쟁'이었다는 논리로 명예회복이 돼 희생자로 인정이 되면 좀 더 많은 사람들이…… 우리 일본에는 김시종 선생처럼 항쟁에 관여했다가 일본으로 건너 온 사람들이 있잖아요? 그런 분들 속에는 총련에서 일하면서 아직도 커밍아웃 못 하는 사람들이 많아요.

김: 일본엔?

문: 예. 그런 분들은 총련이 있고 하니까 다시 조사당해 주동분자로 낙인찍히면 어떻게 할까 하는 그런 인식도 당연히 있어요.

김: 문선배 생각으로는 단적으로, 주동자들에 대해 한국정부가 보다 전향적인 조치를 취하면 일본에서 총련도 협력할 가능성이 있지 않겠느냐 하는 거죠?

문: 그래요. 총련도 그럴 가능성이 있고……. 사실, 총련 바깥에 나온 사람들 중에서도 그 때문에 자기 이름을 드러내지 못하는 사람도 있어요. 어쨌든, 4·3 희생자를 신고할 때도 일본에선 실적이 부진했잖아요? 때문에 우리 일본에서는 소위 주동자를 포함한 모든 희생자의 명예회복, 바로 이것이 이루어질 때라야 모든 분들이 마음 놓고 신고를 할 수 있지 않을까 싶어요. 그리고 앞으로의 4·3연구도 이런 면을 지향해야 할 것 같고요.

김: 예, 오랜 시간 이야기를 나누었습니다. 세 시간. 고맙습니다.

02

일본 4·3 유족회장으로

오광현

시민운동가 | 4·3운동가

| 4·3평화공원 위패봉안소에서 샛아버님 위패를 살펴보고 있는 오광현

오광현은 1957년, 오사카의 이쿠노구 이카이노에서 자이니치 2세로 태어났다. 그가 태어난 이쿠노구는 조선시장이 있고, 자이니치 제주인들이 가장 많이 살고 있는 곳으로 유명하다. 그는 이곳에서 어린 시절을 보냈다.

고교 시절 소설가를 꿈꿨던 그는 1977년 오사카 시립대학 문학부에 입학했다. 그 해 그는 『아사히신문』에 실린, 연세대 학생들의 시국 선언문, '듣고 있나, 학우들이여'를 읽고 큰 감동을 받았다. 어쩌면 그의 인생을 결정지은 중요한 문건이었다. 그 후 그는 한학동 활동을 하며 대학 시절부터 시민활동가의 길에 들어섰다.

그는 1982년 〈이쿠노 지역활동 협의회〉 간사로 시민활동가의 길에 들어선 후 지문날인 거부운동 등 온갖 자이니치 권익운동에 참여하다, 1992년 현재의 〈성공회 이쿠노센터〉로 옮겨 지금까지 근무하고 있다.

4·3운동에는 1997년 50주년 행사 준비시기부터 참여했다. 그 후 그는 2000년 일본유족회 창립에 참여하여 사무국장으로 일했다. 2009년부터는 일본유족회 회장을 맡아 오늘에 이르고 있다.

(면담일: 1차 – 2007. 8. 22. 2차 – 2012. 5. 15. / 면담 장소: 오사카 성공회 이쿠노센타 사무실)

아버지는 기미가요마루(君代丸)를 타고
일본 오신 자이니치 1세

김창후: 오광현 씨. 오늘 인터뷰는 지난 2007년 1차 인터뷰 내용을 보충하기 위해서 여러 가지 이야기를 다시 차근차근 하게 될 겁니다.[1]

인터뷰는 사전에 말씀드렸듯이 일본에서 행해지는 4·3행사에 오선생은 언제부터 어떤 이유로 참여하게 되었는지 하는 것을 시작으로 오사카의 위령제, 유족회 활동 등 전반적인 4·3운동에 대하여 묻게 될 것입니다.

그리고 오광현 씨가 어디서 태어나 어떤 교육을 받았고, 어떻게 민족의식을 갖게 되어 〈4·3을 생각하는 모임〉 활동을 하게 되었는지 하는 것들에 대해 두서없이 대화를 갖게 될 것입니다. 아울러 자이니치 오광현 씨 개개인의 삶에 대한 것도 정리해 고국에 알리게 될 것입니다.

먼저, 성함과 생년월일을 알고 싶습니다.

오광현: 오광현. 자이니치 2세. 1957년 양력 7월 생.

김: 일본 어디서 출생하신 건가요?

오: 오사카요. 오사카의 이카이노 히가시猪飼野 東. 요즘 이름으로는 이쿠노구生野區.

---

1 이 글은 2차 인터뷰(2012.5.12.) 내용을 중심으로, 1차 인터뷰 이야기를 보충해 정리했다.

김: 먼저 부모님하고, 가족들에 대해 듣고 싶어요.

오: 아버지가 1925년 생. 아니다, 어머니가 1925년생이고, 아버지는 1915년 생. 아버지는 15살 때 일본으로 오셨다고 알고 있어요. 군대환, 기미가요마루君代丸를 타고. 그러니까 15살에 오셨으니 년도로는 1930년이 되나요? 쇼와 5년. 물론 그때 처음 오신 건 고향에서는 살기 어려워 돈 벌기 위해 오셨다고 해요.

김: 예. 군대환 타고 오신 자이니치 1세 분들 참 많죠? 그럼, 형제는 몇 분이나 되나요?

오: 위로 누나가 세 명, 형이 둘. 그러니 나는 3남 3녀의 막내. 우리 형제 중 큰 누나는 어머니가 달라요. 큰 누나는 제주도에서 태어나서 10세 때 밀항해 오셨어요. 우리 나머지 형제는 다 일본에서 태어났죠.

김: 오 선생님! 학교는 초등학교나 중·고등학교 모두 일본학교 다니신 겁니까?

오: 네. 유치원부터 다 일본 쪽. 그런데 문제가 많았어요. 유치원부터 그런데, 집에서 가까운 유치원이었어요. 거기는 불교 사찰이 경영하는 곳인데 민족차별이 심했어요. 지금도 있어요. 거기는 먼저 일본애만 모집하다가 자리가 있으면 한국애들을 받는 거예요. 차별도 심했고, 입학금이나 등록금도 일본애보다 세 배나 더 받았어요.

그때까지는 우리 집엔 돈이 있었어요. 아버님이 컵 공장, 유리컵 공장을 운영해서 잘 살았어요. 직원이 100명이나 됐었죠. 그러니까 그때는 세 배의 등록금을 내고서도 유치원에 다닐 수 있을 만큼 경제력이 있었죠.

한국말을 처음 배운 건 조선학교의 하계학교에서

그러다가 초등학교에 들어갔죠. 지역에 있는 일본학교. 근데, 여름방학에는 말이죠, 하계학교라고 해서 총련계 학교가 우리 일본학교에 다니는 애들을 대상으로 특별 수업을 했어요. 우리 동포 아이들을 대상으로. 그때 우리는 한국말을 모르잖아요? 조선학교 다니는 애들은 되니까 같이 앉아서 우리를 가르쳐요. 동갑애들이. 선생님도 있었고요. 대개 오전에 2주일 정도 했는데 재미있었어요.

김: 근데, 당시 집에서는 어떤 말을 썼나요? 한국말? 일본말?
오: 99프로 일본말. 아버지, 어머니만 한국말.

김: 그러면 한국말이라고 해서 배우기 시작한 건 언제부터예요?
오: 제가 스스로 하려고 했던 건, 입학한 후. 대학교에.

김: 그럼 아까 말한 조선학교 하계학교에서는 어느 정도 배웠나요?
오: 조금만. 그때는 꼭 한국말보다도 조선학교니까 당신들이 조선 사람이라는 자부심을 가지고 우리와 같이 놀면서…… 오전만 수업을 하고, 점심 먹고 오후에는 같이 놀라고 하거나, 축구하거나.

김: 그 학교에는 어떻게 해서 가게 됐어요?

오: 그 당시가 김대중 씨 납치사건, 1973년. 그 조금 전에 서승 형제 사건도 있었고. 그러니까 그때까지는 민단이나 총련 운동을 하는 우리 동포들이 완전히 따로따로 했어요. 그러다가 그때가 지나가면서 양측이 같이 하는 활동도 많아지게 됐죠. 우리 아버지도 그런 사람이었어요. 그러니까 한국말, 우리 교육을 하는 거니까 그럼, 가라 했어요. 저야 재밌어서 간 거지만. 그러니까 나는 초등학생 때까지 그랬던 거 같아요. 중학생 때는 안 가고요.

김: 초등학생 때만 한국어를 접했다. 그럼, 중·고등학교 때는 전혀 한국어를 접할 기회가 없었고요?

오: 고등학교 때는 〈조선문화연구회〉라는 동아리가 있었어요. 내가 다니던 일본학교 안에. 동포 학생들이 모여서 했죠. 그런데 그것도 잠깐이었어요.

김: 참, 오광현 이건 본명이죠? 일본학교에서는 통명을 안 썼어요?

오: 초등학교 때는 일본 이름. 야마山만 들어가서. 그러니까 쿠레야마 코겐吳山光現으로 해서 통명으로 부르고. 중학교 때는요, 오광현으로 썼지만 일본식으로 발음을 해서 고코겐 하고. 그러다 고등학교 때는 다시 초등학교 때처럼. 이건 다 강제적으로 그랬던 거예요. 학교에서 시켰어요. 왜냐면요…… 민족교육 차원의 얘기는 아니었고, 당시 비행 청소년들이 많았어요. 일본 이름을 쓰게 되면 일본 사람인지, 한국 사람인지 잘 구별할 수 없잖아요? 그러니까 한국 사람

은 나쁘다, 이런 게 다 밑바탕에 있는 거예요. 당시 일본 학급에 명단 있죠? 번호. 먼저 일본 남자부터 해요. 그 다음 한국 남자, 그 다음에 일본 여자, 마지막에 한국 여자.

김: 그래도 일본 여자보다는 한국 남자를 앞에 써 주긴 써 줬네요, 하하하. 그러다 대학교부터는 오광현?

오: 예. 무조건 오광현. 발음도 그렇고.

김: 이름만 해도 참, 일본은 복잡해서. 그런데 자이니치들, 중학교 고등학교 다니면서 일본 사람들한테 차별받은 이야기를 많이 하잖아요? 그래서 싸우기도 하고, 그런 일 오선생은 어땠어요?

오: 나는 안 싸웠어요. 약해서. 싸움이 강하지 않아서 피했죠. 뭐, 그래도 싸울 때는 싸웠어요. 그러나 차별을 받고 하면 난 먼저 피하기도 많이 했어요.

제삿날

어렸을 적 얘기하다 보니 먼저 기억나는 게 있어요. 제사. 이 얘기 먼저 할게요. 우리집에 제사 때가 되면 친척들이 많이 모였어요. 우린 친척들이 참 많았어요. 아버지가 장남이고, 어머니도 장녀고 해서 친척들이 다 오는 거죠. 그때 우리 집 근처에 고모님 둘, 아버지 사촌들이 많이 살았어요. 그 분들은 다 한국말을 썼죠.

김: 그러니까 오광현 씨를 낳으신 어머니는 아버님이 일본서 만나 결혼하신 분인 거죠?

오: 맞아요. 아버지는 결혼을 세 번 하셨어요. 한 분은 돌아가시고 한 분은 이혼하시고, 또?

김: 오광현 씨는 세 번째 어머니가 낳은? 지금, 어머니는 살아 계신가요?

오: 돌아가셨어요. 다들. 그러니까…… 제사 얘기 다시 할게요. 그때 보면, 이 동네에 사는 친척들이 다 왔어요.

김: 오 씨들이?

오: 예. 그리고 어머니 쪽 친척들. 진주 강 씨. 제주도에 진주 강 씨 많죠? 우리 아버지 고향이 중문 하원, 어머니가 중문(면) 중문(리).

김: 제사 때는 모이면 무슨 얘기들을 했어요?

오: 그냥 밥 먹고. 어린애들은 어린애들대로 모여서 같이 놀고. 특별히 민족적인 것, 그런 뭣보다 그냥 같이 모여서 오랜만에 맛있는 음식 먹고 얼굴 보는 거.

고등학교 시절의 〈조선문화연구회〉

김: 중학교나 고등학교 때, 주변에 조선학교 다니는 친구들은 많

왔나요? 그럼, 걔네들을 만났을 때 생각이나 행동이나 뭐 특별히 다른 그런 건 없었고요?

오: 우리는 중학생 때까지는 조선학교랑 대립하고 있었어요. 제가 다니고 있는 중학교가 싸움 못 하기로 유명한 학교였어요. 그런데 한번은 우리 학교에서 가장 싸움 잘 하는 애랑 조선학교 중학생이랑 싸움이 있었어요. 양쪽 다 한국 사람인데. 우린 그냥 먼 데서 구경하고 있었죠. 근데 그런 싸움이 한국 사람이나 일본 사람이 대립한 게 아니에요. 단지 싸움 잘하는 아이들끼리 어느 편이 강한가 하는 그런 싸움이죠. 그러니까 꼭 민족의식 같은 이런 거 하고는 관계없는 이야기예요.

그러다 내가 고등학교 입학할 때 깜짝 놀란 일이 한 가지 있어요. 동창생 중에 여자 친구가 조선고급학교에 진학한 거예요. 깜짝 놀랐죠. 공부도 잘 하고 착한 사람인데. 우리가 그 당시 조선학교, 일본 중학교에서 조선고급학교에 올라가는 사람은 공부 못 하는 사람밖에 없었어요. 내가 깜짝 놀라 물었죠. 왜 그러느냐? 그러자, 내 생각이다. 부모님이나 누구의 강요가 아니다, 하더라고요.

김: 그 동창생 요즘도 보이나요?

오: 예. 당시 총련계 집안이면서도 일본학교에 다니는 애도 좀 있었어요. 그런데……. 그 친구, 지금도 1년에 한두 번은 가끔 만나요. 자기 결정이라고 했어요. 아버지 어머니는 반대하셨고 했지만 조선 사람으로 살고 싶어서 그랬다고 했죠. 그런 사람도 있었어요.

김: 그래서, 그걸 보고 어떤 생각이 들었어요? 혹시 따라서 거기

가겠다는 그런 생각은 안 들었나요? 나도 조선학교 가고 싶다는 그런 생각?

오: 나는 그저, 이런 이상한 사람도 있나, 그런 느낌뿐이었어요.

그 후 난 고등학교에 들어가서 〈조선문화연구회〉 동아리에 잠깐 참가했어요. 거기서 처음으로 조선하고 일본의 역사를 공부했어요. 왜 우리가 일본에 있나, 이런 걸 고민하게 됐죠.

김: 거기는 어떻게 들어갔어요? 자발적으로?

오: 자발적이라기 보단, 거기서 한 번 와봐라 했어요. 합숙도 했어요. 고 2때. 2박 3일로. 대학 선배들 많이 오셨어요. 물론 학교 내의 일본 교사도 있었지만요. 그때 우리는 어떻게 살아야 한다…… 이런 것에 대해서는 막연한 느낌만 있었거든요. 그러나, 솔직히 말하면 그때 나는 동아리에 참가하고 있었지만 거기에 적극적인 사람은 아니었어요. 거기는 공부 잘하는 애들이 다니는 학교니까 공부를 해야 했어요. 그리고 또 내가 스포츠에 관심이 많아서 동아리보단 테니스를 더 좋아하기도 했고요. 중학교 때는 야구도 해봤고, 고등학교 테니스부에선 내가 학교 대표 선수로 오사카 예선에 올라가서 전국 대회에도 나갔어요, 하하하. 또, 대학 시절에는 럭비도 했고요. 스포츠엔 좀 소질도 있었나 봐요.

김: 그 고등학교 이름은 뭐였어요?

오: 스미요시住吉 고등학교.

김: 스미요시. 거긴 집에서 얼마나 멀었어요?

오: 45분 정도 거리. 전철 타고.

고교 시절 희망은 소설가

내가 고등학생이 되자 조금씩 세상을 알게 됐어요. 우리 아버지 어머니는 의과 대학교에 올라가라고 했어요. 그 당시 자이니치들은, 일본 사회에서 사회적으로 존경받고 돈 버는 직업은 의사밖에 없다고 여겼거든요.

김: 의과대학 가서 의사하라고?

오: 네.

김: 그런 인식은, 한국이나 일본이 똑같네요.

오: 아니, 자이니치들이 훨씬 강했어요. 그 당시 오사카 시립대학 의학부가 80명 정원이었어요. 거기에 한 해에 열 명 이상 우리 동포가 합격한 해도 있었어요. 거긴 국립대학교라서 수업료도 다른 학교에 비해 쌌거든요.

그런데 나는 소설가가 되고 싶었어요. 진짜요. 소설가가 되고 싶어서 문학부에 가고 싶었어요. 그리고 또 하나. 일본에선, 일본에 있으면 우리 자이니치들은 희망이 없으니 한국에 유학 가자. 이건 고3 때 생각했던 제3의 희망.

김: 자이니치들, 희망이 없다는 건 무슨 뜻이에요?

오: 우리 아버지 입장에서 대답하면, 일본에 있는 대학교 졸업한 친척들 아무리 둘러 봐도 좋은 일자리를 가진 사람이 하나도 없다는 거예요. 그 당시에는 일본 회사에 들어갈 수도 없었고, 물론 공무원도 될 수가 없었어요. 의사가 아니면 작은 공장에 취직하거나 장사 같은 걸 할 수밖에 없었죠.

김: 아, 그런 말이었구나. 참, 오광현 씨 대학교 들어간 게 몇 년도예요?

오: 1977년. 나는 재수를 1년 했어요. 그런데 1975년 그땐, 아버지, 어머니 희망대로 하지 않고, 한국에 유학가려고 생각하고 있었어요. 고 3때.

김: 부모님이 의과대학에 가도록 노력하라는 데도?

오: 예. 나는 소설가가 되고 싶어서 일본에서는 희망이 없으니까 한국에 가자, 했던 거죠. 그런데 의과대학 가려면 수학과 물리, 화학 이런 과목을 해야 했어요. 학교에서는 하고 있었죠. 그러나 한국에 가기 위해서 필요한 건 영어였어요. 어느 나라든 영어나 수학 이 두 과목 중심으로 공부하잖아요?

그런데 그때, 간첩 사건. 1975년 11월 22일. 유명해요. '재일동포학원침투 간첩단사건'이라고. 강종헌 씨라는 분 아세요? 강종헌. 이번에 통합진보당 비례대표 국회의원 후보에도 올랐어요. 그분, 우리 큰 형님하고 동창생이에요. 중학교까지 같아요. 근데, 그 즈음 그 뉴스가 나온 거예요. 학원간첩단 사건. 사실 강종헌 씨 집이랑 우리 어머니 집은 같은 동네였어요. 이쿠노구에서. 그러니 그 불똥이 내게 튄 거예요. 우리 아버지 어머니가, 너는 한국에 가면 안 된다. 너는 좌파적이니까 더더욱 가면 안 된다. 내가 한국 유학 가고 싶다 얘기를 했었어요. 결국, 못 가게 됐죠.

그래서 그때부터는 일본 대학 입시 준비. 그러나 갑자기 사정이 바뀌다보니 내가 공부한 게 없잖아요? 그래서 학교 졸업을 1976년 3월에 하고, 1년 재수하게 된 거예요.

김: 참, 그 즈음 일본 자이니치 사회에 많은 사건이 있었죠?

오: 여러 가지가 있었죠. 1973년에는 김대중 사건이 있었는데, 그때 나는 작은 누나네 총련 청년동맹이 하는 우리말 교실에 다니고 있었어요. 친구랑 같이. 아버지 어머니도 기뻐했죠. 우리말 공부를 하고 있었으니까요. 그런데 딱 김대중 사건이 나니 한국 가면 안 된다. 그 다음, 1974년에는 문세광 씨 사건이 일어나요. 그 문세광 씨 집이 우리 집에서 걸어서 5분 정도 거리였어요. 그리고 1975년 그 간첩단 사건. 계속해서 이런 식으로 사건이 이어졌어요. 그래서 이젠 한국은 포기하고 재수해서 일본 대학에라도 가야겠다 했죠.

그런데 그때에도 아버지, 어머니는 화가 나셨어요. 의과대학에 안 가겠다고 하니까요. 사실 나는 문과 쪽 공부만 하고 있었어요. 그러니까 형님들이 그러면 좋다. 이젠 그건 바꿀 수 없다. 인정하겠다. 그러나 문학부는 안 된다. 법과대학 가라. 변호사를 하라 강요해요. 이건 뭐……. 그런데 잘 알겠지만 변호사는 의사보다 더 힘들잖아요? 그래서 1년 재수를 하다가 소설가가 되고 싶다고 계속 우기니 아버지, 어머니도 이젠 좋다. 너는 막내니까 맘대로 해라. 그래서 1977년 4월에 오사카 시립대학 문학부에 들어가게 된 거예요.

70년대의 〈한학동〉과 〈한문련〉

김: 이제 문학부에 가게 되니까 거기서 자연스레 〈한문련〉[2] 활동을 시작했겠네요?

오: 하하하……. 여하튼, 그때부터 한국말 공부를 시작했죠. 〈한학동〉과 〈한문련〉 활동도 하고. 한학동이라고, 〈재일한국학생동맹〉, 김선생님도 잘 아시죠? 그리고 한문련, 〈한국문화연구회〉. 어쩌면 한학동 지부가 한문련이었어요. 반대로 총련 쪽 단체로 〈재일조선류학생동맹〉, 우리는 〈유학동〉이라고 하지만, 그 쪽으로는 〈'류'학동〉. 또 학교에는 〈조선문화연구회〉, 〈조문련〉이 있었고요.

김: 문경수 선배는 유학동이며, 조문연 활동을 했다고?

오: 문교수는 아니지. 아, 맞다. 대학에서, 대학에서.

우리 그때, 한문련은 학교 지부였어요. 한학동의. 그러니까 우리는 한학동 오사카 본부의 오사카 시립대학 한문련지부. 그리고 이 간사이 지역 대학으로 우리 학교 말고도 간사이 대학이랑, 오사카 대학, 긴키 대학에 한문련이 있었고.

김: 그럼 오선생 같은 경우에는 오사카 시립대학 한문련 회원이면서 자동적으로 한학동 오사카 본부의 회원?

오: 학교에서만 활동을 하다가 졸업 후에 한학동 운동…… 하지 않은 사람도 많았어요. 우린, 가장 밑에서 여러 가지 활동을 하면서

---

2 〈한문련〉 등 각종 단체에 대해서는 문경수 편의 해당 각주를 참고 바람

〈한학동〉 신입생 환영회에서

한국말 공부나 역사 공부도 하고. 어쨌든 한학동은 운동 단체예요.

김: 그 말은 한학동은 완전 운동단체고, 한문련은 꼭 그렇지만은 않다?

오: ……. 그런데 유학동은 위에 총련이 있고, 한학동은 위에 민단이 있고. 그러다 1972년에 한학동은 민단에서 쫓겨나요. 7월 7일에. 그 3일 전에는 한국에서 7·4공동 성명이 나왔고, 또 10월에는 왜 유신체제가 시작되지 않았어요?

김: 그러니까 뭐라고 표현해야 되나요? 민단이 한학동을 축출했다? 그렇게?

오: 그 당시 KCIA[3]가 일본에서 여러 가지를 하고 있었어요. 한학동 같은 경우에는 5·16 쿠테타 이후에 일본에서 다양한 한국 민주화운동을 시작했어요. 그게 한국 정부 눈에 가시가 된 거죠. 그래서 그렇고. 어쨌든 그 날, 민단중앙본부가 한학동을 단체적으로, 한청[4]도 마찬가지인데 추방했어요.

김: 한청은 청년 단체죠? 그러면 보통 한학동 활동하다가 한청 활동을 하게 되는 건가요? 아니면 동시에?

오: 그 당시, 그런 사람은 많지 않았어요. 사실 두 단체는 사이가 좋지 않았어요. 한청이며 한학동이 어떻든 간에 한국 민주화운동을

---

3 한국중앙정보부
4 재일한국청년동맹

같이 한 건 사실이지만, 한학동은 오만했어요. 우리는 대학생이다. 한청 분들은 고등학교만 졸업하고 일하는 그런 사람들이 많지 않느냐? 그렇게 오만하게 나왔죠. 대학 나온 사람들 모임이니까. 그러나 그러다가 80년대에 들어가서는 여러 가지로 일을 같이 하게 됐어요.

그리고 두 단체는 그때 나간 후에도 한국정부 비판 활동을 계속했어요. 그게 한 10년 전까지 이어졌죠. 그러다가 지금은 없어졌어요.

김: 지금은 없어졌다? 그런데 한학동이나 한청이 그 80년대 지문날인 거부나 반대운동할 때는 어떻게 했나요?

오: 지문날인에는 반대했지만 거부 운동은 안 했어요. 두 단체 모두 거부 운동까지는 안 나갔죠. 한학동도 한청도 조직적으로는 안 했어요. 그러니까, 그때 총련도 한학동도 한청도 모두 전체적으로 일본 공안의 수사 대상이었어요. 그러니 그런 운동 안 했어요. 조직적으로는. 탄압을 받으면 안 된다, 그러면 조직이 깨진다. 그런 인식들이 있어서. 그런데 그런 움직임에 반대는 있었어요. …… 나는 그때, 한학동이 끝나고 난 후인데 날인을 거부했어요.

1977년 한국 학생 데모로 받은 충격

김: 다시 한문련 얘긴데, 조금 보충하죠. 한문련에 처음엔 어떻게 해서 들어가게 됐나요?

오: 저도 한문련에…… 처음엔 안 갔어요. 왜냐면, 나는 대학교 1학년 때는 소설가가 되고 싶기도 했지만 독일 철학을 전공하려고

하고 있었어요. 쇼펜하우어나 헤겔을 공부하려고. 그래서 운동단체인 한학동은 생각도 안 했고. 1학년 때 한문련에 들어갔어요. 처음부터. 선배가 와서 같이 하자고 해서요.

그때 보면 오사카 시립대학이나 간사이 대학이나 하여튼 대학 딱 들어가면 자이니치 학생들에게는 선배들이나 친구가 와서 한문련 가입을 요청해요. 그러나 결국에 가서 보면 많이 가입하지는 않았어요. 나 같은 학생이 오사카 시립대학 자이니치 학생 중에 1%, 2% 쯤 되나? 정말 몇 명 안 됐어요. 우리 동창생 중엔 한 명도 없었어요. 그러나 1년 후배는 열 명 정도. 그러니 어떻게 되나? 조문련, 한문련 합해서 자이니치 입학생의 한 2~3%만 가입? 많지 않았어요.

김: 하여튼, 한문련에 가입하게 되면 이젠 적극적으로 활동을 하게 되는 것 같던데, 문경수 선배도 그렇고, 장정봉이나 정아영 씨네도 그랬던 것 같아요. 그러니까 극단적인 경우에는 학교 수업도 안 받고 한문련 활동만 하기도 하고요.

延世大学生の闘争宣言

아사히신문(1977.10.26)의 '듣고 있나, 학우들이여, 민주주의는 죽어가고 있다. 국민의 기본 권리는 짓밟히고 있다.…… 학우들이여, 우리 모두 진실의 저항의 불꽃을 높이 들어 올리자'외친 연세대학생의 투쟁선언문 기사

오: 나도 2학년 때부터는 그랬어요. 학교 수업을 거의 안 받고. 사실 나는 2학년 때부터 한학동 활동을 시작했어요. 그런 계기가 좀 있었어요.

김: 계기? 그 얘기 좀?

오: 한국에서, 1977년에 연세대학생들이 데모를 했어요. 그게 『아사히신문』에 나왔어요. '듣고 있나, 학우들이여,' 기사 제목이 이런 식이었던 걸로 기억해요. 난, 감동했죠. 같은 한국 사람으로서.

김: 나는 그때면 군대에 있을 땐데, 그 얘기 좀 해봐요. 연세대학교에서 어떤 내용의 성명서가 나온 거예요?

오: 학생 데모가 1977년 그 당시에는…… 연세대학교에서도 있었고, 서울대학교에서도 있었고. 난 그 연대생들의 선언문을 읽은 거죠. 그 내용이 박정희 독재, 우리는 그냥 가만히 보고 있으면 안 된다. 민주와 더불어 살아야 한다. 노동자 권리 보장해라, 이런 내용. 당시 감동을 해서 나는 그때부터 적극적으로 한학동 활동을 시작했어요.

조선사 전공으로

김: 한문련하면서 한학동 활동까지 동시에?

오: 예. 하지만 사실 나는 한학동을 비판하고 있었어요. 왜냐면요, 한국말 공부를 안 했어요. 우리 한학동 친구들이. 그때 나는 사

회과학 공부를 좋아했지만, 한국 사회 풍속이나 그런 것도 공부하고 있었어요. 그런데 한국말 공부를 안 하는 거예요.

김: 그러면, 아무래도 한국말 공부하고 한국 역사에 대해서 공부하려면 한문련이 나은가? 그쪽에서 활동하는 게?

오: 그때 내가 다니던 오사카 시립대학에서는 가미야 선생님이 강의를 하셨어요. 그것도 듣고, 또 문학부에 조선사 전공하시는 기타무라北村 부교수님이 있었어요. 고려사 전공. 그것도. 그리고 우리 수업에도 조선학이 있었고요. 그 당시 오사카 시립대는 선진적인 대학교였어요.

김: 약간 맑스적인 기질도 있고요?

오: 네, 완전히. 조선말도 그때 오사카 외대 조선학과에서 선생님이 와서 가르치시니까 열심히 공부했어요. 이런 일들이 1학년 대학에 입학하자마자 시작된 거예요.

김: 대학교 입학하자마자 한문련 활동을 하면서 한국말을 배우기 시작하고. 그런데 한국말 배우기가 쉽진 않았을 텐데요?

오: 그러니까 그게, 학교에서 수업도 있었고. 한문련에서도 그런 공부, 학습회도 있었고. 한문련 선배들이 가르쳐줬어요. 2, 3학년 선배가 와서 아, 야, 어, 여 하면서요. 그러니까 나는 학교 수업에서도 듣고 하니까 효과가 있었죠.

김: 이건 좀 다른 얘긴데, 오광현 씨 통역하는 걸 보면 한국말 정

말 잘해요. 이런 높은 수준까지 온 건 언제부터라고 생각합니까?

오: 한문련 활동 흡니다.

그 후, 나는 독일 철학을 그만두고 조선 근대사로 전공을 바꿨어요. 그때 우리가 오사카 시립대학 문학부에 들어가면 2학년 때 전공을 정했어요. 1학년 때는 일반과목밖에 없었죠. 나는 입학했을 때는 독일 철학을 공부하려 했지만 결국 2학년 때는 조선사를 공부하려고 동양사로 돌았죠. 그래서 졸업논문도 독립협회.

그때 생각해보면, 1학년 때는 너무 힘들었어요. 왜냐면 제2 외국어 있지요? 제1은 영어고요, 제2는 독일어하고 중국어. 그 당시 우리 학교는 제1 외국어도, 제2 외국어도 문학부는 일 주일에 세 번 수업을 들어야 했어요.

그리고 그 분이 1년 전에 돌아가셨지만, 정초묘 선생님이라고 계셨어요. 자이니치 교수님. 그 분이, 우리 형님이 다니셨던 대학교 강사였어요. 그래서 내가 소개를 받아서 조선사도 하고 싶다 했죠.

김: 정초묘? 그 분은 전공이 한국사?

오: 예. 조선 고대사. 그 당시는 시간 강사였어요. 나중에 정교수까지 올라가셨죠. 그 분 영향을 받아 동양사하려고 하면 중국어도 공부해야 했어요. 나는 일 주일에 9시간이 어학 수업이었어요. 1, 2학년 때는 독일 철학한다고 독일어, 나중엔 동양사하려니 중국어도 해야 되고. 영어는 당연히 해야 되는 것이었고요. 그러니 1, 2학년 때는 어학만 공부한 꼴이에요. 그리고 영어 회화도 별도로 또 하고. 2학년 때 동양사하게 되니까 독일어는 그만 뒀어요. 중국어만 했죠.

한국대사관 앞 시위와 5·18 소식

김: 중국어만 하고. 그 다음, 2학년 때부터 한문련 활동을 적극적으로 하고 운동에도 나가고 했으면 일반 강의는 전혀 듣지 못했을 것 같은데요?

오: 전혀는 아니지만…….

김: 거의 안 갔다는 얘기잖아요? 그럼 졸업은 어떻게?

오: 고생했어요. 6년 갔어요. 6년 만에. 실은 제가 1982년 3월에 졸업 예정이었는데 졸업 논문을 못 썼어요. 그래서 1년 더 있다가, 1982년부터 직장에 들어가서 일하면서 나중에 졸업논문만. 그래서 대학 졸업은 1983년이에요.

김: 참, 고생했네요. 그럼 2학년부터 적극 참여한 한문련이며, 한학동 활동의 구체적인 얘기……. 매일 모이고 했나요?

오: 한학동은 매일은 아니었고요. 한문련이 자주 모여서, 일 주일에 세 번 정도? 후배들 조직을 잘 꾸리기 위해서 여러 가지로 움직이기도 하고, 선배들이랑 모여서 한 잔 하자 이런 것도 있었고. 그런데 내가 사는 동네엔 간사이 대학이나 긴키 대학 같은 다른 대학교의 동창생도 많았고, 한학동 친구들도 많았어요. 그래서 자주 마셨죠. 선배들도 많이 있으니까 우린 돈 없어도 마실 수 있었어요. 그렇게 지냈어요.

김: 그럼, 한학동 활동 중에서 특이하게 기억에 남는 거나 그런

건?

　　오: 음…… 광주에서 일어난 일. 박정희가 암살당했죠? 1979년에. 10·26. 그 당시 『마이니치신문』 특파원이었던, 지금은 대학 교수로 있는 시게무라重村智計[5]라고 있었어요. 박정희 암살과, 전두환 등장, 5·18항쟁이 숨가쁘게 이어질 당시, 한국의 여러 가지 민주화운동에 대해 일본 기자들이 많은 기사를 보내와요. 아사히신문도 그렇고 마이니치신문도 마찬가지고. 그러나 그 기자들이 모두 5·18이 일어나자 강제추방을 당했거든요. 한국 정부에서.

　　그런데 그 시게무라라는 기자가 '한국 학생들 앞으로 데모를 하지 않는다, 학생들이 그런 결정을 했다' 하는 식으로 기사를 쓴 거예요.[6] 그 기사를 보면서 나는 화가 났어요. 한국 학생운동이 그렇게 약했나? 아니다. 그럼, 박정희 암살로 한국이 민주화가 된 거냐? 아니다. 나는 한학동 오사카 간부회의에서 학원 민주화나 그런 다양한 이야기도 나오고 있는 현실인데 이건 아니다. 새 학기가 시작되면 한국 학생들은 다시 민주화 데모를 시작할 거다, 비판했죠.

　　그런데 얼마 지나지 않아 한국에서는 신학기가 되고, 학생들은 '서울의 봄'을 맞이하게 되자 전국 학생대표들이 모여서 회의를 열고, 5월 14, 15일에는 데모를 해요. 그리고 16일에 해산을 하죠. 일단 정권의 대응을 보자고. 광주항쟁 며칠 전이었어요. 그때가 대학 4학년 때였는데 나는 그 기사를 보면서 울화가 치밀었어요. 그건 안된다고. 왜냐면 특전사라고 특수부대가 있었어요. 왜 1979년 겨울

5　1979년 당시, 『마이니치신문(每日新聞)』 서울 특파원

6　이 기사는 『마이니치신문』 1979년도 10월~12월께에 실려 있음

韓国「民主化は学園から」

集会や討論花盛り

自治会復活などを要求

三月からの新学期を前にソウルの各大学ではいま「国家の民主化は学園の民主化から」をスローガンに学生集会と静かな討論が繰り広げられている。

国立ソウル大学も昨年来から数団にわたり学生集会や公聴会を開き、学生自治会規則の作成などを進めてきた。各学部別の討論を終え、十二日に開かれた「第一回学生総会」で学徒護国団解散と学生自治会復活を求める決議文を採択している。大統領緊急措置などで拘束された学生の復学もすでに決定、政治的理由で解職された教授の復職も決まり、韓国の大学キャンパスには〝ソウルの春〟を迎える熱気が感じられる。

十三日にはソウルの名門、延世大学で約七百人の学生が集まり、学則改正と学生自治会復活に関する公聴会を開いた。国立ソウル大学も十二日に「第一回ソウル学生総会」を開き、千二百人の学生が学徒護国団の廃止と学生自治会復活を求める決議文を採択している。

戒厳令下の韓国では集会を開く場合には戒厳司令部の許可を受けなければならないが、大学構内だけは意図的に〝治外法権〟としているようだ。

学園民主化を求める学生の最大の関心は学徒護国団の解散と学生自治会の復活である。韓国では七五年の大統領緊急措置の発令によって学生の政治活動は禁止となり、学生自治会は解散、学徒護国団が発足した。

各大学の学生集会には大統領緊急措置が効力を有していた当時のような悲壮感や尖鋭な熱気はもうない。

十三日の延世大学の学生公聴会では①学生の政治活動の保障②政府機関の学園視察禁止③学生集会と結社の自由保障――などが提議された。

三月の新学期から国立ソウル大では二百九十六人の除籍学生が復学するほか、高麗大学でも八十四人、延世大学では五十六人の除籍学生が再びキャンパスに戻ってくる。かつての〝活動家〟の復学とともに、再び韓国の大学でデモなどの政治活動が活発化するとの見方も根強い。

金文教相は十六日、学生自治会復活を求める学生の要求を配慮して、学徒護国団の名称は残したまま運営を各大学の自主性に任せると発表した。この発表によると、学徒護国団の幹部選出はこれまでの任命制から選挙に代わり、運営も各大学の自治に任される。また金文教相は各大学に出入りしていた政府機関員はすべて撤収しており、今後は情報機関員の大学立ち入りは絶対しないと明らかにした。

が、学生自らが「ターゲットがなくなった」(延世大公聴会での全権学生発言)と語る状況のほか、大学自治を大幅に認める方針を金玉吉文教相が明らかにするなどの事態の変化もある。

四月ごろになれば、学生の活動は活発化するだろうが、学生の保守化と政治的無関心が指摘される韓国のキャンパス、かつてのように数千人の学生を結集させるだけの政治問題は少ないとの見方がソウルでは支配的である。(ソウル・重村特派員)

▌'한국, 민주화는 학원에서부터' 제목의 시게무라 특파원 기사 (마이니치신문 1980.2.26)

시게무라 기자는 당시 한국 상황을 '…… 타겟이 없어졌다. …… 4월쯤이 되면 학생들의 활동도 활발해지겠으나, 학생들의 보수화와 정치적 무관심이 지적되고 있는 한국 캠퍼스에서 과거처럼 수천 명의 학생들을 집결시킬만한 정치문제는 적어질 것이라는 견해가 지배적이다'고, 논평했다.

에 전두환 쿠데타가 있었잖아요? 그런 게 있고 한데 한국 학생들이 정권의 대응을 보자고 해산했다고? 나는 학생대표들이 상황 판단을 잘못했다고 생각했어요. 그래서 나는 한학동 전국학생대회 때, 한국 학생들의 그런 결정을 비판하면서 '우리는 지금 역사의 기로에 서 있다. 한국 학생들은 어제까지 데모했지만 오늘은 안 하고 있다. 하지만 우리는 지금이야말로 한국 학생들의 민주화운동에 동참하는 시위를 해야 한다'고 주장하기도 했어요.

김: 그건 오광현 씨가 개인적인 생각으로 그렇게 발표했다는 거죠?

오: 그렇죠. 그렇지만 모두의 동의를 받아서. 그때 그게 어디서였

나? 대사관에 항의도 하면서 했었는데…….

김: 대사관?

오: 도쿄에서. 그땐 도쿄에서 한학동 전체 조직이 모여 대사관 앞에서 항의시위를 하다가 오사카로 돌아왔죠. 그래서 오사카에 와서 신문을 보니 한국에는 계엄령이 내려졌다고……. 그 즈음 우리 일상은 매일 영사관에 가서 삐라를 뿌리거나, 아니면 가끔 아까 말했듯이 도쿄의 대사관 앞에 가서 항의 농성을 하는 거였어요. 우리도 한국에서 학생들이 데모하는 것 못지 않았죠.

김: 그땐 어떤 식으로 집회를 했어요?

오: 그때 우리가 집회할 때 보면…… 한학동은 중앙집권제였어요. 중앙 본부가 있고, 지방 본부가 있고, 학교 지부가 있고. 중앙 집회는 도쿄에서 하는데 어느 날 한국대사관 앞에서 시위가 있으니 올라오라고 통지가 와요. 그때 우리가 대사관 앞에서 이틀, 이틀 동안 집회했죠. 그리고 나서 17일 날 오사카에 내려왔는데 그 다음날 사태가 났다고. 우린 참…… 광주시민들이 총궐기했다. 부산도 서울도 일어설 거다…… 했는데, 결국 그렇게 하지 못 했죠. 광주만 고립된 싸움이 돼 버려서.

그 당시 일본 신문도 산케이신문 같은 아주 우파적인 신문만 빼고 일반 신문 모두 군부독재 전두환을 비판하는 기사를 썼어요. 군부가 주민을 학살하고 있다. 시민을 학살하고 있다. 그런데 당시 현장에서 일본 기자는 다 도망갔어요. 뭐, 꼭 일본 기자만 그런 건 아니지만. 어쨌든 우린 나중에 독일의 그 당시 자료 영상, 많이 봤어요. 어쩌면 그 당시에는 한국에서보다 우리가 정보 자료를 더 많이 갖고 있어서 더 많이 알고 있지 않았나 몰라요?

1982년 〈이쿠노 지역활동 협의회〉 간사로
시민운동을 시작하다

김: 5·18 얘기는 그렇고, 그외 한문련 활동 중에서 더 기억나는 일은 어떤 게 있나요?

오: 즐거운 기억이 참 많아요. 친구랑 같이 술 마시거나 노래하는 그런 것부터. 같은 한국 사람들끼리니 아주 좋았죠. 그때 우리가 자주 어울린 친구들이 10명 정도 돼요. 누군가 하면…… 이름이, 함평호, 김봉수, 공성택, 황광일, 박청강, 강민자, 김조설 등등. 김조설 씨 알죠? 지금 숭실대학교에 있어요. 그 외에 김문수, 홍재필 참 많네.

김: 지금 오광현 씨가 NPO 활동하는 것도 시민단체 활동이라고 볼 수 있잖아요? 당시 그 친구들 중에 지금도 이쪽에서 활동하는 사람은 어느 정도나 돼요?

오: 그때 졸업한 사람 중에 나처럼 돈 받고 시민운동 하는 친구는 없어요. 고강호 같은 사람은 있네요. 따로 직업이 있고, 시민운동하는 사람. 그러니까 치과의사 고강호는 개인적으로 해요. 그 외에 요즘 '운동한다' 그러면 전문직으로 변호사나 의사를 하면서 하는 사람들이 많아졌죠. 자신의 전문적인 지식을 통해서 우리 동포를 위해 일하는 거죠.

김: 아까 취직을 1982년에 했다 그랬죠? 그때는 어디에 취직했어요?

오: 〈이쿠노 지역활동 협의회〉. 이 단체는 이쿠노구에 있는 기독교 단체가 세웠어요. 그냥 시민단체죠. 시나 그런 어디 속한 기관이 아니고 시민단체, 완전히. 1977년에 활동을 시작했어요.

김: 오광현 씨는 대학 졸업할 때부터 시민단체에서 활동을 하겠다고 생각을 했어요?

오: 아니에요. 근데 나는 대학에서 활동을 하면서도 지역활동을 같이 했어요. 그때가 지역활동이라면, 어린이방 같은 곳이나 민족학급에서 자원봉사하는 것. 이런 것들로 시작했죠.

김: 그런 활동을 어떻게 봐야 하나요? 일본에서는 그것도 다 시민단체 활동으로 보나요, 아니면 단순한 봉사활동으로 보나요?

오: 시민활동. 일본식으로 말하면 시민단체 활동.

김: 그럼 이런 활동의 시작이 오선생 스스로 시민단체에서 활동하고 싶어서 한 건 아니었구요?

오: 아니에요. 저는 1979년에 아버지가 돌아가셨어요. 그때 아버지 회사도 도산했어요. 나는 당장 집에 돈이 없으니 우리 집에서 하고 있던 사업을 학교도 못 가면서 해야 했어요. 그러면서도 한학동 활동은 하고 있었죠. 수업은 안 가면서도 한학동 활동은 한 거죠. 그때가 대학 3학년 때.

그러다가 이제 1980년이 되니 4학년, 1981년에는 5학년. 이때쯤에는 학교 다니면서 여러 가지 지역활동을 시작했어요. 한국기독교 회관이 있었는데 거기서 여러 가지 지역활동을 하고 있었어요. 나는 거기를 방문했다가 여러 사람을 만나면서 지역활동도 재밌겠다 생각하게 된 거예요. 소울 아린스키라는 미국 사람이 있어요. 주민 활동가인데 유명한 분이에요. 돌아가셨지만. 조직과학 쪽. 나는 그 사람 책도 보고 해서 아, 이런 활동도 재밌겠구나 했죠. 한국기독교 단체, KNCC도 그 사람한테 영향을 받아서 그 당시 야학활동이나 그런 걸 하고 있었죠.

그때 이런 것들은 일본말로 다 번역돼 일본에 소개되고 있었어요. 나는 그런 걸 보면서 말로만 민주화라고 해봐야 우리는 아무것도 해방시킬 수 없다 생각하고, 지역으로 내려가서 지역활동을 시작하자 했던 거예요. 그게 바로 1980년 여름. 1981년에도 계속해서 했고, 졸업할 때까지 이어졌어요. 당시 거기에는 간사가 한 명밖에 없었어요. 그러다가 이제 간사, 그 돈 받고 일하는 일꾼, 그 분이 다른 데로 옮겨가니까 오광현이 여기서 일해라. 그래서 1982년에 〈이쿠노 지역활동 협의회〉 공식 간사가 된 겁니다. 그때 대학은 논문이 안 돼서 졸업은 못 한 상태였어요. 논문만 남은. 내가 거기서 10년간 간사일을 했어요.

첫 한국 방문

김: 10년? 1992년까지? 대단하네.

오: 예. 내가 당시에도…… 지금 생각해보면, 일이 참 많았어요.

1982년, 내가 처음으로 한국에 연수차 갔어요. 전두환 때였지만 NCC가 배경에 있었으니까 큰 걱정은 안 했어요. 그러나 우리 어머니는 가면 안 된다고 했어요. 그때는 간첩사건도 많이 생겨났고. 전두환 시절이었으니까 당연하죠. 나는 어머니를 설득하고 한국에 갔죠. 나는 예측한대로, 한국에서 조사를 받았어요.

김: 조사? 그때 처음으로 한국 방문한 게 1982년이라 그랬죠?

오: 예. 2월 25일. 잊을 수가 없어요.

김: 아니 그런데, 오광현 씨는 간사로 취직하자마자 한국에 갔다는 말이네요? 간사로 취직하자마자.

오: 예. 거기서는 먼저 그런 경험을 해봐야 한다고 했어요. 한국에서 빈민운동, 노동운동을 직접 보고. 그래서 그 당시 원풍모방 노동운동 현장도 가보고. 또 하월곡동에 허병섭 목사님이 계셨어요. 얼마 전에 돌아가셨죠. 그 분이 했던 영등포 산업선교회도 가고. 그러다가 인천, 거기서 조사 받았어요.

김: 조사 받았다는 게 무슨 말이에요?

오: 잡혔어요. 명동성당에서 3·1절 예배가 있었고……, 3월 1일인가, 2일에 8시간 동안 붙잡혔어요. 형사가 명함을 주는데 받아보니까 대공 외사과예요. 대뜸 어디서 왔냐고 물어요. 일본 오사칸니다, 했죠. 문세광 알아? 또 물어요. 예, 이름은 알고 있습니다, 대답했죠. 나도 잘은 모르겠어요. 갑자기 잡혀서 했으니. 그래도 마지막에는 NCC가 있어서, 그쪽에서도 큰일 난다, 그런 생각이 났던 것

같아요. 그래서 8시간 후에 재판 받고 나왔죠.

그러나 그 후에도 미행을 계속했어요. 제주도까지. 그때 제주도에 처음으로 갔어요. 당시 서울에 우리 고모님이 계셨거든요. 지금도 계시지만. 연수가 다 끝나자 나는 일 주일 정도 혼자서 여행하고 싶었어요. 그래서 서울 고모님 댁에 가서 1박 했다가 그 다음날 제주도에 갔죠. 처음으로 작은 아버지를 만났어요. 그러나 그때는 제주도가 완전히 싫어지는 경험도 했어요. 내가 하원동 작은 아버지 댁에서, 작은 아버지 앞에서 담배를 피울 수는 없잖아요? 그래서 아침에 일어나서 담배 피우려고 바깥에 나갔는데, 까만 승용차가 보이는 거예요. 저를 미행하고 있었던 거예요. 어디 가도 있었어요. 어디나 따라왔어요. 뭐, 당시는 부산 미문화원사건도 있었고, 한국이 참 어수선할 때였어요.

김: 그랬을 것 같아요. 그때 한 달 동안 한국을 다니면서 한국에 대한 인상은 어땠나요? 어떻게 보면 처음 조국 방문을 한 건데.

오: 네. 처음이니까 눈물이 났어요. 눈물이 흘렀어요. 나는 여기 저기 다 보고 싶었죠. 연세대학교나 고려대학교, 서울대학교 학생운동도 다 가서 보고 싶었고. 제주도도 여기 저기 다 보고 싶었고.

지문날인 거부 활동을 시작으로 참여한 여러 운동

김: 그 다음, 이젠 일본에 돌아와서 지역활동을 더 열심히 했을 것 같아요. 그 후 10년을. 그런데 당시 협의회 사무실이 어디에 있었

어요? 쓰루하시에?

오: 코리아타운 그 쪽에. 프레지던트 호텔 묵어봤죠? 거기 근처에 큰 교회가 있어요. 거기예요.

김: 이젠 지역활동에 전념하는데 여기도 시민단체의 하나니 자연히 다른 단체 활동에도 연계되죠? 참, 한학동은?

오: 한학동은 졸업했으니까 안 하고. 이것저것 했는데…… 1985년에 이제 지문날인 거부 운동[7]이 본격적으로 시작돼요. 사실 지문날인

---

7 1952년 4월 28일(대일강화조약 발효일) 시행된 외국인 등록법은 제14조에 지문날인 의무를 부과했다. 그러나 재일 민족단체가 외국인 등록법 반대운동을 활발히 전개했기 때문에 날인제도의 도입은 3년 동안 보류되었다가 1955년 3월 시행되었다. 당초에는 14세 이상인 자가 신규 등록, 재교부, 확인 신청(변경) 시에 등록원표, 등록증명서, 지문 원지에 통상적으로는 왼쪽 검지의 지문, 등록서 분실 파손 등에 의한 재교부시는 열손가락의 지문을 날인할 것을 의무화했다(열 손가락은 1971년까지). 날인하지 않을 경우에는 징역 1년 이하나 벌금 3만 엔 이하의 형사처벌 대상이 되며, 창구 역할을 하는 자치단체는 날인 거부자를 경찰에 고발하도록 했다. 변경할 때마다 날인하는 것은 '동일인성 확인'을 위해서라고 했지만, 전문 기술을 필요로 하는 지문 대조는 자치단체 창구에서는 불가능한 일이므로, 재일조선인 치안 관리의 성격이 농후하다고 할 수 있다.

1958년까지 조선인 날인 거부자는 263명 있었지만, 이후 조직적 거부 운동은 종식되었다. 1980년 9월 도쿄도 신주쿠구 구청 창구에서 한종석이 지문날인 거부를 선언, 당일에 신주쿠 경찰에 고발되어 재판받았다. 이후 재일 2·3세들을 중심으로 날인 거부자가 속출했다.

1982년 정부는 변경기간을 3년에서 5년으로, 지문날인 등의 본인 첫 등록 연령을 14세에서 16세로 변경하는 한편, 벌금을 3만 엔 이하에서 20만 엔 이하로 중벌화하는 법 개정을 전개하고, 동시에 날인 거부자에 대한 재입국

거부가 시작된 건 1980년대부터였지만 본격적으로는 1985년부터.

김: 지문날인 거부 운동, 이때는 어떤 식으로 진행됐어요?

허가 신청을 인정하지 않는 보복적 조치를 단행했다.

1983년에는 처음으로 체포되는 사람이 발생했지만, 거부의 흐름을 막지 못했다. 1984년 9월 한국국적, 조선국적을 불문하고 2세·3세들의 지문날인 거부 예정자 회의가 결성되어 시민적 저항 운동으로서의 측면이 강해졌다. 이리하여 1985년 대량 변경의 해를 맞이하면서 중국인·서양인을 포함한 날인 거부자들은 전국적으로 급증하게 되었다. 정부와 경찰은 자치단체 고발 없이 그들을 체포하거나 고문기구나 다름없는 장치를 사용하여 강제로 날인시키고, 거부자의 재류 자격 갱신을 허가하지 않는 등 철저한 제압을 시도했다. 총련은 조직방위적 관점에서 거부 운동을 하지 않은 반면에, 당초 소극적이었던 한국 민단은 청년회, 부인회의 요구에 떠밀려 1985년 5월 '날인 유보' 방침을 발표했다가 같은 해 9월 한일 외무장관 회담 후 본국 정부의 뜻을 받아들여 10월, 유보 운동을 종결지었다. 그래도 지문날인 거부자, 유보자의 총 인원은 1985년 정점에 달했을 때 1만 명을 웃돌았다. 날인 거부운동의 고조와 지역 주민들의 끈질긴 협상의 결과로 날인 거부자 편에 서서 고발을 하지 않고 '변경 수속 중'으로 간주해 신외국인등록증을 발급하는 지방자치제가 전국적으로 생겨나면서 제도가 붕괴되기 시작했다.

계속되는 항의운동 과정에서 지문날인 1회제(1988년), 특별영주자 및 일반 영주자의 날인의무 폐지(1992년) 등의 개정을 거쳐 2000년 외국인등록법에 의한 지문날인제도는 전면 폐지되었다. 단 2007년 '테러 대책'을 명목으로 입국 심사 시에 특별영주자 이외의 모든 외국인의 지문을 다시 채취하게 되었다.

1980년대 지문날인 거부운동은 재일조선인 민족운동이 '개인'을 주축으로 하는 시민운동, 지역주민운동의 형태로 전개된 사건이라는 측면에서 획기적인 일이었다고 볼 수 있다.

(앞의 『재일코리안 사전』에서)

오: 먼저 우리는 서명운동, 지역조사……. 지역조사를 하다가 서명운동으로. 1985년에는 대량 갱신의 해여서 운동이 최고조에 올랐죠. 우리 어머니도 지문날인을 거부했어요. 이 운동은 1991년까지 이어져요.

김: 이때 오선생 같은 경우는 직장이 따로 있었으니까 운동이 주는 아니었잖아요? 그럼 퇴근하고 나서 집회하는 데 가는 겁니까? 어떤 식으로 활동을 했나요?

오: 지문날인 거부 운동은 우리만으론 할 수 없었어요. 그 당시 분위기가 그랬어요. 한마디로 말할 수는 없지만 불법투쟁이니까 탄압도 많이 받았어요. 체포당하기도 했고. 실질적으로는 민단도 총련도 모두 이 운동에 반대하고 있어서 직접적으로 동참하지는 않았어요. 민단 같은 경우에는 조금 복잡했지만……. 1985년 그 날, 일본 법무성에서 통지가 왔어요. 1985년 여름 6월부터 8월까지가 등록증을 대량적으로 갱신하는 기간이었어요. 외국인 등록증. 우리 어머니도 마찬가지였고. 일본 정부가 지문날인을 석 달 동안 유보하겠다고 했어요. 설득하겠다고. 그러니 당시 3개월은 불법이 아니었죠. 일본 정부가 저는 지문날인을 유보하겠습니다, 라고 하도록 도와줬어요.

김: 어차피 석 달 후에는 한다는 말이잖아요?

오: 그 6월부터 8월까지 1만 명? 1만8천 명이 유보하거나, 거부했어요. 나중에 민단은 조직적으로 유보 운동을 했어요. 왜냐면요, 유보라면 불법이 아니니까 누구도 이의를 제기할 수 없다, 그거고. 우리 교회는 거부 운동을 했어요.

김: 그러니까 민단에서는 석 달 동안 유보 운동해서 1만8천 명의 서명을 받았다는 거죠?

오: 서명이 아니고, 유보나 거부하는 사람이 1만8천 명. 대단히 큰 숫잔데…… 그렇게 여러 가지 이뤄지다가 1991년 가서 최종적으로 지문날인 제도가 없어졌죠.

그러니까 우리는 이 지문날인 거부 운동을 '1991년 문제'라고 했습니다. 우리는 그 당시 지문날인 거부, 그리고 학교 교사들 문제 해결, 이 두 가지를 목표로 하고 있었어요. 왜냐면요, 당시 일본이 우익화 되어가는 가운데 대학교에서는 외국인은 교수가 될 수 없었어요. 그러나 이젠 일본도 국제화돼야 한다는 문제가 제기되면서 결국 외국인도 대학교수가 될 수 있게 됐죠. 그게 1991년 조금 전이에요.

그와 동시에 초등학교, 중학교, 고등학교 교사로 한국인 같은 외국인들은 안 된다는 정부 방침에 문제가 제기되기 시작했어요. 일본 정부가 말하는 그 이유가 웃겨요, 너무 웃겨. 대학교는 연구하는 사람들이고, 국제적인 여러 가지 문제가 있으니 허용된다. 그러나 초중고 교사는 일본 국민을 만드는 사람들인데 외국인들은 이런 일을 할 수 없다, 이런 문제였어요. 당시 사실은 초중고 교사로 이미 한국인도 있었고 한데 말이죠. 큰 문제가 됐어요. 이 문제는 나중에 한일 정부가 합의해서 명칭을 '상근 강사'로 한다 해서 해결됐어요. 이름만 그렇고, 사실 대우는 교사랑 백 프로 똑 같았어요. 이때 이전에는 지방자치체에 따라서 여러 가지, 예를 들어 오사카는 괜찮고 나고야는 안 된다, 이런 식이었어요.

80년대 후반부터 여러 가지 일들이 있었어요. 이런 거 뭐, 다 한 마디로 할 수는 없어요. 그러니까 1991년을 전후해서 지문날인 제도도 그렇고, 한국인 법적 지위 문제도. 우리가 일반적으로 영주권이라고 하는 영주자격도 사실은 한일협상 결과로 한국 국적을 갖고 있는 사람만 받을 수 있었어요. 그러니까 조선 측, 총련 측도 같은 역사를 갖고 있으니까 어떡할까 하다가 특별영주권을 준다. 처음엔 명칭이 특례영주였어요. 그러다가 지금은 한국, 조선 국적 관계없이 우리 같은 입장이면 모두 특별영주 자격을 줬어요. 이게 일반적으로는 영주권, 영주권하고 말하지만 사실은 자격입니다.

그리고 또 하나. 잊을 수 없는 일. 이건 시민활동 초기의 일이에요. 사실 처음에는 여러 가지를 했어요. 그 중 한 가진데 '제주도 밀항가족 지원활동'이라고 있었어요. 제주도에서 일본으로 밀항하다 체포된 사람이나 오무라 수용소에 있던 사람들을 지원하는 활동이죠. 조직이, 〈누구누구 일가를 지원하는 회〉라고 해서 만들어져요. 그때 보면, 오사카 밀항 와가지고 결혼하거나, 혹은 결혼해서 애 낳고 사는 그런 가족이 많았어요. 그런데 발각돼서 추방당하는 경우가 생기는 거예요. 이제 그러면 안 되니까 일본, 그 당시 사회당 국회의원한테 부탁하고, 또 한국대사관에 가서도 부탁해요. 왜냐면요, 일본은 밀입국을 한 입장이고, 한국은 밀출국을 한 입장이에요. 그러면 일본 정부 입장에서는 한국 정부에게 한국 가족을 보내니 한국 정부가 받아줘야겠다 해요. 그런데 만약 한국 정부가 거부하면 일본 정부도 보낼 수 없었어요. 그래서 대사관까지 가서 한두 번만이라도 거부해주세요, 부탁하는 거죠. 대사관에 몇 번 이상을 요청할 수가 없었어요. 한국 법률로도 안 되는 걸 하고 있는 거였으니까요. 그래서 그 밀항자들은, 당시 재일 한국인 교회의 고위직 목사님한테 부탁해서 그 목사님하고 같이 대사관에 가는 거예요. 우리가 그런 일을 주선하기도 하고, 강제하기도 하며 활동한 거죠.

김: 그러면 그렇게 해서 일부 혜택 본 사람도 있지만 그냥 추방된 사람이 더 많았겠네요?

오: 당연히 그렇죠. 그런데 우리 활동 대상은 오무라 수용소에 단독으로 갇혀 있던 사람이 아니에요. 일본 정부는…… 가족, 아버지 어머니가 있고, 애가 세 명, 네 명 있으면 아버지만 오무라 수용소로 보내요. 그러면 애가 몇 명 있고 엄마는 살 수가 없잖아요? 그래서 엄마가 우리도 못 살겠다, 귀국하겠다, 하도록 만드는 거예요. 그런 사고방식으로 일본 정부는 밀항자들을 괴롭혔어요. 그때 우리가 지원했던 어떤 가족은 아버지가 3, 4년 정도 오무라에 갇혀 있었어요. 아버지만. 어머니는 집에 있는데 가장 어린 애가 세 살이고, 그 위로 초등학생까지 애가 네 명 있었어요. 어머니가 열심히 일을 해서 사는데 참 생활이 어려웠죠.

김: 그 어머니는 어떤 케이스였어요, 밀항은 아니었겠네요?

오: 아니, 밀항했어요. 그러니 아버지만 오무라에 보내면 포기할 거다. 일본 정부는 그렇게 생각하는 거죠. 그런 경우가 많았어요.

김: 그러면 혼자 와서 결혼도 안 하고 살던 사람은 쉽게 추방시켰 겠네요?

오: 뭐, 하여튼 힘들었는데…… 그런 사람들 중에는 돈 벌면 다시 고향으로 돌아가겠다고 생각하는 이들도 많았어요.

〈성공회 이쿠노센터〉로 옮기다

김: 이외에도 여러 활동을 했겠지만 그건 접고, 다시 하던 이야기로 돌아가겠습니다. 그래서 그 후, 협의회 후에는 어디로 옮겼나요?

오: 그 후부터 여깁니다. 1992년 3월까지 이쿠노 지역활동을 하다가 1992년 4월부터. 사실 마지막 1년 동안은 양쪽 단체일을 다 했어요. 여기 준비하는 일이랑 협의회 일이랑.

김: 여기가 정확한 명칭이 뭡니까?

오: 〈성공회 이쿠노센터〉. 우리가 7년 전, 2005년에 NPO가 됐어요.

김: 그럼 지금 정확한 명칭은, 이쿠노……?

오: 아니요, 〈NPO법인 성공회 이쿠노센터〉. 우리가 NPO법인으로 바꾼 이유는 알 거예요. 한국도 다 비슷하니까. 사실 법인이 되면 여러 사업을 하는데 정부의 지원금이나 보조금을 받을 수 있잖아요? 지금 여기 오시는 장애인들을 위한 사업, 일본 정부의 돈을 받고 하고 있어요.

김: 그러니까 NPO법인이라는 정확한 뜻이 여기 명칭에 있는 '특정 비영리 활동 법인 성공회 이쿠노 센터'의 '특정 비영리 활동 법인'이라는 거네요?

오: 맞습니다.

사무실에서

(잠시 휴식)

김: 이제 인터뷰 전반부는 거의 끝났네요. 그럼, 앞에서 하던 얘기 마무리하고, 4·3 얘기로 넘어갈 겁니다. 1992년 그때, 이쪽으로 옮기게 된 이유가 무엇이었습니까? 거의 활동이 비슷하기는 하지만 다른 단체잖아요?

오: 비슷한 활동이에요. 사실 〈이쿠노 지역활동 협의회〉는 힘이 약했어요. 제가 결혼도 하고 생활비도 필요한데 거기는 임금을 주기도 힘들었어요. 그래서 그만뒀는데, 여기서 이제 시작하니까 오광현 씨 와달라고. 여기서 지역활동 부탁합니다, 했어요.

김: 그럼 여기서는 직책이 뭐에요? 뭐라고 불러요? 활동 전담자?

오: 저요? 총주사. 한국에서 총간사 같은 자리. 여기서 지금 상근

사무실 앞에서 포즈를 취한 오광현 씨
(왼쪽 아르바이트하는 김문남 씨, 가운데 센터 이용자인 야마구치 씨)

자 두 사람이 월급을 받아요. 저쪽에 계신 장애인 담당하시는 분. 아시다 사토시芦田耳念 씨.

김: 그러니까, 1992년 4월부터 여기 일을 시작했으니 이제 20년째. 상당하네요. 오선생 원래 종교가 성공회로 카톨릭 신자였어요?

오: 아니에요. 나는 장로교, 기독교도예요.

김: 그런데 일본에는 구교도든 신교도든 별로 없잖아요? 그런데 성공회는 어때요?

오: 성공회도 별로 없어요. 그러니 〈이쿠노 지역활동 협의회〉는 천주교, 성공회, 개신교가 다 합쳐서 만든 조직이에요. 모체는 이쿠노구에 있는 교회예요. 일본서, 우리는 교파가 달라도 모두 사이가 좋아요. 천주교 신부님이 개신교 예배당에서 설교도 하고, 그 반대도 있고요. 지금도 거의 전부 자원봉사예요. 그러니 활동도 조금밖에 못 해요. 여름 캠프나 크리스마스 모임이나, 어린이 문화제 같은 것 정도.

「까마귀의 죽음」으로 처음 접한 4·3

김: 이제 오광현 씨 개인 역정에 대한 얘기는 일단 마무리하고, 4·3 이야기에 들어가겠습니다. 일본에서 4·3은 처음 도쿄에서 40주년 행사를 하면서 알려지게 됐는데요, 오광현 씨는 어땠나요? 언제 처음 4·3을 알게 되었나요?

오: 고등학생 때. 김석범 선생님 소설을 읽고서요. 아시죠? 「까마귀의 죽음」?

1988년 한국에서 처음 번역돼 출간된 「까마귀의 죽음」 표지. 이 책은 2015년 도서출판 각에서 재출간됐다.

김: 한국에선 현기영 선생님의 「순이삼촌」을 읽고 4·3을 알게 된 사람들이 많은데, 여기서는 김석범 선생님의 소설이네요. 그걸 고등학교 때에 읽었다는 거죠?

오: 예. 우연히 봤어요, 우연히. 문고본 책을. 처음 읽고 정말 깜짝 놀랐어요. 제주도, 우리 어머니, 아버지 고향에서 이런 일이 있었구나. 전혀 몰랐었죠.

내가 고등학교 때, 1974년으로 기억해요. 소설을 사러 책방 갔다가…… 있었어요. 이게 뭐야? 조선 사람 소설가? 나는 일본에 그때까지 조선 사람 소설가가 있었다는 사실도 몰랐어요. 김석범 선생님이 북한 분인지 남한 분인지 모르겠지만 읽어보자.

사실 나는 중학교 때부터 도스토예프스키나, 톨스토이 문학은 많이 읽었어요. 그런데 주인공 부스럼영감, 일본말로 '뎬보 지지でんぼう爺', 4·3을 한 몸으로 안고 가지만 꽤 문학적인 옷을 입은 인물이잖아요? 그래선가 나는요, 까마귀의 죽음도 좋았지만 뒤에 나오는 「간수 박서방」에 더 감동했어요. 소설에서 명석이하고, 간수 박서방이 마지막에 다 죽잖아요? 일반 사람들이에요, 일반 사람. 가장 밑에 있는, 감옥에서 일하는 사람들. 그런데 이런 일반 사람들까지 다 죽어야 했을까? 도스토예프스키 소설에 그런 사람들이 많이 나와요. 진짜 김석범 선생님 소설하고, 도스토예프스키 하고…… 많이 비슷하죠? 니힐리즘……?

김: 다시 원점으로 돌아가서 하는 질문인데요, 대학 들어가서 한문련 활동을 그렇게 열심히 하면서도 4·3에 대한 생각은 항상 머릿속에만 있었겠네요?

오: 머릿속에만……? 그렇죠, 머릿속에만. 그러다 아버지한테 한 방 먹었어요. 아버지는, 누구한테 들었느냐며 화부터 내셨어요.

사실, 나는 아무것도 모르고 아버지한테 제주도 4·3사건 아세요? 어떤 사건이에요? 그런 걸 물었어요. 그랬더니 아버지가 무조건 날 때렸어요. 우리 아버지는 원래 때리는 사람이 아니었어요. 화가 나도 우릴 절대 안 때렸어요. 그러니 그때 처음 매를 맞은 거죠. 나는 딱 한 번, 그때 맞았어요. 이건…… 다짜고짜 주먹부터 날아오니, 깜짝 놀랐어요. 그래서 나는 미안합니다, 미안합니다만.

김: 그것 뿐? 그 후에도 아버지 입을 통해서는 4·3 얘기를 전혀 못 들어본 거?

오: 돌아가실 때까지. 단 한 마디도.

김: 아버님은 해방되고 나서 귀국했다가 다시 나오셨나요?

오: 아니, 아버지는 일제강점기부터 쭉 일본에서만. 그러니 4·3을 직접 경험한 것도 아니신데……. 그 당시 4·3을, 우리 자이니치들도 많이 알고 있었어요. 그리고 우리도 아버지 바로 밑 동생, 나에게는 샛아버님이 그때 돌아가셨어요. 4·3 때. 군인들한테. 지금 행방불명이에요, 예비검속 희생자.

김: 예비검속 행방불명. 그럼 제주공항에서 유해를 발굴하고, DNA 감식 다 했는데 안 나타나셨구나.

오: 그래요. 어쨌든 난, 그때 침묵할 수밖에 없었어요. 그 당시 일본에서 4·3에 관한 책은 김봉현 선생님 것밖에 나온 게 없었어요.

『제주도 피의 역사』. 나는 그 책을 어디서 얻었는지 지금은 모르겠는데 다 읽었어요. 이런 일이 있었구나. 7만 명이 죽었구나. 그 당시 7만 명이면…… 7만 명이면, 제주도 인구의 3분의 1?

내가 대학 들어가서 한문련 활동할 때도 4·3 얘기는 없었어요. 내 주변에 있는 친구들 아무도 몰랐어요. 우리가 그러니까 역사 공부를 하면서도 제주4·3과 관련한 이야기는 아무것도 없었던 거예요. 1948년에 제주도에서는 단독선거를 반대하는 궐기가 있었다, 그리고 대학살이 있었다, 이런 것밖에 몰랐어요.

김: 이건, 내가 정아영 선생한테 들었던 얘기 같은데…… 대학에서 한문련 활동할 때 오히려 선배가 와서 4·3은 빨갱이들이 활동한 거니까 얘기하지 말라, 하는 얘기를 했다고 하던데. 이런 비슷한 얘기 들어봤나요?

오: 동창생, 양천하자. 지금 공립학교에서 학생들을 가르치고 있어요. 나랑 동갑인데, 일본식 이름이에요. 이 친구가 빨갱이에요. 아니, 아버지가. 우린 그렇게 들었어요. 아버지가 빨갱이고, 제주 4·3과 관련 있다. 그 동창은 조문련 활동을 했어요. 같은 오사카 시립대학에서. 사실, 내가 알기로 조문련 안에서도 안 하는 걸로 알아요. 4·3 얘기를. 왜냐하면 북한의 4·3 인식과 한국은 다르기 때문에.

혼자, 도쿄 YMCA에서 열린 40주년 4 · 3 행사에 참가하다

김: 이제는 40주년 행사, 4 · 3 도쿄 행사 얘기를 좀 해주세요.

오: 나는 1988년에 결혼했어요. 5월에. 우리가 교회 동료였어요. 80년대 후반에 내가 교회 전국연합회 회장을 2년 했어요. 그때 알게 돼서. 우리 집사람이 카나가와神奈川인데, 도쿄 근처의 카나가와. 그래서 결혼 준비로 40주년 3, 4월 시기엔 자주 도쿄를 다녀올 때였어요.

근데, 누구한테 소식을 들었는지는 모르지만 도쿄 YMCA에서 한다고 하는 거예요. 4 · 3 행사를. 40주년 심포지움 집회를 한다고. 그래서 4월 3일에 갔습니다. 혼자서. 사람들이 참 많았어요. 처음으로 김석범 선생님 얼굴도 보고. 가지무라 히데키 교수님도 보고. 당시엔 달리 할 말도 없고, 친하게 말을 걸 수 있는 사람도 없어서 끝나자마자 신칸센 타고 오사카로 돌아왔어요. 참 묘했어요. 느낌이. 눈물이 났어요. 아, 이젠 일본에서도 4 · 3행사를 하는구나, 하는 생각이 들기 시작하고…….

그 다음부터는 오사카에서도 행사가 시작됐죠. 그런데 처음엔, 내 입장에서 보면 문제가 많았어요. 이 얘긴 나중에 하고요, 어쨌든 나는 그 후 고이삼 씨도 알게 되고, 문경수 교수도 장정봉 씨도 알게 됐어요. 그때 오사카 행사는 주로 KCC(한국기독교회관)에서 해마다 했죠.

김: 잠깐만. 그 전에, 40주년 행사에 도쿄를 갔다 온 후 다음부턴 어떻게 했나요?

오: 못 갔어요. 도쿄엔. 그 후 우리 오사카에서도 1990 몇 년부터 행사를 시작했어요.

김: 오사카 행사에 대해선 장정봉 씨가 45주년, 1993년부터 시작했다고 했어요.

오: 예. 김석범 선생님이 강사로 오시고, 김민주 선생님, 문경수 교수가 오고. 그때 사회는 장정봉 씨가 맡았었죠? 행사 장소는 오사카 KCC회관이었고요.

김: 그때 장정봉 씨 자신은, 고이삼 선배가 이쪽에서도 4·3행사를 해야 하는데 일단 자기 보고 맡아서 해보라고 해서 하게 됐다고 하더라구요.

오: 예. 나도 지문날인 거부운동할 때 장정봉 씨랑 같이 하기도 해서 우린 서로 잘 아는 사이였어요. 그런데, 그 당시 우리 사이는 좀 미묘했어요. 솔직히 말하면 뭐랄까…… 어쨌든 처음엔 같이 하지 못했어요.

그리고 그때 내가 행사장에서 김석범 선생님과 다퉜어요. 선생님이 오사카에 오셔가지고 강의를 하는데…… 선생님이 강연은 잘 하지 못해요. 아, 그날도 강연 요지가 뚜렷하지 않고 그냥 막 이런저런 이야기를 하시는 거예요. 그래서 내가 질문했고, 선생님이 너는 누구냐? 물었어요. 나는 샛아버지가 4·3 때 돌아가셨어요, 대답하며 얘기했죠. 다 일본말로 한 거지만…… 그렇게 다퉜어요.

그때 나는, 그랬던 거 같아요. 나도 유족이에요. 그래서 너무 억울하다. 기왕 4·3행사를 하려면 홍보도 잘 해라. 그런 불만이 좀 있었던 것 같아요. 그 후, 고이삼 씨가 해마다 오사카에 와서 행사를 했어요. 문경수 교수랑.

그런데 초기에는 문제가 많았어요. 나는 시민단체 활동을 하면서 한 번 행사에 참가했던 사람들은 주소를 알아뒀다가 다음 행사에도 참가할 수 있도록 반드시 우편으로 연락해요. 이번에 우리가 강정마을 영화를 상영할 때에도 우편으로 500장 정도 행사 팸플릿을 보냈어요. 행사는 대중적으로 해야 하는 거예요. 아는 사람들 몇 명만 모여서 하는 것이 아니고.

김: 그건, 그 당시에는 행사 모임이 조직화가 잘 안 돼서 그런 면도 있었고, 또 일본사회에서 4 · 3 얘기를 꺼내기가 조심스러워 그랬던 거 아니에요?

오: 뭐, 그런 면도 있지만……. 어쨌든 나는 당시를 생각하면 불만이 많아요.

1997년, 처음으로 4 · 3 행사에 참여하다

김: 그럼, 오광현 씨가 처음 행사에 참여한 건 몇 년부턴가요? 참 그전에, 내가 며칠 전에 오광현 씨와 같은 취지로 사토 노리코[8] 선

---

8 일본의 역사 교사. 90년대 초부터 4 · 3에 관심을 가져 오사카의 4 · 3 관련자들과 교류하며 활동했다. 1998년 4 · 3 50주년 행사를 맞아서는 당시 유명했던 4 · 3 다큐물 『레드 헌트』를 일본어로 번역해 일본 각지에서 상영하는 등 많은 일을 했다.

생님을 인터뷰했어요. 사토 선생님이 그러더라고요. 내가 1998년에 오사카에서 강연을 했는데 말이 좀 빨라서 잘 이해를 못 했다. 그때 한국말을 좀 공부하긴 했지만 강연 내용 자체를 알아듣기는 어려웠다고 하면서. 함께 웃었죠. 어때요? 오광현 씨는 언제부터?

오: 나는 1997년부터. 50주년 행사를 준비할 때부터요. 사실 그전 1993년 이후 1994, 1995, 1996년엔 한 번도 못 갔어요. 그러니 당연히 못 봤겠죠. 나는 행사를 한다는 것 자체를 몰랐어요. 도쿄는 바빠서 못 갔지만 오사카는 거부하거나 그런 게 아니라 몰라서 참석 못 했던 것.

그러다 그해 1997년도에는 50주년 행사를 해야 한다 해서 대대적으로 조직화가 시작 됐어요. 그때 주축이 됐던 사람이 우선은 문경수 교수. 강실 씨.

김: 강실? 아, 그래요. 강실 씨를 그 얼마 전에 제주도에서 만나 4·3에 대한 여러 얘기를 했었던 것 같아요. 그리고 다른 분들은?

오: 대학에서 시간 강사 하던 정아영, 작가 김중명, KCC 간사 김성원 정도 있었던 것 같아요.

김: 그럼, 1997년에 누가 같이 50주년을 준비하자고 제안했나요?

오: 문경수 교수도 그랬고, 김성원 씨도 그랬고. 모두 같이 하자 했어요.

김: 그때 50주년 행사를 위해 여러 가지 준비 모임을 가졌죠?

오: 예. 사전 강습회로 1997년 12월에는 양영후 선생 강의가 있

| 2016.1.29, 도쿄 임페리얼호텔에서 열린 김시종 시인의 오사라기상 수상식에서 문경수 교수와 함께

었고, 1998년 2월엔 소설가 양석일 선생님도 4·3 강의를 해주셨죠. 그것만이 아니었어요. 문경수 교수가 주로 했지만 『제주4·3 통신』을 1호부터 3호까지 발행했구요. 그 외에 사토 선생이 『레드 헌트』를 상영했고요.

또 후지나가 교수가 있었네요. 그때, 동아시아 심포지엄 팀[9]들이 있었어요. 동아시아 심포팀들은 1997년에 처음 대만에서 '백색테러' 관련 심포를 했어요. 오사카대학 교수였던 스기하라 토오루 교수가 중심이 돼서. 그러다가 1998년도에는 후지나가 교수가 일본 오사카

---

9 정식 명칭은 〈국제심포지엄(동아시아 냉전과 국가테러리즘) 일본사무국〉. 이 단체는 〈동아냉전과 국가공포주의 국제학술대회 대만비서처〉, 〈동아시아 평화와 인권 오키나와위원회〉, 〈동아시아 평화와 인권 한국위원회〉와 더불어 1997년 대만에서 행사를 연 이래 해마다 각 나라를 순회하며 '평화와 인권'을 주제로 국제 심포지엄을 가졌다. 한국에서는 4·3 50주년을 맞아 1998년에 제주도에서 처음 열렸다.

쪽 대표를 하고요. 또 서승 교수가 참여했고. 일들을 참 잘 하셨어요. 이 동아시아 심포팀 중에서도 후지나가 교수는 90년대 초부터 4·3에 관심을 가져서 같이 일했어요. 아마 한국에 유학을 가고, 제주도 해녀 관계 논문을 쓰게 되면서 4·3을 알게 됐던 것 같아요.

김: 오사카 50주년 행사의 핵심은 굿이었죠?

오: 예, 우리가 1998년 3월 22일 날 했어요. 그때 김윤수 심방을 제주도에서 모셔와서 했죠.

4 · 3 50주년 행사, 영사관에서 호출 받다

그때 나는 처음 참여한 입장이었지만 50주년 주행사로 굿을 해야 한다고 강력하게 주장했어요. 처음에, 굿 얘기를 하는 건 나 혼자였죠.

결과적으론 큰 성공이었어요. 굿 때문에. 나중에 평가회에서 나온 이야긴데 행사 몇 시간 전부터 1세 어르신들이 한 분 한 분 들어오면서 자리를 채워가자 관계자들 중에는 눈물이 다 흘렀다고 하는 얘기도 나왔어요. 우리 오사카에서 1세분들을 그렇게 많이 모시고 행사를 해본 적이 없었거든요. 그 전에는.

김: 예, 그 얘긴 많은 분들을 통해서 감격이었다고 들었어요. 그러니까 오광현 씨는 행사에 처음 참여해 일하면서도 오사카에서는 1세 어르신들을 위한 행사를 해야 한다고 주장한 거잖아요? 그리고

済州島四・三事件５０周年にむけて

連続学習会第４回目

『済州島四・三事件５０周年に思う』

講師：**梁石日**（ヤン　ソギル）さん（作家）

梁石日：1936年大阪生まれ。作家。1950年代より在日朝鮮人の解放闘争に係わりながら同人誌「チンダルレ」を発行した。現在最も精力的に作家活動を行う在日の一人である。

　いよいよ今年１９９８年は済州島四・三事件五〇周年を迎えることになりました。

　在日同胞の立場ににこだわりながら五〇周年の記念事業・慰霊祭を準備している私たちも心を新たに歩んでいきたいと思います。

　連続学習会の第四回目は大阪出身の済州島２世で現在、東京で作家として活躍中の梁石日さんを迎えて５０周年の思いを語っていただきます。

　沈黙と対立を越えて、一つになり済州島四・三事件五〇周年を迎えるためにも多くの方の参与が求められています。

　この学習会に一人でも多くの方のご参加をお願いいたします。

・とき　　１９９８年２月２１日（土）
　　　　　午後６時
・場所　　在日韓国キリスト教会館
　　　　　（ＫＣＣ）５階ホール
　　　　　大阪市生野区中川西２－６－１０
　　　　　ＴＥＬ　０６－７３１－６８０１
　　　　　地下鉄千日前線「今里」駅下車、今里筋を南へ１０分

◇参加費　　５００円

主催：済川島四・三事件５０周年記念事業大阪実行委員会

《連絡先》〒544 大阪市生野区中川西２－６－１０　　在日韓国基督教会館（ＫＣＣ）内
金まで　ＴＥＬ　０６－７３１－６８０１

＊３月１５日には同じくＫＣＣにて韓国の済民日報の四三事件取材班キャップの梁祚勲氏を中心にしたシンポジウムを開催いたします。

1998년 4·3 50주년 오사카 위령제 준비모임의 일환으로 행한 양석일(소설가)의 강연 안내문

그러기 위해서는 위령제를 해야 한다고?

오: 예, 그런 거죠.

김: 잠깐, 50주년 행사를 본격적으로 이야기하기 전에 한 가지 더 물어보고 싶은 게 있어요. 오광현 씨는 1997년에 모임에 참여하면서 실행위원을 맡는데, 그게 여기 성공회를 대표해 한 건지, 아니면 개별적인 건지 알고 싶어요.

오: 저는 개인적인 활동은요, 업무 시간 중에는 절대 안 해요. 업무가 끝난 후 밤에만. 그런데 4·3 50주년 사업은 성공회센터도 참여한다고 동의했어요. 그 후부터 나는 출장으로 제주도 4·3행사에도 갈 수 있었죠. 우리 센터는 그렇고, 다른 분들은 잘 모르겠네요. 개인 사정에 따라 개별적으로 참여한 분도 있을 거고, 나처럼 공식적으로 참여한 분도 있을 거 같아요.

김: 이건 문경수 선배에게도 확인한 건데 50주년 준비 과정에서 영사관에도 불려갔다면서요?

오: 네, 그때 누구랑 갔나? 문경수 교수하고, 강실 씨. 그리고 김중명 씨? 부영사가 뭐라고 했어요. 여러분의 순수한 마음은 이해가 됩니다. 그러나, 서승이란 이름 알죠? 압니다. 그 사람은 여러분의 순수한 마음을 이용하려 하고 있어 걱정이 됩니다. 그 사람, 부영사는 사실 정보 영사잖아요. 그 다음 두 번째로 뭐라고 한 것은, 우리 팸플릿을 김중명 씨가 썼어요. 거기에…… 1948년 8월 15일에 대한민국 정부가 수립되잖아요? 그 전에는 남조선이었죠? 아직 대한민국이 없었으니까. 그 정보 영사가 그걸 갖고 뭐라고 하는 거예요. '남조선'이라고 하면 안 된다. 총련이 이용을 한다. 그러니 김중명 씨가 대답했죠. 그게 무슨 말이냐고. 그때는 아직 대한민국이 없었을 때니 당연히 남조선이라고 적어야 맞는 거다.

김: 그러니까, '남조선'이라는 용어를 쓰지 말라?

오: 예. 그러면서 '재일'의 경우에도, '재일한국·조선인'은 괜찮다. 그러나 '재일조선인'은 안 된다. 우리가 나중에 영사관 갔던 얘기를 서승 선생님께 했어요. 부영사가 '이용당하니 조심해서 하세요' 하더라고. 서승 선생님은 그냥 웃었어요. 이때가 한국에서는 김영삼 정권 말기잖아요? 그럴 때였어요. 그러다가 얼마 없어 DJ정권이 들어서자 이런 일들은 싹 없어졌어요.

50주년 추도회, 굿판을 벌이다

김: 자, 다시 굿 얘기로 돌아갑시다. 그때 오광현 씨는 왜 혼자서 그렇게 굿을 해야 한다고 강력히 주장했나요?

오: 왜냐면요, 옛날 우리 집에 일 년에 몇 번도 넘게 심방이 오곤 했어요. 그러니 우리 집에서 굿을 해본 경험이 많았던 거죠. 우리 동네도 많이 있었어요. 그런 거, 전에 이카이노에서는 흔했어요. 이건 내 기억만이 아니고요, 정말 집에 조금이라도 무슨 일이 생기면 심방을 모시고 했던 거죠.

김: 근데, 어머님도 교회를 다니셨던 거 아니에요?

오: 아니에요. 나 혼자만.

그때, 내가 정태춘 씨, 한국 가수, 나랑 잘 아는 사이라 통화했어요. 이러저러해서 제주도 심방이 필요하다. 소개해 달라. 그 분이 김윤수 심방을 소개한 거예요. 그 당시 김윤수 심방 매니저가 운동권 사람이었어요. 1997년에.

김: 음. 그러니까 1997년 당시에는 제주도에 심방 소개를 부탁할 사람이 없었다는 말이네요? 그래서 정태춘 씨한테 부탁?

오: 그런 셈이에요. 당시 우리가 아는 심방은 다 엉터리밖에 없었어요. 그래서.

그 즈음, 내가 도쿄에 출장을 가게 됐어요. 도쿄에서 실행위원회가 있다 해서. 거기서 나는 오사카에서는 심방을 생각하고 있습니다, 했죠. 그랬더니 다 반대하셨어요. 오사카처럼. 김석범 선생님까지 그랬어요. 그러다가 나중엔, 뭐, 오사카는 오사카니까 하면서 결정은 우리에게 넘겼죠.

오사카에서도 모두 반대했어요. 그래도 나는 1세 분들을 모시려면 이것밖에 달리 방법이 없다 우겼죠. 왜냐면 우리 어머니도 계셨고, 다른 1세 분들도 많아서 자신이 있었어요. 우리가 4·3 위령제를 하게 되면 우리보다 먼저 어르신들의 한풀이를 해야 한다. 그러기 위해서는 진짜 이것, 굿을 하는 것밖에 달리 방법이 없다.

김: 근데 오광현 씨 그 말 속에는, 굿을 하면 자연히 1세 분들이 많이 올 거라는 자신감이 있었다는 거잖아요?

오: 나는, 그때 그것만이 아니었어요. 이렇게도 주장했어요. 행사에 아무리 많은 사람들이 와도, 설혹 1,000명이 오더라도 1세들이 많지 않으면 실패다. 그렇게 생각했어요.

김: 그러니까 당연히 행사 중심은 1세 분들이다?

오: 예. 그래서 1세들을 대상으로 우선적으로 4·3 한풀이를 해야 한다. 우리가 절대 먼저 아니다. 그래서 이제, 내가…… 계속 강력하게 주장해가니까 강실 씨가 그 심방, 온또리 심방 아니냐 해요.

김: 지금 뭐라고 했어요? '온또리'? 온또리 심방?

오: '엉터리'. 돈만 바라는 심방, 돈만 생각하는 심방. 우리는 이 '엉터리'라는 말을 어렸을 때에는 '온또리, 온또리' 했어요.

김: 하하하. 온또리?

오: 일본말 발음이에요. 결국 김윤수 심방이 온또리가 아니냐는 건데, 강실 씨가 김윤수 씨를 만났어요. 그래서 보니까 이건, 인간문화재예요. 엉터리는 고사하고.

김: 그래서, 김윤수 심방은 인간문화재고, 유명한 분인 게 밝혀지니까 괜찮다, 그렇게 된 거네요. 이젠, 굿을 중심으로 행사를 하면서 기억에 남는 이야기를 해주세요.

오: 그날, 행사가 2시부터였어요. 근데 오전 10시가 되니 벌써 할머니 다섯 분이 왔어요. 네다섯 시간 전에. 허허. 아직 시간이 많이 남았으니까 집에 갔다가 다시 오세요, 그랬어요. 그런데도 1세 어머니들은 괜찮다고. 정말 감격의 연속들이었어요. 심방도 좋았고. 우리 어머니는, 왜 굿을 하게 되면 구경꾼들이 인정을 걸잖아요? 인정금을 내잖아요? 우리 어머니가 5만 엔을 냈어요, 5만 엔. 그것만이 아니에요. 그날 왔던 1세 분들이 거의 다 제주 할망들이니까 모두 주머니 푼돈 다 털어서 인정을 냈죠. 너무 너무 감동적이어서 눈물

을 아니 쏠 수가 없었어요.

김: 그때 오셨던 분들 모두 합하면 청중이 500명?
오: 예, 500명 정도. 그 중에 1세 분들이 한 절반 정도.

김: 절반이? 정말 오선생이 의도했던, 1세 분들이 구경 오면서 생각했던 4·3 한풀이가 어느 정도 이루어졌다고 봐야 하나요? 김윤수 심방을 통해서.

여러 지역의 4·3행사에 참여하다

김: 오사카 4·3 행사는 명칭이 무슨 추도회죠?
오: 위령제. 그외 여러 가지였어요. 뭐, 혼란 상태였죠. 그러다가 이젠 위령제. 100프로 위령제. 아, 그 50주년 때도 위령제였어요.

김: 그런데 도쿄에서는 무슨 기념식. 그럴 수밖에 없죠? 1세 분들이 많지 않으니까. 또, 50주년 행사에서 생각나는 게 있나요?
오: 예, 그때 나는 오사카뿐만 아니라 도쿄 행사에도 전부 참석했어요. 브루스 커밍스 강연에도 가고. 우리 오사카 행사가 3월 22일 날이었잖아요? 4월 1일에는 제주도에 갔어요. 그래서 4월 2일, 한라체육관에서 하는 굿을 봤죠. 비는 많이 오는데, 12시간 큰굿을 했어요. 나는 그 굿을 다 봤어요. 그리고 전야제며 운동장에서 하는 위령제를 다 보고 하원 작은 아버지 댁에서 잤다가 바로 도쿄로 갔어요.

도쿄 행사가 4월 5일에 시작됐으니까요. 그러고 야간 열차로 오사카로 돌아왔죠. 정말, 우리 오사카가, 오사카 행사가 순대라면요, 도쿄는 도시적인 삼겹살이에요.

김: 그렇죠. 그러니까, 여기는 위령제, 추도회지만 저기는 기념회잖아요. 유명인사들이 강의하고.

오: 그래요. 도쿄는 문화적이고 고급스럽고, 오사카는 토속적.

제주도의 '50주년 4 · 3 해원상생굿 큰굿판' 팸플릿 표지

김: 지금 오광현 씨가 두 지역 행사를 보는 시각이 나와 많이 닮아졌네요. 나는 계속 양 지역 행사를 보면서 그런 생각을 해왔어요. 도쿄가 유명인사들 오고, 일본 사람들 많이 오고. 1세들보다도. 그래서 기념식. 난 항상 그런 생각이 들어요. 오사카는 역시 자이니치들의 삶의 현장이다. 특히 다수의 1세들이 뼈를 묻은 역사의 현장이다. 그러니 자연스레 추도회가 되고, 위령제가 될 수밖에 없다. 어쩔 수 없는 것.

오: 네.

〈재일본 제주도 4·3사건 희생자 유족회〉의 창립

김: 그리고 〈4·3을 생각하는 모임·오사카〉가 1997년에 만들어지죠? 50주년을 준비하면서. 당시 기억나는 일 있으면 얘기해주세요.

오: 오사카도 그 후부터는 계속 행사를 해야 하는데 매해 실행위원회를 구성하고 하기가 어려웠으니까요. 그래서 상시적인 조직을 만들자. 그런데 저쪽 도쿄에는 이미 〈4·3을 생각하는 모임·도쿄〉가 있으니 우린 오사카로 하자.

김: 그럼 이때 공동 대표는 어느 분이었어요? 오광현 씨도?

오: 아니, 공동 대표는 없었어요. 처음부터. 지금도 생각하는 모임에는 대표가 없어요.

김: 그럼 뭐, 대표도 없는 단체네요, 생각하는 모임은?

오: 그래서 내가 문경수 교수님한테, 1년 전인가 대표가 돼 달라고 부탁했어요. 그런데 아직도 결정된 건 없어요. 왜냐면요, 오사카에 일본유족회가 생긴 거예요. 그래서 행사를 유족회 중심으로 하게 됐죠. 그 후로 행사도 모두 위령제고, 유족회가 맡고 하다 보니 그냥.

김: 유족회 이름이 정확히 뭐예요? 재일본?

오: 〈재일본 제주도 4·3사건 희생자 유족회〉. 결성된 해가 2000년이에요. 특별법이 만들어진 직후니까. 강실 씨가 2000년 10월에 창립했죠. 그래서 초대 회장에 취임했고요. 그때부터 나는 사무국장을 맡았어요. 다른 사람들 중에 하겠다는 사람이 없어서요.

그 후 우리가 유족회 이름으로 4·3행사를 계속했어요. 위령제나 추도행사로. 그런데 최근에 와서는 유족회만으론 행사를 치루기가 힘들어졌어요. 그래서 작년에도 공동 주최로 했고, 올해에도 그랬고요. 유족회만으론 행사를 치를 수 없는 일이 많아요. 생각하는 모임과 같이 해야죠.

김: 예, 그 얘기는 나중에 더 하기로 하고요, 우선 유족회 결성에 대해서. 처음에 어떻게 해서 유족회를 결성하게 되었나요?

오: 강실 씨가 세워야 한다고 주장했어요. 아마 제주도에서 당신이 만들어라, 이런 얘기를 많이 들었던 것 같아요. 그래서 결국 강실 씨는 문 교수랑 저에게 부탁을 했어요. 잘 아시겠지만 오사카에선 우리 두 사람이 나서지 않으면 4·3행사는 할 수 없는 부분이 있잖아요?

김: 그렇죠. 두 분이 돕지 않았다면 아무래도.

오: 문경수 교수님이 많이 움직였어요. 준비하는 데 많이 거들었고요. 또 행샷날 사회도 보고 하면서 결성했죠.

김: 한 가지 묻고 싶어요. 이건 제주도 유족회도 그런데, 일본유족회 결성하면서 회원명부를 만들었나요?

오: 아뇨. 그건 제주도 가면 평화재단에 있지 않나요?

김: 그건 희생자 명부고, 유족회 회원 명부?

오: 아…… 앞으로 만들어야죠. 제주도 유족회는 어떤가요?

〈재일본 4·3유족회〉 결성을 보도한 아사히신문 기사(2000.10.18)

김: 아까, 제주도 유족회도 같은 문제를 안고 있다고 했잖아요? 없어요. 만든다고만 하고 있죠.

오: 그러니까 우리는, 희생자 신고부터 다시 시작해야 해요. 신고

안 한 사람도 많고요. 70 몇 명 신고한 걸로 알고 있는데. 도쿄에서, 오사카에서. 그런데 이 신고 모두 강실 씨를 통해서 한 사람들이에 요. 우리는 그 사람들이 누군지 알지도 못해요. 그리고 이러한 희생 자 신고와 별도로 유족들…… 제 생각으로 아마 행사에 참가한 사 람은 스무 명 정도라고 생각해요. 스무 명.

김: 행사 참가라는 건, 위령제?
오: 아니오. 설립 대회에.

김: 아, 유족회 창립대회에 그 정도의 사람들이 참가했다는 말이 구나.

오: 예. 그게, 2000년 10월에. KCC회관에서. 그때 참여한 사람이 스무 명 정도? 그런데 더 뭐한 건, 스무 명 참여자 전부가 유족들은 아니라는 거예요. 유족은 더 적은 숫자.

난, 그때 너무 너무 고생했어요. 강실 씨가, 오늘 어디 어디 민단 지부에 말해놨으니 거기 가서 부탁하면 협조해주실 거다, 해요. 그 럼, 난 거길 가죠. 그런데 이제, 거기선 뭐라고 하느냐 하면, 아이고, 강실 씨가 무슨? 우리는 무슨 말인지 모르겠다 해요. 그 후 몇 번을 그러고 나니까 강실 씨가 광현이가 가라, 사무국장이 가라, 해도 나 는 못 가겠다고 했어요.

김: 그러니까 나중에 오선생이 회장을 맡았을 때 강실 씨가 인계 해준 명부는 없다는 말이네요?.
오: 그래요. 받은 게 아무것도 없어요. 단지 행사 때 온 분들 명단

을 내가 적으면서 한 건 있어요. 그게 집에 있어요. 컴퓨터에 입력하고 있죠. 그 중에는 개인적으로 아는 사람도 있어요.

유족회 활동

김: 그럼, 유족회 이름으로 행사를 시작한 건 2001년부터가 되겠네요? 2000년 10월에 만들어졌으니까?

오: 네, 그래요. 그때부터 여러 가지로, 뭐, 갈등도 많았고요. 그런데 그 전 해인 2000년 4월 행사는 우리가 4·3특별법 제정을 기념해 김석범 선생님과 김시종 선생님을 모시고 대담을 갖기도 하면서 크게 했어요. 그때 주최는 〈제주도 4·3을 생각하는 모임·오사카〉와 〈재일본 제주도 4·3사건 유족회 준비위원회〉가 맡았죠. 그러니까 2000년에 이미 유족회 준비위원회가 결성되어 있었던 거예요.

그 후 우리가 2000년 10월에 유족회를 결성하게 되니까 그 다음부턴 아무래도 행사는 유족회가 중심이 되어갔죠. 그러나 제 기억으로 행사는 공동주최였어요.

김: 일본유족회 사무국장을 하면서 어려웠던 일이 많았죠?

오: 다 힘들었어요. 힘들었어요. 강실 회장이 제주도에 가면 회장님, 회장님 하니까 어떻게 하시는진 모르겠는데, 여기선 모든 일이다 힘들었어요. 도쿄는 다른 줄 알아요? 거기도 마찬가지에요. 더이상 무슨 말을……

김: 예, 유족회 활동이 참 어려웠던 모양인데 그건 그만하고요, 2003년에 정부에서 4·3사건 진상조사 보고서를 내고, 노무현 대통령이 제주도에 와서 사과를 하잖아요? 그때 소식을 듣고 여기서는 어땠나요?

오: 뭐, 말로 할 수 없이 기뻤죠. 그런데 그 보고서 말이에요. 빨리 일본말로 번역해야 한다. 문경수 교수님은 팀을 만들어서 빨리 번역해야 한다고 계속 주장했어요. 나는 개인적으로 다 읽었지만, 한국말을 모르는 자이니치나 일본 사람들 중에서 4·3에 관심 있는 분들이 읽어볼 수 있게 말이에요.

김: 그게 재단에서 내년…… 뭐, 10년 이상 세월이 흘렀는데, 할 것 같아요. 일본어판 번역 보고서가 나올 것 같아요.[10]

오: 그래요. 그때 우린, 고이삼 사장님에게 반 강요를 했었죠. 빨리 출판해야 한다고. 그게 그러니, 출판사에서 모금 활동을 벌여서라도 하자. 그런데 결국, 아무것도 하지 못했어요. 힘들었죠. 그렇지만 아무리 힘들어도 어떻게 했어야 하는데. 일본에선, 정부 보고서가 나오고 대통령이 사과했다는 것도 잘 몰랐어요. 그러다가 한국에서 사람들이 와서 강연도 하고…… 그보단 요즘 세상 분위기가 많이 달라졌잖아요? 그게 더 영향을 줬는지 이젠 4·3이 터부가 아니게 됐어요.

---

10 『제주4·3사건 진상조사 보고서』의 일본어판은 〈제주4·3평화재단〉에서 2014년 12월에 발간했다.

김: 그러면 이건 다른 질문인데, 일본에서 4·3과 관련해 제일 큰 문제점에는 뭐가 있을까요? 총련 쪽이 협력 안 하는 것?

오: 총련? 총련이야 거의 완전한 조직체니까. 우리 같은 사람은 총련 입장에서 보면 같이 무얼 할 수 있는 대상이 아니에요.

김: 음. 그렇지만 희생자 신고 같은 일은 그 쪽 사람들이 협력 안 하면 목표를 달성할 수 없잖아요?

오: 총련 입장에서는 추진할 수 없어요.

김: 그럼 개별적으로도 안 될 것 같아요?

오: 개별적으로는 모르겠지만……. 나도 총련계 친구가 있긴 하지만 깊이 묻는다면 난 아무것도 모르겠어요.

반면에 민단은 말만. 민단은 4·3을 싫어해요. 그렇지만 특별법이 만들어졌으니까 거부는 안 해요.

김: 이제 인터뷰가 거의 마무리 돼 가는데, 2000년 시기, 오광현 씨가 유족회장 맡기 전까지 행사하면서 기억나는 일이 있다면 또 어떤 게 있는지?

오: 내가 회장 맡기 전까지는요 총회도 안 했어요. 그런데, 강실 씨가 1년 하더니 그 다음부터는 계속 그만 두겠다고 해요. 오광현이 하라고 하면서. 강실 씨가 2008년 60주년까지는 했어요. 그러다가 내가 회장 맡은 게 2009년…… 4월부터예요. 그때 나는 특히, 문경수 교수님의 협조가 없으면 안 하겠다고 했었죠. 그 분 협조가 절실했어요. 그러고나서…… 그러니까, 그 전에는 아무것도 없었어요. 1

년에 한 번 4월에 위령제 행사만 하면 그뿐. 나는 안 되겠다 생각했어요. 그래서 문경수 교수랑 상의하고, 김문남 씨랑 임원 몇 명과도 의논하면서 총회를 시작했어요. 1년에 한 번.

사실, 총회에는 유족들만 나와야겠지만 잘 모르겠어요. 좀 애매해요. 그날 나오시는 분들 중에는 유족 아닌 분도 계실 거예요. 우리 유족회의 한계죠. 회원명부 없는 것만 문제가 아니라, 회원 확충이나 회원 간의 친목 등 제주도 유족회에 비하면 참 열악하죠.

김: 그렇겠죠. 힘든 줄 알아요. 그럼, 올해의 경우 총회에 몇 명이 나오셨어요?

오: 열다섯 명. 그래서 총회도 하고, 점심도 같이 먹고.

일본 유족회의 회장을 맡다

김: 2009년 4월, 회장을 맡아 올해가 2012년이니 3년이 지났네요. 지금 사무국장은 누구에요? 조직에 대해 좀 알고 싶은데?

오: 이게 유족회 임원 명단[11]이에요. 운영위원회가 중심이고요, 그 외에 고문, 회장, 부회장, 감사님이 있어요. 이 임원 구성은 내가 취임할 때부터니 이제 3년째. 이게 다 문경수 교수가 만든 거예요.

근데 우리 유족회가 참 운영이 힘들어요. 그리고 내 문제도 있

---

11 〈재일본 4·3유족회〉 임원으로는, 고문 김시종, 회장 오광현, 부회장 박영만, 운영위원 이복숙, 김대성, 고용철, 오행남, 감사 김문남이다.

| 4·3평화공원 내 '행방불명인 개인표석'에서 샛아버지 오동식 표석을 살펴보고 있는 오광현과 자이니치 유족들(위). 딸과 함께(아래)

고요. 사실 나는 특별법상의 유족은 아니에요. 우리 집에서 돌아가신 분은 샛아버님이에요. 그러니 내가 직계가 아니라고, 그걸 문제 삼아 뒤에서 뭐라 하는 분들도 있는 것 같아요. 우리 샛아버님은 결혼했었어요. 애도 있었고요. 지금 제주도에 사촌 형님이 살아계셔요. 그래서 강실 씨가 나를 그렇게 회장에 앉히려 해도 처음에는 거부했어요. 안 된다. 그러나 강실 씨만이 아니라 모두 그래도 괜찮다, 괜찮다 해서 결국 회장을 맡은 거예요. 좋게 얘기하면 일본의 특수 사정이 나를 이렇게 하도록 한 거예요.

사실 나도 일본에서 유족 신청은 했었어요. 신청만. 근데 일본에서 그런 식으로 직계만 고집한다면 신고할 사람이 없을 거예요. 몇 안 될 거예요.

김: 이해가 되요. 일본 사정. 그러면 강실 씨 회장 때, 뭐 특별히 기억나는 일은 없나요?

오: 2000년도 창립할 때부터…… 그때가 제주도 유족회장이 김두연 씨였죠, 아마. 김회장님이 일본에서도 유족회 만들라고 계속 강요한 거예요. 그러니 창립 후에도 우리 일본유족회는 항상 제주도만 보고 있어요.

김: 그게 예산 문제하고도 관련 있죠? 위령제 예산을 평화재단에서 지원 받게 된 게 언제부터에요?

오: 그걸, 확실하게 모르겠어요.

김: 오광현 회장이 취임한 후에 3년은 계속 받았죠?

오: 예, 해마다 1,000만 원씩.

김: 그 전에는?

오: 그 전에는 다 강실 씨가 받아서 했으니 강실 씨밖에 몰라요. 그러니까 재단 담당자와 강실 씨. 내가 일본유족회 사무국장이니 위령제 예산을 집행했을 거라 하는데 난 회계 부분은 전혀 몰랐어요. 사실 그때 제주도에서 얼마나 받았는지, 어떻게 썼는지? 그건 강실 씨만 알아요.

이건 참, 사무국장이 아무것도……. 내가 회장을 맡은 지난 3년 동안은 총회도 하고, 회계에 대해서도 정말 할 건 다해요. 모든 영수증 챙겨 재단에 보내고.

4 · 3운동의 미래

김: 이제 마지막으로 일본 지역 4 · 3운동의 미래에 대해 묻고 싶어요. 장차 일본유족회의 활동이나 위령제를 하는데 있어서 바람이 있다면 어떤 것이 있나요?

오: 저는 세 가지를 하고 싶어요. 그중 첫 번째는, 1년에 한 번 4 · 3 관련 유족 1세들이 모여서…… 처음엔 몇 명이라도 괜찮아요. 식사하면서 즐겁게 모이는 자리를 만드는 것.

두 번째는, 오사카는 자이니치 1세들이 오시니까 문화행사를 겸한 위령제가 되잖아요? 앞으로는 여기에 한 가지 행사를 더하고 싶어요. 학술행사. 해마다 학술 세미나를 여는 것이니 문교수님이나 후지나가 교수님들이 해야 되겠죠. 몇 년 전에 했었거든요. 도쿄하고 교토에서. 그땐 재밌었어요. 그런 걸 하고 싶어요. 60주년 때도 했었고요.

이제 마지막으로, 앞으로 몇 년 동안은 1세들의 한풀이가 되도록 위령제를 계속해나간다. 앞으로 한 5년? 사실 그 분들 사실 날이 얼마 남지 않았잖아요?

김: 근데, 1세 중심이 되는 한풀이 위령제는 중심 행사가 뭐가 되는 거예요? 굿?

오: 굿도 좋고요, 마당극 같은 연극도 괜찮고요.

그리고 하나 더, 그러면 네 번째 바람이 되나? 우리 2세나 일본 사람도 1세 분들과 공감할 수 있는 자리를 만드는 것. 예를 들어, 작년에 보니까 1세 분들이 울고 있었어요. 이정미 씨가 제주민요를 불렀죠. 1세 분들이 다 기뻐했어요. 이런 걸 보고 제가 느낀 건데요, 세대에 관계없이 서로 공감할 수 있는 자리를 만드는 것.

김: 네 번째 바람은, 1세와 2세가 스스럼없이 어우러질 수 있는 자리를 만드는 것?

오: 예. 앞으로 몇 년 동안은요.

그리고 이건…… 다섯 번째가 되네, 하하. 허영선 씨 4·3 책 있죠? 중·고등학생도 쉽게 읽을 수 있는? 일본에서도 그런 책, 자이니치 제주인이나 일본인들을 위한 책이 출판돼야 한다. 이미 숱하게 한 이야기예요. 비록 4·3이 제주도에서 생긴 사건이지만 우리 자이니치, 재일 제주인 커뮤니티에 큰 영향을 미쳤기 때문에 그걸 쉬 알

| 일본유족회 4·3기행단과 함께 찾은 의귀리 현의합장묘에서(2016.4.2)

수 있는, 우리 자이니치 입장에서의 4·3 책이 나와야 한다.

김: 그러니까 자이니치 입장에서 본 4·3 책?

오: 음, 그렇죠. 그건 우리 쪽에서 만들어야 하는데. 내가 후지나가 교수한테 부탁하고 있어요. 그리고 문경수 선생이랑, 이치지 교수도 있고, 고정자 씨도 있고. 그건 뭐, 우리 팀 연구자들의 책임이에요.

김: 이미 세 번째 바람은 넘었고, 하고 싶은 말 더 있죠?

오: …… 하하하. 또, 있어요, 마지막으로. 후배 양성. 4·3을 통해서 후배를 양성한다. 후배 활동가를 교육한다. 우리가 해마다 위령제를 하잖아요? 그때, 평화 순례, 제주도 평화 순례를 하는 거예요. 3박 4일 정도 해서, 학생들도 넣고. 이 정도예요, 제가 바라는 건.

김: 오선생 바람이 하나하나 가슴에 맺히네요. 앞으로 바라는 일이 모두 성취될 수 있기를 바라며 인터뷰를 마치겠습니다. 긴 시간, 정말 고마워요. 못 다한 얘기는 차후 다른 방식으로 더 정리해 제주도에 알리기로 하죠.

03

학자의 길로 들어선 시민운동가

정아영

경제학자 ┃ 시민운동가

정아영은 1958년 요코하마에서 태어났다. 그는 어려서 부친의 직장을 따라 한국에서도 몇 달 살았던 경험이 있다. 그의 부친 정경모는 한국과 일본에 널리 알려진 언론인이며 통일운동가이다.

그는 와세다 대학 정치학과에 입학한 후 한문연 활동을 시작했다. 그의 대학 시절은 한국에서 10·26사건에 이어 5·18 민주화운동으로 이어지는 현대사의 암흑기였다. 그는 대학 생활의 많은 시간을 한국의 민주화를 요구하는 시위에 바쳤다. 대학 졸업 후 10년 동안은 임시교사를 하며 지문날인 거부운동 등 시민운동에 매진했다. 그러던 그는 1992년 연변대학으로 어학연수 겸 유학을 다녀왔다.

4·3운동은 1995년부터 오사카로 생활 근거지를 옮긴 후 본격적으로 시작했다. 1988년 4·3 제40주년 도쿄 추도회를 시작으로 이어진 일본 4·3행사가 시초에는 자이니치 제주인들이 자신들만의 행사로 치르는 것을 그는 멀리서 지켜보기만 했던 안타까운 기억을 갖고 있다. 현재 그는 리츠메이칸 대학 경영학부 교수로 근무하며 〈4·3을 생각하는 모임·오사카〉에서 일하고 있다.

(면담일시 및 장소: 2012. 5. 12 오사카 미야코호텔 커피숍 – 장정봉이 자리를 같이 해 의견을 나눔)

고등학교 때까지 이름은 나카무라 가에이

김창후: 정아영 선생님! 먼저 5년 전 얘기부터 해야겠네요. 제가 2007년에 장정봉 씨 인터뷰를 위해 장정봉 씨와 정선생 두 분 외에 다카무라 료헤이 교수까지 함께 모시고 오늘 인터뷰와 비슷한 얘기를 나눈 적이 있습니다. 그때 정선생은 주로 통역을 했었고요. 기억 나시죠?

정아영: 예. 그때 김선생님이 인터뷰하는 걸 통역하며 주의 깊게 들었죠. 그게 사실 2010년 4·3연구소의 세미나에서 제가 발표했던 논문, 「일본의 4·3사건 추도사업과 재일동포 2세들의 체험과 사상」[1]의 토대가 됐어요.

김: 그렇군요. 그 논문에 대해서도 차츰 얘기드릴 예정입니다. 먼저 오늘 정선생 인터뷰의 취지부터 말씀드리겠어요. 사실 정선생은 자이니치 제주인이 아닌 데도 4·3운동 초기인 1995년께부터 〈4·3을 생각하는 모임〉에 참여해 활동했습니다. 그래서 어떤 이유로 이렇게 일찍부터 이 운동에 참여하게 되었는지 하는 것을 시작으로 오사카의 위령제 등 전반적인 4·3운동에 대하여 묻게 될 것입니다. 그리고 정선생이 어디서 태어나 어떤 교육을 받았고, 어떻게 민족의식을 갖게 되어 〈4·3을 생각하는 모임〉 활동을 하게 되었는지, 또한 자이니치 제주인이 아닌 자이니치가 4·3운동에 참여하면서 느낀 술회 같은 것들을 두서없이 대화하며 듣고 싶습니다.

---

1 제주4·3연구소, 『4·3과 역사』 통권 9·10 합본호, 135~152쪽, 2010

먼저 성함과 생년월일, 태어난 곳을 알고 싶습니다.

정: 정아영입니다. 1958년 2월 26일에 태어났고요, 한국 고향은 서울입니다. 서울 영등포.

김: 그건 아버님 고향이죠? 정선생은요?

정: 저는 일본 요코하마에서 태어났습니다.

김: 정선생은 요코하마에서. 그러면, 아버님은 지금도 요코하마에 살고 계신 거죠?

정: 예, 아직까지. 요코하마 히요시에요.

김: 그럼 학교는, 초등학교 때부터 요코하마에서? 일본학교 다니셨죠?

정: 예, 맞습니다. 대학교 때까지 계속 도쿄 쪽에서 일본학교를 다녔어요.

김: 그럼 일본학교 다니실 때 이름은 어떻게 쓰셨나요? 정아영 본명으로?

정: 아니에요. 통명인데…… 실은 우리 어머님이 일본분인데 한국 국적으로 귀화하셨어요. 어머님 성이 나카무라中村였고요. 저는 태어났을 때부터 한국 국적으로 중학교 졸업하고, 고등학교 1학년 때까지 나카무라라고, 나카무라로 불렸어요.

김: 정선생이? 그럼 풀네임이 나카무라 아영中村雅英?

정: 예, 나카무라 아영. 그런데 아영이란 한자 이름을 '가에이'로 발음했어요. 그러니까 나카무라 가에이. 이게 또 설명이 필요한 데요……. 가에이, 즉 '아영'을 일본식으로 읽으면 보통 '마사히데'라고 해요. 그러니 나카무라 마사히데라고 부르면 이건, 완전한 일본 사람이 되는 거죠. 근데 잘 아시겠지만 일본 한자는 두 가지로 읽잖아요? 그래서 저는 '마사히데'라고 하지 않고, '가에이'라고 불렀죠. 좀 이상하죠?

김: 그럼 쓸 때는 보통 어떻게 써요?

정: '가에이'라고. 그래서 고등학교 때까지 친구들은 모두 저를 가에이, 가에이라고 불렀어요.

김: 예, 이름 부분은 이제 조금 이해를 하겠는데, 성을 '나카무라'라고 쓰면 친구들은 정선생이 아예 자이니치인 것도 몰랐겠네요? 본인 스스로 털어놓지 않으면.

정: 하하하, 이게 참 불가사의한 일인데요, 일본 사람들은 그 이름자만 봐도 자이니치인 것을 알았어요.

김: 그걸 어떻게요?

정: 역시 가까이에서 살고 있었기 때문이 아닐까요? 이름, 즉 본명이니 통명이니 하면서 드러나는 게 아니고요. 그리고 또, 이건 장정봉도 마찬가지일 거예요. 어렸을 때, 초등학교나 중학교 시절 친구들하고 싸움할 때, 우린 '조센진, 조센진' 얘기를 안 들어본 사람이 없어요. 그래서 자연히 자이니치라는 게 드러나고.

김: 아, 그러니까 어렸을 적부터 주변에서 친하게 지냈던 친구들은 다 정선생이 자이니치인 것을 안다는 거죠? 그럼, 처음 만나는 일본인들은요?

정: 제가 자이니치인 걸 끝까지 몰랐던 사람도 있겠지요. 근데 고2 때 통명 쓰기를 까다롭게 느껴서 학교 선생님하고 상의해서 학교 등록 이름을 본명으로 바꿨어요. 다음 날 아침 교실에서 반 친구들한테 나는 한국 사람이니까 오늘부터 한국이름을 쓰겠다고 선언했습니다. '본명선언'을 한 거죠. 솔직히 많이 긴장했어요. 그런데 친구들은 특별한 반응도 없었어요. 아, 역시 내가 자이니치인 걸 다 알고 있었구나……. 오히려 제가 맥이 다 풀렸죠.

아버님을 통해 간접적으로 체득한 민족의식

김: 그러면 정선생은 일본학교를 계속 다녔는데 어떻게 민족의식이 지금처럼 강하게 자리하게 됐나요?

정: 그건…… 저는 다행이라고 생각하는데요, 제가 두 살 때, 그러니까 1960년 4·19 직후에 반년 동안 한국에 있었어요. 그리고 또 1969년 초등학교 6학년 때, 여름 방학 한 달을 서울에서 보냈고요.

김: 그때는 아버님이 한국을 왕래할 수 있을 때였겠네요?

정: 네, 1970년 8월까지는.[2] 아버지는 그때 기본적으로는 한국의

---

2 부친 정경모 씨는 언론인이자 통일운동가로 한국과 일본에 널리 알려진 인물이다. 그는 1945년 게이오대학 의학부를 수료한 후, 1947년 미국 에모리

회사원, 그러니까 한국 정부 회사의 기술고문 자격으로 한국에 계셨어요. 그러면서 일본 요코하마를 왔다 갔다 하셨죠. 당시는 한·일 간에 국교가 없었기 때문에 그러기가 아주 어려웠죠. 그리고 우리는, 우리 가족은 요코하마에서 살았고요.

김: 아버님이 일본 어머님을 만나 언제 결혼하셨나요?

정: 미군에 근무하셨을 때예요. 그때는 계속 일본에 계셨어요. 맥아더 장군 밑에서 일했기 때문에 도쿄 가까이에 있는 요코하마 미군기지 GHQ에요. 그러다가 나중에 미군에서 해고당하면서 비자가 없어 한국으로 돌아가셨죠.

김: 예, 아버님 얘기는 자서전이 있으니까 제가 그걸 읽어보도록

대학 화학과에 유학해 공부했다. 한국전쟁 직후인 1950년에는 장면정부의 지시에 따라 미국무성 직원으로 일본의 미군총사령부(GHQ)에서 박형규, 문익환과 함께 근무하며 판문점에서 열린 휴전회담에 통역으로 파견되기도 했었다. 그는 1956년 '사상불온'을 이유로 미국무성에서 해직 당했다. 1960년대에는 한국정부의 석유화학 관련 기술고문이 되어 생활했다. 그러던 그는 1970년 9월 일본으로 망명했고, 그 후에는 일본에서, 주로 문필활동을 통해 한국의 민주화와 통일운동에 헌신했다. 1989년에는 문익환 목사와 함께 북한을 방문해 김일성 주석과 통일문제에 대해 협의하고, 6·15공동성명의 토대가 된 '4·2공동성명'을 발표했다.
그는 몽양 여운형 선생에 대한 연구를 계속해『찢겨진 산하』(거름, 1986)를 저술했다. 그리고 2009년 한겨레신문에 연재했던 '길을 찾아서'를 엮은 『시대의 불침번』(한겨레출판사, 2010)을 출간했고,『일본의 본질을 묻는다』(창작과비평사, 1988) 등 많은 저서를 세상에 선보였다.

하겠습니다. 어쨌든 정선생은 아버님과 관계된 여러 가지 일로 해서 한국이며 조국에 대한 의식을 갖기 시작했다는 거죠?

정: 네, 그래요. 그래서 제 스스로 '난, 한국 사람이다, 일본 사람이 아니다' 하는 의식을 잠차 갖게 되었어요.

김: 그러다가 대학은, 어느 대학에 입학했나요?

한문연 활동

김: 게이오대학?

정: 아니, 와세다早稲田 대학교 정치학과.

김: 예, 와세다. 그럼 거기 가서 언제부터 한문연 활동을 시작한 겁니까?

정: 들어가자마자. 왜냐면 제가 세 살 위 형님이 있는데 그 형님 역시 와세다에서 한문련 활동을 하셨어요. 저도 그것을 보고 바로……. 제게는 그게 굉장히 재미있어 보이더라고요.

김: 그런데, 대학 입학한 게 몇 년도가 되나요?

정: 1973년, 아니 1978년이요. 형님이 1973년에 대학교에 들어갔고, 저는 두 번 재수를 하는 바람에 그때에야.

그때 한문연은, 다른 친구들은 선배들이 와서 같이 하자고 해서 가입했다 하는데 저는 그럴 필요도 없었어요. 왜냐하면 형님 때문에 거기서 활동하는 형님 친구나 후배를 많이 알고 있었어요. 대학교 들어가기 전부터.

김: 그럼, 지금 기억나는 것, 한문연 활동하면서 민족의식이 어떻게 생겨나고 하는 그런 얘기 좀 해주세요.

정: 저는 사실 계속 일본 학교를 다녔기 때문에 처음에는 친구 중에 자이니치가 거의 없었어요. 그러니 자연 민족적인 그런 의식이라던가, 아니면 그에 관한 이야기를 마음 열어놓고 이야기할 수 있는 친구도 없었어요. 그런데 대학에 들어가서는 한문연에 가자마자 모두 그런 친구들이잖아요? 저는 솔직히 입학하자마자 거의 학교 수업에는 안 가고 서클 사무실로 가서 거기 활동만 했죠.

김: 당시 와세다 대학에는 한문연 회원이 몇 명이나 됐어요?

정: 그때는 모두 다 합해서 20명 정도…… 됐어요. 적지 않은 숫자였죠. 원래 와세다 대학에는 자이니치가 많았어요. 그래서 활동도 활발했죠.

김: 당시 한문연 활동 중에 특히 기억나는 일을 얘기하자면요?

정: 들어가자마자…… 그때는 1978년이니까 한국에 유신선거가 있었어요. 근데 유신선거 반대운동을 오사카 한학동에서 한다고, 항의 운동한다고 해서 선배들이 오사카에 같이 가자고 해요. 오사카 가면 재미있을 거라고, 가자는 거죠. 그래 야간 열차를 타고 오사카에 갔어요. 저는 그때 처음으로 오사카의 코리아타운, 조선 시장에도 갔는데 굉장히 놀랐어요. 참, 이런 데가 다 있구나, 했죠.

그런데 그때, 우리가 조선 시장 가까이에 있는 어떤 공원에서 단식을 하고 있었는데 민단 우익 청년단체가 습격한다는 정보가 들어왔어요. 아침에 도착하자마자 이건……. 일단 우리는 그 이야기를 들은 후 철수를 했어요. 당시는 굉장히 긴장된 분위기였어요. 그리고 또 우리가 오사카에서 집회를 하고 이쿠노 중심의 어떤 거리를 데모, 시위하며 지나는데 길옆에 우익 청년들이 몰려섰다가 "빨갱이들아!" 이러면서 굉장히 폭력적인 야유를 해요. 막 소리 지르고. 〈승공연합〉이라고 하는. 원래 한국 통일교회가 조직했고, 민단 우익세력하고도 깊은 연계가 있던 단체예요. 일본 야쿠자 같은. 그런 사람들이 이제 막 동원돼서 대립하고 있었던 거죠. 그런데 당시만 해도 도쿄에는 그런 무서운 일이 없었기 때문에 역시 오사카는 자이니치들이 밀집해서 살고 있어서 그렇구나 생각했어요. 굉장히 놀랍고 무서웠죠. 그런데 우린 그때 데모 행진을 하면서도 우익 단체가 우리 얼굴을 카메라로 사진 찍으려 했기 때문에 할 수 없이 얼굴도 밑으로 이렇게 하라고 해서 숙이고, 참…….

김: 하하.

정: 굉장히 인상적이었어요. 그런데 그때 데모 행진을 같이 했던 선배나 친구들은 일본 여러 지역의 대학에서 공부하고 있었는데, 나중에 변호사가 된 사람도 있고 대학교수가 된 사람도 몇몇 있어요. 또 장정봉처럼 그 당시까지 우리 자이니치 사회에서는 들어가기 어려웠던 일본 큰 기업에 입사해 일하게 된 사람도 있고요. 그때 장정봉은 아직 대학생이 아니었기 때문에 몰랐죠.

김: 지금 두 분 몇 년 차이에요?

정: 3년? 나보다 몇 년 후배지? 3년? 4년?

장정봉: 제가 1학년 때 4학년이었으니까, 3년?

정: 어쨌든 저는 그 당시부터 같이 활동했던 선배, 동료, 후배들…… 지금도 여전히 깊이 사귀며 친하게 지내고 있어요.

한문연 회장으로

제가 그러다가 5·18 때, 그때는 제가 대학교 3학년이에요. 와세다 한문연의 간사장을 하고 있었어요. 간사장, 회장.

김: 회장을 간사장이라고 해요?

정: 네, 회장. 원래 회장은 4학년이 돼야 하는데 그때는 4학년이 모두 한학동 간부가 돼버렸기 때문에 제가 3학년 때 맡았습니다.

그런데 그때 5·18은 일본에서도 매일 TV로 자세히 보도됐어요. 우린 그 세세한 걸 쉽게 다 볼 수 있었죠. 물론 그 전 10·26 때도 그랬었고요. 그래서 5월, 1980년 5월엔, 12일이던가? 서울에서 큰 시위가 있었잖아요? 대학생들의. 그러다 5·18 탄압이 나고. 그때 우린 그 전부터도 민단이나 한국 영사관 앞에서 계속 항의 시위운동을 하고 있었어요.

그 후 우리는 거의 일 주일 정도를 5·18 탄압 반대운동을 한학동하고 한청동하고 같이 했어요. 한청동 아시죠? 한국청년동맹. 그러니까 임무택[3] 선생님네. 원래 한청동하고 한학동은 같은 형제단체예요. 민단 소속의. 근데 1972년도에 한학동은 한청동과 함께 민주파다, 민주파는 또한 빨갱이다 해서 민단에서 추방당했어요. 뭐, 그래도, 그 후에도 두 단체는 형제같이 활동을 할 때가 많았어요. 근데 그때는 완전히 따로. 도쿄에서는 대사관에 가서 시위하고. 오사카에서도 도쿄에 많이 와서 합류했어요.

김: 그때 항의시위에, 한학동이나 한청동 이외의 일본 사람들도 많이 있었나요?

정: 아니. 그때는 우리 한국 사람끼리만. 물론 일본의 양심적인 시민단체나 좌익단체들도 항의시위는 많이 했었는데, 그때는 자이니치들만의 항의운동으로서 우리끼리 별도로 조직했어요.

김: 대사관 앞에서 집회할 때는 보통 얼마나?

정: 한학동만 하면 120명 정도 모여요. 그러다가 한청동이나 민단 계통의 진보적인 인사들도 같이 하면 300~400명 정도.

김: 아, 꽤 많은 편이었네요. 그럼 도쿄에도 대학마다 한학동이 있었나요?

정: 네, 많이 있었어요. 그때는. 그리고 우리 외에 총련 계통으로 조문련과 유학동이 있었고. 거기하고는 시위를 같이 하거나 하진 않

---

3 자이니치 한청 활동가. 리츠메이칸 대학에서 강의를 하기도 했다. 저서로는 『재일한국 청년동맹의 역사』(신간사, 2011)가 있다.

았지만 개인적으로는 잘 알았어요. 나와 같은 와세다 대학 안에도 있었고요.

임시교사 시절

김: 이렇게 쭉 대학생활을 하다가 그 다음 졸업해서는 어땠나요? 바로 어디에 취직했나요?

정: 취직했다고나 할까? 어디 중학교나 고등학교에서 시간 강사를 했어요. 도쿄에서. 원래는 정식 선생님을 하고 싶었어요. 그런데 잘 아시겠지만 그 당시는 아직까지도 자이니치는 그 쪽은 굉장히 어려웠잖아요? 교사 자격증, 정식 자격증도 안 줬고. 그래서 사립 중학교나 고등학교에서 임시 교사를 했어요.

김: 그 임시 교사는 그 당시 어떻게 했나요? 1년 단위로 계약을 하나요?

정: 예, 1년 단위로. 그때 제가 처음 갔던 학교가 도쿄에 있던 기독교 계통 학교였어요. 이름이…… 세이가쿠인, 성학원聖學院. 여기 중고등학교에서 10년 근무했어요. 그리고 또 다른 공립 고등학교에 역시 임시 교사로 겸해서. 거긴 야간 고등학교였어요. 야간부. 그 학교 이름이 미나미 카츠시카南葛飾 고등학교. 그러니까 그 시기가, 1983년부터 1993년까지. 그때 또 기억나는 것 한 가지가, 그 고등학교에서 이정미 씨가 조선말을 가르치고 있었다는 것. 이정미 씨 아시잖아요? 지금 노래하는, 가수. 거기서 사회, 역사 같은 것도 가

르쳤어요. 그러니까 저도 가르치는 과목은 이정미 씨와 비슷해서 사회, 역사. 그러니까 지리, 정치, 세계사, 일본사, 철학 다 했죠. 세이가쿠인에서도 마찬가지였고요.

김: 이정미 씨도 여기서 같이 교사로 근무했다? 예. 그럼 그 10년 동안 임시교사를 하면서 장정봉 씨가 했던 것처럼 지문날인 거부운동은?

정: 네. 제가 먼저 했죠. 학교를 일찍 졸업했기 때문에.

김: 근데 학교에 출근하면서 어떻게 활동을 해요? 밖에서 집회할 때는 나가기도 해야 하잖아요? 학교 교사가 어떻게 그렇게 할 수 있었나요?

정: 뭐, 시간 강사였으니까요. 정식 교원보다는 자유롭게 쓸 수 있는 시간이 많았죠. 그리고 방학 때는 완전히 자유로웠고요.

지문날인 거부운동에 참여하다

김: 아, 10년을 임시교사와 지문날인 거부운동을 동시에? 당시 이야기를 더 듣고 싶어요. 기억나는 것?

정: 네. 저는 졸업하자마자 참여하는데, 그때 한창 지문날인 거부운동을 하는 자이니치들이 있었어요, 선배들. 그때가 1983년이었나, 1984년? 아, 1983년도 여름. 그때 역시 우리 선배 고이삼 씨가 있었죠. 그리고 한학동 선배도 계셨고. 또 제가 잘 아는 자이니치 2세, 3

1984년 지문날인 거부 선언식에서(맨 오른쪽이 정아영 씨)

세들이 중심적으로. 그때는 민단이나 총련이 아니라 자유롭게 활동
할 수 있는 사람들이 모여서 거부운동을 같이 하자 해서 한 거예요.

김: 그 운동의 시작은 언제쯤이었나요? 몇 년도쯤?

정: 저도 완전 초기부터 활동한 편에 속하는데, 사실 내가 하기
이전 1980년인가, 1981년부터 지문날인 거부는 이미 시작됐어요.
그런데 내가 참여한 1983년부터는 조직적으로 많은 사람들이 같이
하자고 뛰어들었던 거죠. 왜냐면, 다른 사람들 얘기에서도 나왔을
테지만, 1985년도에 외국인 등록증 갱신…… 그 갱신이 집중적으로
이루어지는 기간이었어요. 교포들이, 한꺼번에 굉장히 많은 사람이
갱신해야 하는. 그래서 그때 다 같이 거부를 하자…….

김: 그게 1985년?

정: 예, 1985년. 1985년에 다 같이 거부하자고. 그런 운동을 자이니치 사회에서 하자고. 2, 3세들이. 민단도 아니고 총련도 아닌, 이렇게 표현하면 어떨지 모르겠는데 '황야의 늑대 같은 사람들'이 모여서 말이죠.

김: 그러니까 거대 조직에 구애받지 않는, 말 그대로 시민 활동 정도의 의식을 갖춘 사람들이 모여?

정: 네, 뭐 그렇게도 말할 수 있고요. 민단이나 총련 같은 단체는 싫다고 하는. 사실 민단은 우리를 잘 알잖아요? 우리가 자율적으로 운동을 했으나 그쪽에선 많은 경계를 한 거죠. 그래도 그 사람들, 나중엔 거부운동에 참여했어요. 청년 단체라던가, 할 수 없이 같이 해야 하는 그런 게 있었죠. 일본 시민단체들도 다하고 했으니 그들도 어쩔 수 없이 같은 장소에서 할 수밖에 없었어요. 그렇지만 운동의 중심은 역시 시민운동하는 사람들 쪽.

그런데 민단 쪽에서는 빨리 운동을 그만뒀어요. 당시 전두환 정권이 일본정부로부터 경제원조를 받는 대신 지문날인 반대운동을 중지시킬 것을 요구받았나 봐요. 그래서 민단에 지시를 내린 거죠.

이 거부운동은 1986년, 7년도까지 계속 이어졌어요. 그리고 그 후에도 지문날인 거부 그 자체는 기간이 지났기 때문에 거의 없어졌지만, 등록증 상시 휴대 제도라던가, 아니면 몇 년마다 갱신해야 한다던가 하는 제도가 남아있었기 때문에 그 외국인 등록법 체제를 개선하라는 운동은 계속 이어졌어요. 90년대까지요. 어쩌면 그 정신은 아직까지도 이어지는 거죠.

연변대학으로 유학을 떠나다

김: 아까 1993년까지 고등학교에서 근무하셨다고 했죠? 그럼 왜 10년을 임시교사 생활하다가 그만두시게 된 거예요?

정: 그때…… 1991년에, 제가 한 달 동안 여름 방학에 중국 연변을 다녀왔어요. 연변 대학에 한 달 단기 유학으로 해서 조선말 배우는 그런 수업이 있었어요. 외국인한테. 거기에 참가해서 한 달 동안 있었죠. 사실 조선말을 배우려면 한국에 가는 게 더 나았을 텐데, 그때 저는 한국에 못 갔어요.

김: 국적 때문에? 국적은 한국적이라고 했잖아요? 그런데 한국엔 왜 못 갔나요?

정: 아버지 때문에. 첫째는 아버지 때문에. 두 번째는 역시 한학동 활동으로.

김: 아버지 때문에? 그럼 한글을 이렇게 잘 구사할 수 있게 배운 건 어디서예요?

정: 역시 그 시작은 대학생 시절이죠. 한문연에서는 '한국어 입문'을 선배가 후배한테 가르쳐줬어요. 그때가 첨이에요. 그렇지만 그땐 그냥 간단한 한글 정도 배웠어요. 그러다가 졸업 후에 도쿄 쪽에 한국어 교실이 있었어요. 한국 학자들도 잘 아는 분인데 벌써 돌아가셨어요. 가지무라 히데키라고 하는 유명한 한국사 전공자. 그분이 중심적으로 하셨던 〈현대 어학숙〉이라는 게 있었어요. 한국말을 배울 수 있는. 거기도 다녔어요. 그때 거기에는 여러 반이 있었어

요. 그래서 저는 직접 가지무라 선생님 반에 들어가서 배웠을 때도
있었고요.

김: 아, 가지무라 선생님 논문은 우리 한국에서도 80년대 이후에
많이 읽혔어요. 저도 꽤 읽었던 기억이 나요. 그런데 그 분이 그렇게
한국어를 잘했나요?

정: 예. 그 어학숙을 운영할 때도 선생님은 정년 퇴임하셨기 때문
에 자유롭게 활동하셨어요.

김: 그러면, 정선생은 지문날인 운동할 때도 한국어는 계속해서
공부했겠네요?

정: 네. 그렇지만 그렇게 열심히 할 환경은 아니었어요.

김: 이건 다른 질문인데, 그 한학동 모임할 때, 무슨 말을 쓰나
요? 일본어? 한국어?

정: 무조건 일본말로 하죠. 그래서 힘들었어요. 사실 한학동에선
간단한 인사말 정도. 그래서 저 역시 한국말하기는 굉장히 어려웠어
요.

김: 그러다가 본격적으로 한국말을 이제 정말 잘 쓸 수 있구나,
하게 된 건 언제부터예요? 어학숙 다닌 후?

정: 아니에요. 제가 1993년부터 연변 대학교에 2년 동안 유학을
했어요. 그게 제가 1993년에 학교를 그만둔 이유예요.

김: 아, 그래서 한국말을 본격적으로 배우셨구나?

정: 네. 사실 2년 동안 있어도 아직 잘은 못 했지만, 그래도 어느 정도는.

김: 근데 왜 연변대를 선택했나요?

정: 아까 말씀을 드렸잖아요? 한국에는 못 가니 어쩔 수 없었다고. 비슷한 데를 찾은 건데…… 저는 역시 우리 코리안, 조선 사람들이 살고 있는 데를 가고 싶었어요. 그때는 아마 죽을 때까지도 한국에는 못 간다, 생각했어요. 그래서 궁리했죠. 연변 역시, 제가 가면 타향살이다. 미국은 어떤가? 그래서 로스앤젤레스, LA 코리아타운도 가 보고, 또 러시아 사할린, 블라디보스톡에도 가봤죠. 거기서 교포들도 만났어요. 그러다 이제 마지막으로 가장 큰 교포 지역인 연변에 가 봤어요. 그런데 연변이 가장 재미있었어요. 마음에 딱 들었죠.

김: 그 시기는 아직 결혼 안 한 땐가요?

정: 네? 아, 1993년에는 결혼을 안 했어요. 그러다 그 중간에 일본 돌아와서 결혼하고 다시 1년을 가서 살았죠. 혼자서.

김: 연변 가서는 뭘 전공 했나요? 지금 하는 경제학?

정: 아니에요. 정치학. 그리고 중국말, 조선말. 거기서는 조선말이라고 하니까 조선말로 하죠. 제가 조선말을 배우면서 동북아시아 국제 정치를 연구하는 연구소에 들어갔어요.

김: 그럼 거기서 정식적인 석사 과정을 밟은 건가요?

정: 그때는 일본에서…… 호세이 대학이라는 데서 1992년도에 입학했어요. 그러니까 연변 가기 1년 전에 석사 과정에 들어간 거죠. 거기서 역시 소수민족 문제나 공부할까 해서요. 연변 대학에선 정식은 아니에요. 어학연수도 하고, 전문적인 연구소에 들어가서 그곳 교수님한테서 개인적으로 여러 가지 이야기를 듣기도 하고 그러면서 2년을 살았죠.

오사카로

학위는 호세이 대학에 다시 돌아와서 했어요. 1995년에.

그러다 그 다음에는…… 그때는 결혼했잖아요? 그렇지만 백수예요. 대학원생이었지만 수입도 없고. 그래서 무조건 집사람이 살고 있는 오사카로 왔죠. 그때 집사람은 오사카에 있는 백두학원이란 한국 학교에서 교원을 하고 있었어요. 그러니 이제 어떻게 되나? 1995년엔 일본에 돌아와서 도쿄에 따로 살며 처음 몇 번은 왔다 갔다 하다가, 그냥 오사카로. 그 후에는 학위 공부하러만 호세이 대학에 갔어요.

그 후 석사 과정이 끝나고 이쪽 오사카로 완전히 옮겨온 게 1996년도에요. 그 다음 해부터 오사카 시립대학교 박사 과정에 올라갔어요. 그래서 2001년까지 5년 있다 박사학위를 받았죠.

초창기 4·3운동은 자이니치 제주인들만

김: 정선생은 이렇게 공부하는 과정에서도 여러 가지 시민운동을 계속했는데 4·3 쪽은? 사실 오사카에서는 장정봉 씨가 1993년 4·3 45주년에 고이삼 선배의 권유로 시작하잖아요? 정선생은 언제부터?

정: …… 1995년.

김: 1995년? 그럼 정선생은 여기 오사카로 생활 근거지를 옮기자마자?

정: 네, 맞아요. 그때 장정봉 씨도 잘 알고 있었고, 도쿄에 있으면서 고이삼 선배라든가 문경수 교수님하고도 잘 알았기 때문에 제가 여기 오자마자 '같이 하자'가 아니라 '도와달라'고 해서요.

김: 도와달라고?

정: 네, 도와달라고. 조수, 조수같이.

김: 1995년도에는 오사카 행사도 실행위원회에서 하잖아요? 그러니 거기서 같이 활동하자?

정: 네.

김: 근데 제가 궁금한 게 한 가지 있어요. 정 선생이 2010년 제주 4·3연구소 세미나에서 발표할 때 그랬잖아요? 그때 뭐라고 하셨는가 하면, 1988년 4·3 40주기 때만이 아니라 1993년 45주기 행사할

때에도 이 행사는 자이니치 제주인들이 해야 하는 거고, 정 선생님 같은 자이니치들은 그냥 '협력자' 정도였다, 라고?

정: 네.

김: 그런 의식 차이를 정선생은 스스로 느꼈다는 건가요? 얘기 좀 해 주세요. 아주 중요한 부분이라서.

정: 아, 예. 저는 제주도 출신자가 아니어서 그렇다는 거예요. 협력자 정도. 특히 40주년, 1988년 도쿄 행사 때도 저는 멀리서만 봤어요. 그때는 같은 자이니치라고 해도 제주도 출신자가 아니라면 행사에 참가하기가 어려운 분위기가 있었어요.

사실 그때 저는 신간사 사장님, 고이삼 선배와 굉장히 친한 사이였어요. 신간사에는 거의 매일 출근하다시피 왔다 갔다 했고요. 같이 자이니치에 관한 잡지도 만들면서 했었죠. 근데 4·3에 관한한 저는 완전 이방인이었어요. 왜냐면 고이삼 선배나 자이니치 제주인들이 중심적으로 40주년 행사를 준비하더라고요. 이건 완전히 제주인, 제주 출신자들만의 행사다, 그런 식으로 하셨어요. 그러니까 저에게는 같이 하자는 그런 말도 한 마디 없었고.

김: 아, 그랬군요. 저도 정선생 발표를 듣고 깜짝 놀라서, '아, 이런 일이 있었구나!' 했었죠. 그러니까, 다시 한 번 묻는데 1988년 40주년 도쿄 4·3추도회는 정선생 같은 자이니치 제주인이 아닌 다른 지역 출신자들의 입장에서 보자면, '아, 이건 제주인들의 일이다. 나같은 제주도 출신자가 아닌 사람은 협력하는 건 물론이고 행사에 가서도 안 된다,' 이렇게 느꼈다는 거죠?

정: 예, 그래요. 혹시 협력하라고 하면 기뻐서 했을 텐데. 전혀 그런 말이 없어서. 그리고 이건, 나중에 고이삼 선배 같은 제주도 출신자에게서 들은 얘기예요. 40주년 행사에 제주도 사람 아닌 사람도 와서, 자이니치가 와서……. 집회가 끝난 후 뒷풀이가 있잖아요? 거기에도 왔더라. 술 마시는 장소까지. 제주도 출신자가 아닌 경상도 사람인데 이상했다고, 하는 그런 말을 들었어요.

김: 누구한테서요?

정: 그게…… 고이삼 선배로 기억해요. 그러니까 '별로 좋지도 않은 일인데 미안하다'. 약간 그런 분위기가 있기도 했었던 걸로 봐요. 원래 나는 참가할 자격도 없었고, 마음에 걸리는 그런 것도 약간 있었는데…… 1995년에는 그 말을 듣고 아, 그렇구나 하면서 받아들였어요.

김: 그 도쿄 40주년 행사는 어디에서 했었나요?

정: 도쿄 YMCA에서 하는……. 그때 300명 정도였나, 400명? 잘은 모르겠는데 비교적 큰 규모로 했다고 들었어요.

김: 그 자리에는 가지 않았다는 거죠?

정: 예, 저는 상관이 없었으니까요. 그래서 저는 그 후에도 얘기만 듣고 도쿄의 41주년, 42주년 행사장엔 한 번도 안 가봤어요. 그러니까 그런 의식이었던 것 같아요. 4·3과 우리가 전혀 관계가 없다는 건 아니지만 그래도 행사는 제주도 사람들끼리 하겠다고 하니까 그러자, 그런 생각이었어요. 저도 실은 4·3에 대해서는 김석범

선생님 소설도 읽고 해서 어느 정도 관심은 갖고 있었는 데도 말이죠.

김: 아아, 그러니까 '이건 제주도만의 문제다, 제주도 사람들만의 모임이면 된다' 이런 얘기였다는 건데 그게 언제까지 그랬던 것 같나요? 오사카에 온 후에도? 사실 지금은 자이니치는 물론 일본인들까지 함께 하잖아요?

정: 예. 90년대에 들어가서도 아마…… 그런 식으로 했었죠. 왜냐면 1995년에 제가 오사카에 왔을 때, 문 교수님도 그랬어요. 저 보고 정식적으로 같은 위치에서 하자는 것이 아니라 '도와 달라고'.

김: 그러니까 협력자?

정: 심부름꾼. 그래도 전, 하겠다고 했죠. 그러니 제 입장에서 말하면, 아까 말한 대로 협력자든 뭐든 공식적으로 참여한 게 1995년 오사카 왔을 때. 정확히는 1995년 이후예요.

김: 그래도 이때부터는 회의도 같이하고, 활동도 같이한 거잖아요?

정: 네.

김: 그러면서도 느끼기는 그냥 도와주는 사람, 아웃사이더였다?

정: 약간 애매하지만 대충 그랬어요. 역시 이건 제주도 사람들의 행사다. 나는 조수 쪽이다, 도와줘야 하는 그런 입장이다. 그러니까 50주년 할 때까지 계속 그런 분위기가 있었어요.

김: 그런 아웃사이더 느낌이 깨지기 시작한 게 50주년? 그때까지 계속?

정: 네.

김: 죄송합니다. 제가 반복해서 묻고 하는 건, 저로서도 그렇구나, 하는 놀람이 있어서예요. 이제 그 얘긴 그만하고, 그 50주년 때, 제주도 사람이 아닌 경우 정선생 말고 누가 또 있었나요? 일본 사람은 없었어요? 사토상 같은?

정: 사토상? 예, 사토상이 있었죠. 1997년에 '레드 헌트'를 일본어로 번역하면서. 그 분이 일본 여러 곳에서 레드 헌트를 상영하면서 50주년 분위기를 띄우기도 했죠. 그 외에 후지나가 다케시 교수님 정도…… 예.

4 · 3 50주년 오사카 실행위원회의 인물들

김: 이젠 50주년 행사 얘기를 듣고 싶어요. 여기서 50주년 행사는 누가 주도했나요? 해마다 새로이 결성된 실행위원회에서 했죠?

정: 예. 공식 명칭이……? 여기 자료집이 있어요. 〈제주도 4 · 3사건 50주년 기념사업 오사카실행위원회〉. 1997년 초에 결성됐죠. 이건 해마다 비슷해요. 4월 행사 이전에 집회라던가 강연회라던가 하는 거. 그때마다 실행위원회를 만들어서 다 같이 준비하곤 하는데 50주년에는 행사가 많아서 1997년 초부터 준비. 우리 오사카 쪽에선 역시 문경수 교수님하고……? 이때에는 또 도쿄에서처럼 〈4 · 3

을 생각하는 모임·오사카)도 만들어져요. 상시 조직으로.

김: 당시 스기하라 선생님도 같이 했나요?

정: 스기하라 선생님은 아니. 스기하라 선생님은 협력만 하고 직접 오지는 않았어요. 그리고 오광현이 있고. 오광현 씨는 50주년부터 정식적으로 관여하기 시작했어요. 그 준비 단계에서부터. 그리고 김성원 씨, 기독교 쪽의. 여긴 오사카니까 김성원 씨도 대표로 하고요.

김: 김성원 씨는 지금도 KCC에 계시죠?

정: 네.

장: 당시는 사무국 체제가 없었기 때문에 실행위원회를 꾸릴 수밖에 없었죠. 그리고 대중성을 추구하기 위해서 시민운동과 관련된 유명한 분들을 고문으로 세웠어요. 역사가 강재언 선생님도 있었고, 고덴샤高電社라고 하는 컴퓨터 회사의, 지금은 돌아가셨지만 고사장님[4]도 있었어요. 고덴샤는 컴퓨터 번역기를 만들고 하는 유명한 회사였잖아요?

김: 아, 들어봤어요. 그 분, 제주대학에 발전기금을 기부도 하고 했던 것 같아요.

정: 네, 그 분 맞아요, 고기수.

장: 그건, 시민운동을 하는 데 있어서는 총련과 같이 강력한 정치색을 비치는 단체는 좋지 않기 때문에 비교적 중립적이고 유명한

---

4 주식회사 고덴샤(高電社)의 고기수(高基秀) 사장을 말한다.

분들을 내세움으로써 일반 사람들이 갖는 경계심을 풀려는 시도였
지요.

김: 예, 이해가 되요. 그럼 김성원 씨 외에 공동대표로는 또 누
가?

정: 강실 씨도 있었고, 김병종 씨, 그리고 도민회의 홍가우 부회
장.

김: 강실 씨는 실행위원하면서 나중에 생각하는 모임에도 들어가
나요?

정: 예, 고문으로. 우리가 그 즈음 생각하는 모임을 시작하려니
정식적으로 강실 씨가 우리를 만나자고 했어요. 돈을 많이 내겠다
고. 그 분이 먼저 왔어요. 이 가까이에 있는 중국식당에서 만나서 같
이 식사를 하면서 이야기를 했죠.

김: 그 외 50주년 때 참여한 분은 또 누가 있나요?

정: 오광현, 장정봉. 또 누구더라?

장: 부총사, 정아영도 당연히 있었고.

김: 일본인으로 사토상?

정: 예. 그러니까 김성원 씨 하고 문경수 씨가 사실상 대표격이었
어요. 그리고 오광현 씨가 적극적으로 활동했고요.

50주년 행사의 시작 – 위령굿 개최 논란

김: 이젠 50주년 행사 얘기를 할 차례네요. 50주년 행사하면 당연히 위령굿 얘기를 먼저 해야겠죠?

정: 하하, 예. 오광현이 굿을 하자고 혼자 주장했었죠. 그러니 우린…… 우리 모두는 강력하게 반대했어요. 뭐가 굿이냐고. 잘 몰랐던 거죠, 처음에는. 제주도에서 그렇게 굿을 하는 걸 잘 몰랐어요. 옛날 제주도에서는 제사도 하고…… 그런 건 어느 정도 전통적인 문화니까 소중하게 해야 한다는 느낌은 있었지만, 우리 2세, 3세가 왜 일본에서 굿을 해야 하느냐, 그런 비판이었어요.

김: 왜 굿을 하려 하는지 모르겠다고?

정: 예. 근데 아주 비슷한 이야기가 지문날인 운동을 할 때에도 있었어요. 굿을 하자고.

김: 그러니까 그때 굿을 하자고 주장한 사람은 오광현 씨 혼자?

정: 네, 혼자, 혼자. 재미있었던 건, 오광현 씨는 원래 기독교도잖아요? 그런데도 굿을 하자고 하니 다들 그랬어요. 기독교도가 옛날식 봉건적인 이야기를 한다고.

김: 그럼, 정선생은 오광현 씨의 주장을 어떻게 이해했나요?

정: 아 뭐, 당연히 싫다고. 이해하지 못했어요.

김: 그런데 그렇게 혼자만 주장한 게 어떻게 실행위 회의에서 통

과됐나요?

정: 잘 아시다시피 그 사람 굉장히 목소리가 높잖아요? 강력하게 주장을 했어요. 사실 그때 우리도 제주도에 유명한 심방이 있다, 4·3행사에서 그 심방이 큰굿을 한다, 하는 것들을 처음으로 들었어요. 그래서 우리도 나중에 그러한 사실을 알고 아, 그렇구나, 제주도에서는 그런 식으로 하는구나 하면서 다들 한 수 배웠죠.

김: 근데 제주도에서 위령제할 때 심방들이 와서 한다는 정보는 누구한테 들었나요?

정: 그건 다 오광현 씨가 주장한 거예요. 1세들을 대상으로 해야 하니까 당연히 그래야 한다, 1세들을 위해서라면 무조건 굿을 해야 한다고. 그래도 우린 굉장히 의심스러웠지만 한 번 해보자고 했죠.

김: 무슨 뜻인지 알겠네요. 그래서 그 결과는 어땠어요?
정: 올바른 선택이었다고.

김: 아, 올바른 선택? 그럼 장선생도 그렇게 생각했나요? 50주년에 굿한 걸?
장: 반대가 많았어요. 기독교도이기도 해서 저도 종교적인 행사를 한다는 것에는 위화감을 느끼고 있었죠. 저도 비록 자이니치지만 그런 종교적인 의식을 한다는 것에 대해서는 거부감이 있었어요. 그런데 무언가요, 인간문화재인가요? 그 심방이 유명하고, 사회적으로도 인정을 받는 분이라는 것. 그래서 우리는 생각했죠. 무엇보다도 이번 행사의 주체는 누구인지, 누구를 위한 집회인지. 역시 그 날

의 행사는 우리 2, 3세들을 위한 집회가 아니라 1세 여러분들이 맘 편히 참가할 수 있어야 한다, 또 행사를 주재하는 심방은 인간문화 재로 사회적으로도 인정을 받고 있는 분이다. 우린 그래서 결정한 겁니다. 엉터리 점쟁이는 아닐 것이다, 이번에는 괜찮을 것이다. 그래서 진행하게 된 거예요.

　　정: 이번만 한다고.

　　장: 네, 이번만 참자. 참는다기보다는 승인을 하자고 했죠.

　　김: 그 말이 맞는 것 같아요. 당시 오사카에 오셨던 김윤수 심방은 인간문화재이고, 그래서 당연히 1세분들도 좋아할 것이다.

　　정: 이번만 하자고.

　　장: 아무튼 이번만 하자 한 건데 성공했죠. 당시 우리에겐 심방이 뭔지에서부터 심방에 대한 이미지가 전혀 없는 상태였어요, 하하.

자이니치 제주인만의 행사라는 한계를 처음으로 뛰어넘은 50주년 행사

　　김: 50주년 얘기를 하게 되니까 정선생에게 다시 궁금한 게 있네요. 그럼 50주년 이후부터는, 아니 50주년 행사 당시에는 어떻게 느꼈나요? 이때부터는 4·3은 제주도 출신자들만의 문제가 아니다 하는 걸 모두가 공감하게 됐나요? 이젠 자이니치라면 당연히 우리 문제다 하는 생각을 갖게 하는 계기가 됐나요?

　　정: 예. 그런 것 같아요.

김: 근데 그 부분은 이런 문제가 있잖아요? 자이니치 제주인들도 4·3은 이젠 우리 제주도 출신자들만이 문제가 아니다. 때문에 타 지역 출신자, 나아가서 일본인들을 비롯한 세계인들과도 행사를 함께해야 한다고 생각을 전환해야 하고, 정선생처럼 타 지역 출신 자이니치들도 이젠 기꺼이 함께 해야 하는 행사로 여겨져야 한다는 거죠. 어떻습니까? 그런 얘기를 좀 해주세요.

정: 그래요, 이젠 모두 그렇게 생각해야 하죠. 저에게는 사실 4·3은 우리 모두의 문제다 하는 그런 생각이 원래부터 있었어요. 그런데 당사자가 아니라고, 제주도 출신자가 아니면 당사자가 아니어서 안 된다고 한다면 4·19나 5·18을 비교해보죠. 3·1운동도요. 어떻게, 그 지역 사람들만 해야 하나요?

제가 한문연에 들어가서 우리 역사를 배우고, 민족의식 그런 걸 체득했기 때문에 저는 4·3은 우리 문제다, 라고 계속 생각해왔어요. 그런데 직접 행사를 할 때에는 역시 제주도 출신자들만. 우린 처음엔 그 틀 안에 못 들어갔던 거죠.

김: 그러니까…… 뭐, 여러 번 반복되는 데요, 정선생은 처음부터 같이 해야 할 문제라고 생각했는데 오히려 제주도 출신자들이 그런 걸 인정하지 않았다, 그런 얘기죠?

정: 어떤 때는. 그런데 50주년 행사는 달랐어요. 행사 자체가 규모가 컸기 때문에 제주도 출신자들만으로는 할 수가 없었어요. 일본 사람들도 많이 왔고, 타 지역 출신 자이니치들도 많이 참가했어요. 역시 생각하는 모임 자체가 개방되고, 생각이 개방되고…… 같이 협력해서 다 같이 하자고.

김: 그런 게 50주년 행사를 이끌어가는 힘이 됐다? 그런데 더 구체적으로 얘기하면 실행위원회가 있고, 생각하는 모임이 결성되고 한 게 한 요인은 아닐까요? 제주도 출신자들의 의식이 개방되기 시작한 게.

정: 뭐, 그렇기도 하고요. 어쨌든 50주년 4·3행사가 큰 계기가 됐던 것 같아요. 그러면서도 4·3은 역시 굉장히 민감한 문제이고, 사람들은 우리를 쉽게 우익이다, 좌익이다 편을 갈라 괴롭히려 한다. 때문에 절대 다시 그런 일이 있어서는 안 된다 하는 생각도 있었고요.

김: 아, 정선생은 그렇게 생각해요? 그러니까, 민감한 문제로 다시 피해를 당할 수도 있다. 때문에 자이니치 제주인들은 타 지역 출신자들에게는 피해를 주지 않겠다, 하는 의식도 있어서 제주도 출신자들은 처음엔 자신들끼리만 했다, 하는 얘기죠?

정: 예, 분명히요. 그런데 50주년 행사는 그런 세세한 문제들을 생각할 필요도 없었어요. 크게 행사를 할 수가 있었기 때문에요. 광고, 선전도 많이 했고, 일반 신문이나, TV 뉴스에도 나왔어요. 어느 정도는 대중성을 획득할 수 있었죠. 제주도 출신자들만의 4·3행사가 아니라, 일본 시민들도 들어오고, 그리고 타 지역 출신 자이니치들도 와서 다 같이 하는 그런 크게 열린 4·3행사…….

김: 그리고 그런 의식 속에는, 그 사상 속에는 인권 문제, 요즘 얘기하듯이 평화에 대한 것 같은 전 인류애적인 문제도 포함되어 있다, 그런 거죠?

정: 제 입장에서는 그렇게 생각을 해요. 제주도 출신자들에게는 또 다른 어떤 이야기가 있을지 모르겠지만.

장: 아까도 이야기했지만 제가 대학생 때, 4·3은 빨갱이가 일으킨 사건이라고 발언했던 한학동 선배는 제주도 출신자가 아니었어요. 그러니까 저도 잘은 몰랐지만 고이삼 선배가 그때 말했던 건, 민단이든 총련이든 그 어떤 민족단체든 결국 타 지역 출신 자이니치와 제주도 출신자 사이에는 차별이 존재한다는 것이었어요. 결국 4·3 문제에 대해서도 타 지역 출신자들은 제주도 출신자들을 얕잡아 본다는 건데, 그것이 또한 제주도 출신자들 이외에는 4·3을 중요한 문제로 받아들이지 않았던 이유였다 그렇게 생각해요. 사실 지금도 그런 의식이 남아있는지는 잘 모르겠습니다만은.

김: 그렇군요. 그러니까 이건 정말 전통적인 제주도 멸시가 여기 일본에서도 전통적으로 이어져 왔다 그런…….

정: …… 사실은 옛날에는 총련 속에서도 제주도 출신자는 간부가 되기 어렵다고, 그건 사실이라는 얘기를 들었던 적이 있어요. 저는 그런 걸 잘 몰랐어요. 그렇지만 장정봉 씨처럼 아마 당사자들은 경험상 그걸……. 제가 더 이야기한다면, 우리 자이니치 사회 속에서도 지역 의식이 굉장히 강하다고 생각해요. 역시 한학동 시절의 어떤 선배 이야긴데요, 그 선배는 경상도 출신 2세였는데 아버지, 어머니가 그랬대요. 절대 전라도 사람하고 사귀면 안 된다고. 한국에서도 그러죠?

김: 예. 그런데 일본에서 말하는 그 전라도 속에는 제주도도 들어

간 거죠? 그렇게 봐야 되는 거죠?

정: 네.

장: 그러니까, 우리가 4·3뿐만 아니라 자이니치 운동을 하면서도 일단은 북인지 남인지, 그리고 또 하나, 민족 안에서도 육지 출신자인지 아니면 제주도 출신자인지를 구별하는 차별 의식을 보였다는 거예요.

김: 예, 그럴 것도 같고…… 이것 참. 일본사회에서까지 지역 차별을 한다니 이건……. 그런데 일본사회도 좀 그런 경향이 있잖아요? 도쿄 쪽 출신이다. 아니다. 오사카 출신이다 하면서 서로 그러잖아요?

정: 그런 게 굉장히 많아요. 내가 또 기억나는 게, 우리 집사람 동생이 경상도 출신 3세하고 결혼하려고 했을 때예요. 그 쪽에서는, 제주도 출신자 집안하고 결혼하려면 차라리 일본 사람하고 결혼하는 게 낫다고 했다 해요.

김: 아무튼 이건 복잡하기도 하고…….

정: 3세, 4세가 되면서 이젠 그런 의식도 없어졌어요. 잘 모르니까요. 그런데 1세, 2세까지는 아직도 그런 의식이 남아 있어 좀 문제죠

생각하는 모임의 지속 논란

김: 하여튼 그러면서도 50주년 행사는 성공으로 끝났고요. 이제

그 이후에는 어떤 것 같아요? 50주년 이후의 추도회 활동은 어떻게 보이나요?

정: 그 이후에는 어떻게 말해야 하나, 좀 애매한 시기가 있었어요. 50주년을 그렇게 끝냈기 때문에 이젠 해산하자.

김: 생각하는 모임을?

정: 네. 그만두자고. 그런 생각을 하거나 주장하는 사람도 있었어요. 50주년 행사가 잘 끝났는데 더 이상 생각하는 모임은 필요 없다. 이젠 행사 같은 것도 작은 규모로 연구회라던가 추도회 그런 식으로 1년에 한 번 씩만 계속하자. 더 이상 할 필요가 없다. 근데도 이렇게 지속이 되는 걸 보면 역시 추도회 같이 규모가 작더라도 유지할 만한 무언가가 있다고 보는 거예요. 꼭 이게 제주도 출신자들만의 얘기는 아니에요. 사실상 50주년 이후부터는 4·3행사도 시민운동 쪽으로 해왔잖아요? 그러니까 이젠 여러 가지 문제가 발생하는 거죠. 비용 문제, 사람 문제 등 부담도 커져가고.

김: 일본유족회가 탄생하면서 그런 문제에 또 다른 의미를 부여하게 되죠?

정: 그렇죠.

김: 일본유족회가 2000년에 탄생한 걸로 알고 있는데 그 얘기 좀 해주세요. 왜 일본에서도 유족회를 하자고 하게 된 건지.

정: 아, 그건 역시 한국 쪽에 피해자 신고를 해야 하고, 또 강실 씨가 주도하면서 재정 문제도 있었고. 왜 제주도에서 행사 보조금을

済州島四・三事件 64 周年
在日本四・三事件犠牲者慰霊祭

済州四・三事件から今年は 64 周年を迎えることになりました。

多くの人の努力とも含めて、この 12 年間大きな進展も見せてきました。特に今年からは犠牲者の第 2 次調査等の実施も計画されています。

ここ大阪での慰霊祭は、「在日性」を大切にしながら深い悲しみの癒しと希望への歩みを願ってもたれてきました。

特に今年は、東京から在日同胞の歌手で済州四・三事件とも関わりの深い李政美さんを招き慰霊のコンサートを持つことになりました。皆様のご参加をお待ちしています。

日時：4 月 22 日（日）午後 2 時（開場 1 時半）

場所：大阪市立生野区民センター
（大阪市生野区勝山北 3-13-30 TEL.06-6716-3020）
＊裏面に地図があります。

入場：無料

- ●遺族会会長、四・三平和財団挨拶
- ●在日同胞の四・三事件体験者の証言
- ●慰霊コンサート 李政美
- ●献花

共催：在日本済州四・三事件遺族会
済州島四・三事件を考える会・大阪

連絡先：大阪市生野区小路 3-11-19
特定非営利活動法人 聖公会生野センター
TEL06-6754-4356 FAX06--224-7869
E-Mail ohkwanghyun@live.jp

李政美コンサート
済州四・三の悲しみ・復活 そして希望を歌う

ピアノ／竹田裕美子
ヴァイオリン／向島ゆり子

Design by KIM MOON NAM

〈재일본 4 · 3유족회〉와 〈생각하는 모임 · 오사카〉가 공동주최로 치른 2012년 4 · 3 64주기 행사 리플릿

지원해주잖아요? 그걸 받으려면 조직도 필요했어요. 중간 단계 역할을 해줄 그런 단체가. 그러니까, 처음엔 그런 문제들 때문에 일본 유족회가 생겼는데 나중에는 4 · 3 추도행사까지 모두 유족회가 주

도하게 되죠.

김: 그건…… 오사카 4·3추도회는 생각하는 모임하고 유족회가 공동으로 하는 거 아닌가요?

정: 네. 유족회가 생기면서는 공동으로.

김: 그럼 공동으로 한다면 어떤 형식이 되는 건가요? 공동 대표가 있고 해서?

정: 공동 대표는 아닙니다. 그러니까 그쪽 유족회에서는 유족회 대표로 강실 씨가 있고…… 강실 대표는 우리 생각하는 모임에도 고문을 맡고 있는데, 두 단체가 공동주최로 치르는 거죠. 이렇게 되기까지도 몇 번의 변화를 겪은 것 같아요. 어쨌든 지금은 두 단체 공동주최.

오사카는 자이니치 제주인 역사의 현장

김: 유족회 얘기는 나중에 오광현 씨와 더 하기로 하고요, 그러면 정 선생이 볼 때 50주년 이후의 추도회 행사는 어떤 것 같아요?

정: 계속은 해야겠지만, 그래도 50주년 같이 큰 규모로 할 필요는 없다, 우리가 할 수 있는 범위 안에서 하자, 이거죠. 더 보충해서 이야기한다면, 매스컴에 선전을 많이 하고 그럴 게 아니라, 몇 백 명 모이는 그런 큰 행사가 아니라, 수십 명 정도. 그러니까 50주년 이전에 해마다 행사를 해왔을 때처럼 소규모로 하면 어떨까, 그런 생각도 했어요.

김: 그런데 실제로 지금까지 행사는 어떤 것 같아요? 해마다 하잖아요, 어떻든 간에.

정: 네, 해마다 그렇게 했는데 역시 60주년 때 커지면서. 그때 다시 여러 가지 이야기들이 나왔어요. 총련 쪽도 같이 하자고 하고.

김: 60주년 행사에서 특별히 기억나는 일은요? 그때 정말 크게 했잖아요?

정: 네. 한국에서도 그렇고, 도쿄에서도 그렇고, 여기서도 그렇고. 그때도 역시 우리는 심방을 불러서 굿을 했어요. 그런데 우리가 굿을…… 처음에는 50주년에 했고, 그 후 56주년에도 또 했어요. 내 기억으로 그 56주년 때 굉장히 인상적인 일이 있었어요. 심방이 그러는 거예요. 여러 가지로 돌아가신 넋들이 하늘에 올라가지 못하고 있다고. 귀신이 돼서 떠돌고 있다고. 그런 심방의 이야기를 들으면서 손님, 특히 1세 할아버지, 할머님들…… 우는 소리가 들렸어요. 그때 저는 다시 한 번 느꼈어요. 아, 역시 굿은 할 만한 이유가 있는 거라고. 필요하다고. 해마다는 못 하지만 역시 해야겠다고.

그래서 그 이후로도 작은 규모로 1년에 한 번씩은 해왔어요. 꼭 심방이 있는 굿은 아니지만 1년에 한 번씩 4월이 되면 제주도에 관한 행사가 있다 해서. 이제 그걸 아는 사람들이 굉장히 많아졌어요. 자이니치들도 그렇고, 아무것도 모르는 일본 사람들도 역시 해마다 와요.

김: 예, 그건 참 좋은 얘기네요. 그만큼 홍보가 잘 되고, 알려졌다는.

정: 네. 그래서 해마다 4월이 되면 4·3행사를 기다리고 있는 사람들이 있어요. 그러니 역시 우리도 다짐하는 거죠. 계속 해야겠다고. 언제까지 계속할지는 모르지만.

김: 영원히 가겠죠. 그리고 이건 뭐, 오사카 4·3 추도회하는 것을 보면 이젠 제주도 출신자들에 대한 차별은 없어졌다고 볼 수 있나요?

정: 그런 건 이제 없어요. 전혀. 장담해요. 그렇지만 행사는 그래요. 역시 제주도 출신자들이 중심적으로 하고 있지만 일본 사람들까지 같이 하고 있다. 발전했죠.

김: 이건 또 엉뚱한 얘길 수도 있는데, 지난 번 2010년에 제주도에서 세미나할 때 제가 그런 질문 했었던 것 같은데요? 오사카는 자이니치들에게는 역사의 현장이다. 때문에 지금도 오사카에서는 위령제를 하고, 도쿄에서는 명망가 중심의 기념식을 한다. 이렇게 두 지역 행사가 차이가 나는 것은, 그 뿌리는 일제강점기이다. 일제강점기 항일운동을 할 때도 여기 오사카는 노동자들의 노동투쟁을 통한 항일의 현장이었고, 도쿄는 유학생들의 항일의 장이었다. 그런 전통이 지금도 비슷하게 이어져 오고 있다. 오사카 행사는 1세 중심의 위령제로, 도쿄는 다양한 행사로.

정: 음. 여기는 그러니까 자이니치들의 완전한 역사적 현장이다, 맞아요. 특히 제주도 출신자들에게는 여기 오사카가 바로 현장이죠. 그래서 그 문화가 아직까지 남아 이어지고 있고요. 저는 요코하마에서 계속 살았잖아요? 사실 요코하마는 도쿄와 가까워서 그런데, 도

쿄 쪽에도 자이니치들이 많이 살아요. 그런데 제가 오사카에 와서 보니 도쿄 쪽하고 여긴 문화가 많이 달라요. 조선시장에 가면 특히 제주도 출신자들이 많아서 서로 제줏말로 얘기도 하고. 제가 그런 광경을 보고 참 놀랐던 기억이 나요. 오사카는 역시 자이니치 제주인들의 고향이에요.

4·3운동의 미래

김: 앞으로 이 오사카 지역 4·3행사는 어떻게 이어져가야 한다고 보세요? 지금처럼?

정: 그러니까, 결국은 앞으로도 여기는 그래야겠죠. 오사카는 추도회 아니면 위령제로 가고, 도쿄는 아무래도 김석범 선생님 같은

2016년 오사카 4·3추도회 행사장에 선 정아영 씨

명망가 중심의 기념식으로 가고. 언제까지 유지될 수 있을 진 모르지만 지금 형식상으로는 그래요.

그런데 문제는 지금 보면 장정봉 씨 같은 사람이 가장 젊은 세대예요. 후계 운동가들이 없는 거예요. 그래서 앞으로는 이 행사를 어떻게 3세, 4세까지 전할 수 있겠느냐 하는 게 가장 큰 문제예요. 그래서 하는 말인데, 제 개인적으로는 그래요. 제가 애가 둘이 있는데 절반은 제주 피를 잇고 있어요. 뭐, 꼭 그것 때문은 아니지만 후배들에게는 무조건 체험을 하라고, 경험을 하라고 하고 싶어요. 4·3 체험도 하고, 고국 체험도 하고. 그러나 어쨌든, 지금 자이니치 사회 전반이 이런 문제에 대해선 어려워요.

김: 그게 과제죠. 4·3을 알리고, 3, 4, 5세를 교육하고, 모두 어렵죠?

정: 원래는 민단이나 총련이 갈라진 조직을 합치고 둘이 협력해서 자이니치 사회의 분단을 극복해서 통일적인 단체를 만드는 게 우선이에요. 그런 다음 후세들을 잘 교육하고 해야 하는데 지금은 아무 것도 못 하고 있는 거죠.

김: 예, 그 문제는 잘 알겠습니다. 어쨌든 긴 시간 얘기 고맙고요, 이젠 이야기를 마무리하면서 마지막으로 묻고 싶어요. 오사카의 추도회도 그렇고, 제주도의 4·3행사도 그렇고 정선생이 그에 대해 바라는 것이 있다면 얘기해주세요.

정: 저는 정말 제주도를 자주 갔다 왔어요. 전에 아버님 문제로 해서 한국에 못 갔을 때는 참 뭐했지만 이젠 1년에 한 번씩은 왔다

갔다 할 수 있으니 너무 행복하죠. 제가 굉장히 좋은 시대에 살고 있는 것 같아요.

그리고 어쨌든 지금 저는, 4·3에 관여했기 때문에 제주도에 여러 번 갈 수 있었고, 4·3연구소도 알게 되었어요. 김선생님도. 개인적으로 시민운동을 하는 사람의 입장으로서 4·3을 알게 된 건 참 행복이라고 생각해요. 제가 끝없이 자극을 받을 수 있고, 또 적극적으로 인생을 살 수 있게 해주니까요. 정말 제주도 분들 고마워요.

그러나 제가 보기엔 아직까지도 한국에서 살고 있는 사람하고, 자이니치 사이에 생각 상의 차이가 많은 것 같아요. 그래서 그 차이를 좁히려고 서로 협력하면서 나아가야 할 것 같아요. 특히 제주도하고 도쿄, 오사카가 하나가 된 듯 같이 4·3행사를 하는 것이 중요하다고 생각합니다. 뭐, 그러다보면 궁극적으로는 4·3을 생각하는 모임이나 일본유족회, 제주도 사람, 더 나아가 모든 자이니치와 일본 사람들이 함께 평화의 추도회를 할 수 있는 날이 올 것이라고 생각해요.

김: 예, 평화의 추도회를 하자. 그날이 한시 바삐 오기를 바라며…… 오랜 시간 고맙습니다.

04

1993년 첫 오사카 4 · 3위령제를 준비하며

장정봉

회사원 | 시민운동가

장정봉은 1962년 오사카의 나카가와中川에서 5남매 중 넷째로 태어났다. 그는 인터뷰를 시작하며 먼저, 자이니치 1세로 고향이 삼양이었던 부친과, 부친이 활동했던 〈재일 삼양친목회〉 기억을 떠올렸다.

그는 칸사이대학 경제학과에 입학한 직후 한문연에 가입했다. 곧 한학동 활동도 시작하며 한국의 역사를 공부했고, 한국학생들의 민주화투쟁도 관심을 갖고 지켜봤다. 1982년 대학 졸업 후에는 생협Coop의 보험사에 취직해 일하면서 자이니치들의 지문날인 거부운동 및 외국인등록 반대운동에 온 힘을 쏟았다.

4·3운동은 1993년 4·3 45주기 때 〈제주도 4·3사건 45주년 추도모임 실행위원회〉 오사카측 대표를 맡으며 시작했다. 당시 신간사의 고이삼 선배를 만난 인연으로 4·3운동을 시작했던 그는 45주년 행사는 거의 혼자 뛰다시피 하며 준비했었으나 지금은 〈재일본 4·3유족회〉와 〈4·3을 생각하는 모임·오사카〉와 행복하게 행사를 준비하며 살고 있다.

(면담일시 및 장소: 1차/ 2007. 9. 1. 오사카의 어느 식당- 정아영 씨가 자리를 함께 하여 인터뷰를 돕고 통역을 함,
2차/ 2012. 5. 12. 오사카 미야코호텔 커피숍- 김한나 통역)

고등학교 때 이름은 쵸세이보, 한자로는 張征峰

김창후: 장정봉 씨! 오늘이 2차 인터뷰입니다. 5년 전인 2007년에 1차 인터뷰를 한 이후 서둘러 2차 만남을 진행하여 내용을 정리해야 했는데 제가 게을러서 지금까지 시간만 보내고 말았습니다. 오늘, 아무튼 고맙고요…… 이제, 1차에서 모자랐던 내용과 추가할 몇 가지 사항에 대해 이야기를 나누고 싶습니다. 먼저 여기는 어딥니까?[1] 무슨 호텔?

김한나(통역자): 미야코 호텔.

김: 예, 미야코 호텔 2층 커피숍.

김: 먼저 생년월일과 태어난 곳을 알고 싶습니다.

장정봉: 1962년 3월 13일, 오사카의 나카가와中川에서 태어났습니다. 형제는…… 5남매고요. 누님이 3명, 아래로 남동생이 1명 있습니다. 저는 넷째입니다.

김: 일본학교 다녔죠? 그때, 이름은 통명을 썼나요?

장: 초등학교 때는 하세가와 세이호우長谷川 征峰라는 통명으로 다녔어요. 중학교에선, 본명張征峰('쵸세이호우'로 부름)으로 다니게 해서 그렇게 했어요. 그런데 그게 자이니치들을 고려한다는 취지였지만 사실은 안 좋은 일이 더 많았어요. 왜냐하면 우리 민족문화나

---

1 이 글은 2차 인터뷰(2012.5.12.)를 토대로 1차 인터뷰(2007.9.1.) 내용을 추가하여 정리했다. 장정봉 씨는 한국말을 못 해 1차(통역 정아영), 2차(통역 김한나) 인터뷰 모두 통역자와 함께 진행했다.

역사를 따로 가르쳐주는 것도 아닌데 본명만 강제적으로 밝히도록 한 것이기 때문이었죠.

고등학교에 진학하면서는 강제적으로 바꾸도록 하지는 않아서 많은 자이니치 학생들은 통명을 썼어요. 이런 경우가 꽤 많았어요. 그런데 나는 차별에 대한 의식도 있고 해서 보통은 장정봉張征峰을 한자로 써서 하고, 발음은 일본식으로 쵸세이호우라고 하면서 계속 본명을 쓰고 다녔어요. 그러니까 이건, '나는 조센진(한국인)이다' 라고 표시를 하면서 다닌 거나 같죠.

김: 예. 그리고, 대학은?

장: 저는 칸사이 대학을 나왔습니다.

아버지와 〈재일 삼양친목회〉[2]에 대한 기억

김: 장선생! 1차 때, 아버님을 기억하면서 〈삼양 친목회〉 얘기를 했었죠? 오늘은 다른 얘기를 시작하기 전에 먼저 아버님 얘기와 삼양 친목회 얘기를 나누고 싶어요.

장: 예. 그럼 먼저 아버지 얘기를 하죠. 아버지 성함은 장옥종, 2001년도 2월에 돌아가셨어요. 그 직전 4개월은 휠체어 생활을 하셨죠. 그때 저는 직장 쉬는 날이면 병원에 가서 지내면서 같이 밖에 나가곤 했어요. 그 3, 4개월 동안 어렸을 때보다 아버지와 더 많은

---

2 정확한 명칭은 〈재오사카 칸사이 삼양친목회〉이다.

이야기를 나눈 것 같아요. 그러니까 이제, 제가 작정하고 얘기를 들은 거예요. 마음먹고. 〈삼양 친목회〉는 어떻게 만들었는지, 고향 생활은 어땠는지, 많은 얘기를 들었어요. 그때 친목회에서 돈을 모아서 풍금을 고향 학교에 보냈는데 도착한 다음날 도둑맞았다는 이야기도 들었고요.

또 아버지가 제가 다니는 일본학교에서 외국인 학부모 회장을 한 적이 있어요. 그때 교장선생님이 강연을 해달라고, 애들 앞에서 아무 얘기라도 좋으니 해달라고 아버지께 부탁한 거예요. 아버지가 물었대요. 무슨 얘기를 하면 되냐고. 그러니 경험하신 아무 거라도 해달라고 하더래요. 아버지는 자신의 겪은 걸 말씀하신 모인인데, 아이들이 아주 감동을 받았다고 기뻐하며 제게 그 얘기를 하시기도 했어요.

저는 그때도 4·3에 대해서는 묻지 못했어요. 아버지도 아무 말씀 안 해주셨고요. 아버지가 장례식을 관음사…… 아시죠? 오사카의, 4·3행사도 가끔 하는 절. 그래, 거기서 하는데 전 그때야 아버지의 4·3 얘기를 들었죠. 그것도 가까운 친척 어른이 이야기해주셔서요. 제주도민들은 (1947년) 3·1절 시위부터 경찰하고 대립을 하게 되요. 아버님은 당시 경찰이었어요. 그러자 집에서 누님이나 형제분들이 아버지가 무장대한테 당할까봐 일본으로 보냈다고 해요. 피신시켰다고. 저는 아버지의 그 얘기를, 그때야 비로소 타인의 입을 통해서 들은 거예요. 그리고 또 하나, 『레드 헌트』[3]에 큰 아버님

---

3 레드 헌트: 1996년에 제작된 조성봉 감독의 4·3 다큐멘터리. 1990년대 4·3을 다룬 몇 안 되는 작품 중 하나이다. 1997년 제2회 부산인권영화제에서 상영됐다. 그러나 이를 빌미로 조감독에게는 국가보안법 위반 혐의로

이, 아버님의 형님이 나와요. 3·1시위 때 사람들이 등에 총알을 맞았다고 증언하는 사람으로.

김: 그런가요. 레드 헌트에는 제 얼굴도 나오는데…… 하하하. 큰아버님이 어떤 분인지 다시 한 번 봐야겠네요. 그럼, 아버지는 일본으로 오셔서?

장: 아버지는 총련 지지자였어요. 그러나 거기서 활동을 했다기보다는 유명 축구선수였어요. 빨리 달리는 포워드로 유명한 축구선수였다고 하고요……. 또 강재언姜在彦 선생님이라고, 같은 마을 출신 분도 계셨어요. 아무튼 아버지는 총련에서 전단을 뿌리거나 하는 일은 했지만 전문적인 조직 활동가는 아니셨어요. 주 직업은 축구선수로 활동하며 공장에서 일하시는 거.

당시 총련의 축구단은 굉장히 재밌고, 유명했어요. 그러다 나중에 보산단이라고……, 보산단 아세요?

김: 보상단? 아, 그 얘기가 또 나오네요. 보상……?

장: 보산단. 추석성묘단. 일본말로 하면 소코쿠 보산단祖國墓参団.

김: 예. 성묘단, 보산단. 근데 그게 몇 년도 쯤이예요?

장: 70년대 후반. 제가 알기로 '재일동포 추석성묘단'이란 이름으로 1975년 처음 시작됐어요. 그리고 다음 해인 1976년엔 총련계

구속영장이 청구됐다. 또한 서울인권영화제 서준식 집행위원장도 이 작품 상영을 이유로 구속을 당했다. 일본에서는 1998년 4·3 50주년 행사 일환으로 일본어로 번역돼 오사카, 도쿄 등 여러 지역에서 상영됐다.

자이니치들이 대거 한국을 방문했다가 그 중 많은 분들이 민단으로 전향했다고 들었고요.

김: 그러니까 보산단 얘기는 이런 거죠? 이전까지는 조선적으로 쭉 살아왔는데 제주도에 성묘하러 가려니 어쩔 수 없이 국적을 '조선'에서 '한국'으로 바꿨다 하는?

장: 사실상…… 그래요. 근데 더 보충해서 얘기하면, 당시 민단이 총련 조직을 공격하기 위해 그런 방법을 쓴 거예요. 처음 한 번은 국적 변경 없이 고향에 보내주고, 그런 다음 다시 고향에 가겠다고 할 때는 국적을 바꿔라…… 요즘도 영사관에선 그런다고 봐야죠.

김: 네.

장: 그때, 아버지는 어머님이 돌아가셨을 때도 가지 못했다는 아쉬움도 있었고, 형님도 살아계시니까 보고 싶다는 마음도 있고 해서 1976년에 그쪽으로 돈 것 같아요. 박정희 지지를 한 건 당연히 아니고요, 그런 마음 때문에.

김: 하여튼 자이니치들을 만나면서 보산단 얘기는 많이 들었던 것 같아요. 그런데 혹, 그렇게 고향에 가게 되면서도 4·3에 대한 이야기는 전혀 안 해주셨나요?

장: 예. 아버지는 전혀 안 하셨고, 실은 저도 2세 입장에서 물어보지도 않았고요. 나중에, 아까 얘기한 장례식 때나 아니면 다른 이유로 해서 조금씩 알게 됐죠.

그런데 제 큰 누님이…… 그 누님은 정치적인 의식이 분명한 분이셨어요. 김석범 선생님 책도 보시곤 했고요. 제가 전에 그 누님하고 둘이 앉아서 아버지가 4·3 당시 어느 쪽 입장이었을까 궁금해하면서 이야기를 나눈 적이 있어요. 경찰 쪽이었는지 아니면, 무장대 쪽이었는지.

누님이 한 번은 친척들이 있는 제사 자리에서 작정하고 용기를 내서 물어보셨대요. 아버님이 일본에 와서 여러 가지 일을 하셨던 건 알겠는데 한국에서는 무슨 일을 하셨는지 아무 것도 모르겠다. 아버님은 고향에서는 무슨 직업을 갖고, 어떤 일을 하셨습니까? 그때야 아버님은, 나는 경찰을 했었다고 하시더래요. 누님은 큰 충격을 받았답니다. 아버님은 해방될 때 군인이었대요. 광주에서 군에 있다가 해방을 맞으셨는데 그 후에 경찰 모집이 있어서 들어갔다. 경찰은 공무원이고, 그래서 안정적인 직업이 될 것 같아 응모해서 들어갔다고. 누님은 그때, 아버지가 탄압을 한, 학살 쪽에 있었다는 그 고백만으로도 큰 충격을 받았답니다. 그리고 그 후엔 일체 4·3 얘기를 못 들었다고 했고요.

김: 예, 그렇군요. 이젠 4·3 관련 얘기는 나중에 듣기로 하고 〈삼양 친목회〉에 대해 더 듣고 싶네요.

장: 아버지는 친목회 회장까지 하셨어요. 친목회를 활성화시키려고 열심히 운동하셨죠. 친목회 모임은 사실 민단이나 총련이라는 그런 정치적인 관계를 넘어서 삼양이라는 지역을 토대로 만들어지는 거잖아요? 그러나 사실적으로는 정치적인 갈등도 상당했고 미묘한 문제도 많아 운영에 참 힘드셨다고 해요. 그래도 아버님은 그런 걸 다 이겨내고 친목회를 잘 이끄셨죠.

그때 친목회는 보통 여기 오사카를 중심으로 해서 칸사이에서 활동하는 친목회가 있었고, 또 도쿄에도 있었어요. 그게 지금 사진도 남아있는데, 도쿄하고 오사카가 교류회를 하면서 바비큐 파티도 하고. 그러면 우리 가족들도 대규모로 모여서 갔고요. 지난 번 갔을 때는 200명이나 모였어요. 그리고 지역별로 활동하면서 명부, 명단도 만들었다고 해요.

김: 그 〈삼양 친목회〉가 언제 생겨서, 언제쯤에 없어졌는지요?

장: 언제 시작됐는지, 저는 잘 모르겠어요. 명부가 남아있습니다. 그리고 사진도 남아있고요. 그러니까, 가장 활동이 활발했던 시기가 아마 제가 초등학생 때 1975년쯤이 아니었나 싶어요. 아까 말했던 대로, 버스를 빌려서 유원지나 공원에 가서 야유회를 하기도 했고요. 이때가 전성기였던 것 같아요. 그러다 그 후부터는 점점 후계자도 없어지고, 1년에 한 번 신정 때 야키니쿠집에서 다 같이 밥을 먹을 정도. 마침 제가 4·3 45주년 행사를 준비할 그때에, 친목회를 해산하겠다는 안내를 받았던 기억이 나요. 정말 우연히, 제가 4·3 활동을 시작한 바로 그때 친목회는 끝나버린 거예요.

당시 회장은, 2년에서 3년 정도 하다 바뀌는데…… 그러니까 다른 회장으로 바뀐 후 해산하게 된 거죠. 결국 회합을 점점 나이 드신 분들만 하게 되고, 젊은 사람들은 새로 들어오지 않았으니. 사실 저는 4·3 활동을 시작하게 되니 듣고 싶은 얘기들도 많았어요. 그래서 일부러 식사 모임에도 참가하기도 했었는데.

지금 기억나는 것 중 하나가…… 제가 초등학생일 때였어요. 우리 아버지가 회장을 하실 땐데 회의를 호텔이나 마을회관 같은 곳에서 한 게 아니라 우리 집에서 했어요. 좁은 집이었지만 일요일마다 했어요. 저는 지금도, 심각한 표정으로 어른들이 회의를 하는 모습을 기억해요. 한 가지 문제는, 집이 좁았기 때문에 제가 있을 곳이 없어서 회의가 저녁까지 이어지면 공부도 못 하고 참 불편했던 기억이 나요.

사실 저는 어렸을 때 아버지와 별로 사이가 좋지 않았어요. 그건 역시, 자이니치 1세들이 많이 보이는 나쁜 점으로, 부끄러운 이야기지만 폭력을 휘두르는 때가 있었다는 거예요. 이제는 저도 나이를 먹고 해서 가끔 생각해요. 먼저, 우리 아버지는 자이니치 1세로 일본말이 불편해서 일본사회에서 스트레스를 많이 받았을 것이다. 그리고 아버지는 하청기업으로 자그마한 플라스틱 가공공장을 경영하면서 아침 8시부터 밤 10시까지 일해야 했으니 이것 역시 많은 스트레스 요인이다. 아버지는 그래서 가족한테도 폭력을 휘둘렀지 않았나 생각해요.

그리고 제가 어렸을 때 우리 가족은 북한으로 돌아갈 생각을 했던 적도 있어요. 아버지가, 일본에서 차별을 받고 고생하기보다는 차라리 조국에 돌아가는 게 낫겠다고 북한 귀환을 마음먹었던 것이지요. 그러나 어머니 쪽 어떤 친척분이 북한의 경제상황이 우리가 들었던 것보다 좋지 않다고 가지 말라고 말리셨어요. 그래서 결국 우린 단념했죠.

〈한학동〉 활동을 시작하다

김: 이젠 다른 얘기로, 장선생은 민족의식이 어떻게 자신에게서 자라나게 된 것 같아요? 그러니까 이쿠노구에 살다 보니까 자연히 생겨나게 된 건가요?

장: 하나는 이쿠노구라는 환경도 있었고, 다른 하나는 아버님이 그런 의식이 아주 높으셨다는 거. 총련에 관계하셨다는 것도 그렇고, 오사카 시립 소학교의 외국인 부모들 학부모회의 회장님도 하셨고요. 그래서 아버님이 장훈을 부르기도 했었죠. 아시죠? 그 유명한 야구선수. 그리고 또 여름에 하계학교라고 해서, 총련에서 주최하는 어린이 학교에 아버지가 보내주셔서 가기도 했고요. 이런 모든 게 자연스레 민족의식이 생겨나는 원인이 되었어요. 그리고 저는 대학교 들어가서 〈한문연〉이라는 〈한학동〉 지부에 들어가서 한국의 역사, 언어도 좀 공부했어요.

김: 그 전에, 대학 입학이 몇 년도죠? 1981년? 그러니까 그때는 한국이 제일 험악했던 시기잖아요?

장: 마침 광주 투쟁도 있었고, 학생운동이 좌절에 들어갔던 시기예요.

그러니까 제가 칸사이 대학에 딱 들어가니까 선배가 와서 그냥, 데려가요. 그래서 들어갔죠. 그리고 그때, 우리 둘째 누님이 칸사이 대학 한문연에 계셨어요. 정보는 그쪽, 누님을 통해서 다 얻었죠. 그 후 저는 대학 4년 내내 공부보다는 한문연 활동을 주로 했어요.

김: 제가 한학동 얘기를 여러분들한테서 들었는데, 여기 활동하다 보면 공부는 거의 못 했다고 하던데?

장: 그래도 저는 경제학과여서 그랬는진 몰라도 자격증을 따거나 학교 학점을 많이 따고 한 건 아니지만 비교적 공부는 열심히 한 편이에요. 뭐, 그 공부라는 게 학교 수업에 많이 나갔다거나 그런 게 아니라 글을 쓰거나 발표를 하거나 하는 것들. 그것들은 졸업해서 기업에 들어가면 문서를 잘 만들거나, 발표를 잘 할 수 있도록 해주는 아주 유용한 기술들……이었죠. 저는 그래서 남 앞에 서서 말하는 건 그때부터 자신 있었어요. 그리고 또 영어로 뉴스위크나 타임을 공부했었고요.

김: 당시 한국 학생운동에 관심이 많았죠?

장: 사실 그때 우린, 한국의 민주화운동에 대해서 아주 호의적이었어요. 그런데 좀 지나자 운동권이 NL이니 PD니 하며 무슨 자본주의 논쟁을 시작하자 우린 거기에서 좀 거리를 두기 시작했죠. 이건, 좀 아닌 것 같다 해서.

더 이야기한다면, 우리가 그때 한국의 운동에 맞춰서 무얼 한다거나 한 건 아니에요. 그저 책이나 문헌으로 정보만 왔다 갔다 한 정도였다고 알고 있고요. 그러니까 구체적인 인적 교류, 사람간의 교류가 있었던 건 아니에요. 우리가 김민석이나 허인회 같은 한국 학생운동의 주자들을 개인적으로는 잘 몰랐어요. 단지 우리 또래고, 전두환 정권에 대해서 투쟁을 한다는 것, 그 자체는 참 존경스러웠죠. 우린 원래 제3세계에 대한 관심이 아주 강했어요. 그렇지만 북한이 주체사상을 너무 강조해서 참 불편하기도 했고요.

한학동, 특히 오사카 한학동을 더 얘기하면 그런 것 같아요. 모두 반군국주의자, 반박정희주의자라는 것. 그리고 그 안에는 마르크스 등에 관심을 갖고 있던 반공주의자도 있었다는 것. 모두 반독재, 반파쇼 입장이었다는 것. 사상적으로도 모두 다 다양한 생각을 갖고 있었어요. 북한에 대하여는 정치적으로 거리를 두는 생각을 갖고 있었고요.

김: 당시 오사카 지역에서, 교토 지역까지 모두 포함해서 한학동에 가입한 대학이 몇 개쯤이나 됐나요? 한학동에?

장: 한학동에는 오사카 시립대학이 중심으로 간부도 있었고, 그 다음 오사카 부립대학. 또 그 다음은 칸사이 대학, 그리고 히가시 오사카에 있는 킨키 대학.

김: 고베나 교토에는?

장: 고베 대학. 교토에는 도시샤, 리츠메이칸, 또 교토 대학, 류코쿠 대학. 그리고 이들 위에는 오사카 지방 본부가 있었어요. 교토 지방 본부가 있고, 고베에도 본부가 있었고요.

김: 본부가 전국적으로는?

장: 예, 도쿄에도, 나고야에도. 그러니 도쿄, 나고야, 오사카, 고베, 교토해서 다섯 지역에 있었죠.

우리 한문연은 70년대 중반에, 제일 세력이 클 때가 오사카에 100명 정도. 다 모이면 그 수가……? 역시 가장 많이 모였을 때가 200명 정도였던 것 같아요. 뭐, 절반 정도가 오사카에 있었으니 아무래도……. 또 그리고 그 당시 자이니치 대학생 숫자가 한 3,000명 됐었나? 그러니 아, 3,000명 중에서 100명, 혹은 200명은 큰 숫자였고, 큰 단체였죠. 그러나 사실 당시 조직으로는 총련 계통의 유학동이란 단체가 더 크고, 회원수도 많았어요.

김: 이제 다시 4·3 얘긴데, 지금 4·3에 관여하는 한학동 출신 중에 장선생이 제일 아래인가요?

장: ……예. 허지만 4·3 모임에 참가하러 오는 사람은 몇 있어요. 그러고 이건 모든 분야의 이야긴데 지금 4·3 문제만이 아니고, 외국인 등록증 문제도 그렇고 내 밑은 거의 없어요. 문화운동 쪽에서 판소리 프로가 되거나 지역의 축제에 나와서 하는 분들은 좀 있는데, 이런 정치적인 부분에 대해서는 없어요. 내가 마지막 세대.

한학동 시절 처음 접한 4·3

김: 대학 생활 중 4·3 얘기를 처음 들었던 때가 언제였던 것 같습니까?

장: 예, 그건……. 사실 김시종 선생님은 4·3에 대해서 계속 침묵하고 있었고, 김석범 선생님은 계속 그에 대한 발언을 하고 계셨죠. 하지만 사실 저는 솔직히 다른 사람들과 마찬가지로 아무것도 모르고 있었어요. 몇 번 반복되는 얘기인 것 같은데, 아버지도 전혀 이에 대해서는 말씀이 없으셨고요. 저도 더 이상 관심이 없었기도 했지만 4·3에 대한 정보며 출판된 책도 거의 없었기 때문에 알 수가 없었죠. 제가 대학 생활 중 처음 4·3에 접한 것은 한학동 활동을 할 때예요.

김: 한학동 때?

장: 예. 우리가 한학동에서 역사 공부를 하는데요, 한국 근현대사를. 근대사는 식민지 지배 역사부터 현대…… 이승만과 4월 혁명, 광주 민주화투쟁까지 계속 공부를 했어요. 한 해에 10년 정도 단위의 역사를 공부해요, 서클에서. 그런데 4·3에 대해선 한학동이라는 비교적 민주적이며, 이데올로기적으로도 중립적 성향을 띤 단체에서도 놀랍게 선배들이 '이 사건은 빨갱이들이 일으킨 폭동이다' 라는, 입장을 취했죠. 그래서 4·3은 한국에서 학생들이 하고 있는 민주화투쟁과는 또 다른 문제라며 어떻게 보면 묵살하고 무시하는 듯했어요. 이건 한학동 안에서도 지역에 따라 차이는 있을 거라고 생각은 하지만 어쨌든 거의 쉬 범접할 수 없는 문제였어요. 그런데 한번은 한 선배가 학습회에 참관했다가 '그건 그렇지 않다'는 이야기를 해줬어요. 당시 별로 논리적인 논조는 아니었지만 '4·3은 단순히 빨갱이들에 의한 활동만은 아니었다' 하고, 말한 거예요. 그게 지금도 제 기억에 남아있어요.

김: 그건 장선생이 칸사이 대학에 다닐 때 얘기죠?

장: 예, 그렸습니다. 당시 칸사이 대학 한학동 활동 때. 그래서…… 저는 4·3에 대한 제 자신의 평가는 일단 두고 보자는 식으로 놔뒀죠. 잘 몰랐으니까요. 어려운 문제여서 나중에 더 생각해보자 했었던 거죠.

제가 칸사이 대학에서 졸업은 1986년에 했어요. 그때는 마침 본국한국에선 민주화투쟁이 가장 격렬했던 시기였어요. 전두환 정권 시기였기에 우리도 이곳에서 하루가 멀다 하고 학습회, 데모, 집회를 했어요. 그러다 어떤 날은 도쿄의 대사관이나 영사관에 가서 항의 운동도 하고. 우린 그때 정말, 정치범 구제운동이라던가, 뭐뭐 하는 본국 지원 연대운동에 매일 참여했던 거죠.

그런데 본국 민주화투쟁이나 광주투쟁 과정에서 반미운동이 생겨나잖아요? 그때까지 친미 성향이 강했던 한국에서 반미운동이 일어났다? 우리 한학동에서도 그것에 동조해서 반미운동에 돌입하게 됐어요. 그전까지 미국에 대한 평가는 그리 나쁜 것만은 아니었는데, 딱히 좋다거나 나쁘다거나 한 것이 아니었는데도 우리도 반미투쟁을 들고 일어서게 된 거예요. 본국에서 책을, 민주화투쟁이나 반미운동을 위한 책자를 보내왔어요. 그 책 안에서 저는 한국의 반미투쟁 역사의 일부로서 4·3을 재조명하는 걸 보고, 큰 충격을 받기도 했어요.

김: 아, 4·3에 관한 내용이 거기에 있었다는 거죠?

장: 네, 반미투쟁으로서. 아무튼 김선생님과 만나면서 인상적으로 기억되는 데요…… 4·3을 재평가하는 내용의 책자가 〈전학련〉을 통해서 나왔고, 그것이 일본어로 번역되어 저도 접할 수 있었다는 것. 그 내용이 4·3은 반미투쟁의 시작으로 평가가 내려졌다는 것. 그런 것들이 여러 4·3에 대한 기억 속에서 한 가지 사안으로 뚜렷하게 떠오르네요.

졸업과 함께 시작한 시민운동

그렇게 저는 졸업할 때까지 한학동 활동을 계속해서 했어요. 그런데 그 와중에…… 광주투쟁 3주년 행사 때예요. 우리가 벽보를 전신주에 붙이고 다녔어요. 그러다가 한 선배가 경찰에 잡혀간 거예요. 그 선배는 그 후, 외등증外登証(외국인 등록증)을 소지하고 있지 않았다는 이유로 결국은 재판을 받게 됐어요. 그게 재판 투쟁으로 이어지는데 나중에 저는 그 사무국에 들어가게 됐어요. 그래서 취직을 한 후에는 자연히 외등법外登法 문제, 외국인의 권리 문제와 관련해서 활동을 하게 됐죠.

김: 졸업한 후 그 사무국에 들어가게 된 재판……? 그 재판은 구체적으로 어떤 것이었나요?

장: 그 재판은…… '지문날인을 거부하는 운동'과 관계된 것이었죠. 당시 자이니치 같은 외국인은 외등증을 상시 소지하고 있어야 한다는 법률이 있었는데요, 그 '외등증 상시 소지' 자체에 대해 이의를 제기한 재판이었어요.

덧붙이자면 그때에는 지문날인과 외등법 관련 문제, 그리고 자이니치 관리법 문제 해서 두 가지, 즉 하나는 외등법 문제, 다른 하나는 입국관리법 문제 해서 두 가지가 있었어요. 당시 저 자신도 운동을 하면서 '지문을 날인하지 않겠다는 거부자'로서 여러 가지 회의나 강연회 등으로 전국 각지를 다니곤 했죠. 그때가 졸업 직후부터예요. 그리고 취직을 한 후에도 계속 지문날인 거부운동은 이어나갔고요.

김: 어떤 직장에 취직하셨던 겁니까?

장: 저는 졸업 직후부터 지금까지 계속 같은 회사에서 근무하고 있어요. 쿱(coop).

김: 아, 생협?

장: 지금은 텔레비전 광고도 해요. 노동자 보험에 관련된 일을요. 전노제全労済라고 해서. 매우 큰 회사예요. 제가 이제, 거기 근무한지 26년 정도 됐어요.

김: 26년? 그러면 직장에 다니면서 그렇게 시위하고, 지문날인 거부운동하러 도쿄에도 가고 하는 게 힘들지 않았나요? 당연히 어려웠을 텐데요.

장: 네. 그래도 젊었기 때문에 할 수 있었던 거라고 생각해요. 그리고 또 한 가지 중요한 요인은, 그때까지는 학생이라서 오사카밖에 몰랐어요. 인간 관계도 관련 선배를 아는 정도였고요. 그런데 활동을 하다 보니 전혀 다른 환경에 있는 자이니치들을 만날 수 있었다는 것(도 좋았어요). 예를 들어, 홋카이도, 도쿄 등지 여러 곳에서 거부자들의 모임 같은 대책회의가 자주 열렸어요, 그때. 그래서 자연히 저는 이곳저곳을 다니게 됐죠. 거기서 자이니치 동료며 선배들을 만나 얘기하고, 친해질 수 있었던 것도 제게는 큰 즐거움이었어요.

그리고 저는 원래가 독서를 좋아했어요. 그래서 자이니치의 역사에 관한 여러 가지 사실을 알고 싶어 자료수집도 했죠. 그러다보니 자이니치의 역사에 대해서 더 자세히 알고 싶다는 생각이 들었어요. 당시만 해도 본국의 역사는 공부해서 잘 알고 있었지만 자이니치의 역사는 어떤 것인지 아무것도 몰랐어요. 그에 대한 책이 단 한 권도 없는 실정이었죠. 민단의 역사에 관한 책, 자이니치의 권리에 대한 책은 좀 있었지만 자이니치의 모든 역사를 아우르는 그러한 책, 그건 없었어요.

김: 정아영 선생이 어디에 쓴 글에 봤더니, 당시 지문날인 거부운동은 우익이나 총련의 지시를 받지 않고 자이니치 2세, 3세들이 자연스럽게 모여 일본 사람들과 교류하면서 이루어졌다고 했는데, 그것에 대해서는 어떻게 생각하세요?

장: 네. 외등법 문제와 관련해서 활동하면서는 유명인들이 아니라 평범한 일본인, 자이니치들의 용기 있는 모습을 볼 수 있었던 점이 참 좋았어요. 그리고 또 한 가지, 고이삼 선배나, 문경수 선배처럼 같은 한학동·유학동이었지만 학생 때는 직접 볼 수 없었던 선배들과 만날 수 있었던 점, 또한 좋았죠.

김: 아, 그러니까 고이삼 사장을 알게 된 것도 그때였군요?

장: 그렇습니다. 그 선배도 지문날인 거부자였기 때문에요, 도쿄의. 그리고 동시에 도쿄 중앙 대학 한학동의 OB이기도 했기 때문에 금세 친해져서 많은 것을 배우기도 했죠. 그때 4·3에 대해서 아는지…… 제게 묻기도 했고, 자기는 그 부분에 대해 중점적으로 활동을 하고 있다고 하는 이야기를 듣기도 했어요.

사실 지금 생각해보면 그때가 제가 가장 활발하게 활동을 했던 시기예요. 야망도 있었고요. 그게 뭐냐면, 제가 자이니치의 역사를 담은 책을 만들겠다고 생각하기까지 한 거예요. 지금까지 누구도 쓴지 않았던 자이니치의 역사에 대해서. 우츠미 아이코라는 선생님이 계시는데 그 선생님과 함께 책을 내보자는 얘기를 출판사와 진행시키기도 했어요. 결국 이루어지지는 않았지만. 정말 많은 자료를 갖고 있었고, 책자를 만들기도 했어요. 그 책자는 처음으로 자이니치의 역사를 담은 것으로 오늘 가져오지는 못했지만 상당한 호평도 받았어요. 정말, 그 당시에는 스스로 연구자가 될 수도 있겠다는 생각이 들 정도로 많은 공부를 했죠.

그리고 또 한 가지. 저는 그때 누구도 시도하지 않았던 운동을 하겠다고 생각하고 있었어요. 그 첫째가, 외등법이나 지문 문제로 민단·총련·시민단체가 하나가 되어 자이니치의 권리 보호를 위해 활동에 나서는 것. 이를 위해서 제가 당시에 했던 일은 지역에서 외등법 관련 운동을 하도록 한 것이었어요. 오사카, 도쿄, 나고야 세 지역을 묶어 교류를 하게 하고, 전국 단위의 활동도 하게 했죠. 둘째로는 민단과 총련을 잇는 역할을 하겠다고 생각했던 것이에요. 당시 이것은 누구도 하지 않았던 내용의 운동이었어요.

김: 당시 장선생은 직책이 무엇이었나요?

장: 자발적으로 모였던 시민단체의 집합체였기 때문에 대표자라든가 하는 직책 같은 것은 없었어요. 그것이 일본 시민운동의 스타일이에요. 참, 우린 많은 일을 했어요, 그때. 예를 들면 국회의원에 대한 대책이라던가, 도쿄에서 열리는 집회를 위한 연락회의, 팸플릿 제작 등등.

1987년은 외등법 거부운동이 가장 왕성했던 해

김: 음, 그렇군요. 그럼 외등법 거부운동이 가장 활발했던 시기가 언제였나요?

장: 1987년? 그 즈음이에요. 그 운동이 가장 활발했던 시기에 제가 활동을 했던 거죠. 그 당시는 나카소네 수상[4] 시기로 한일 관계에서 지문 날인이나 외등법 관련 문제가 정치 문제로 떠오르던 시기였어요. 외등법을 폐지하느냐, 마느냐가 두 나라 사이에서 주 외교적 · 정치적인 문제로 번졌던 거죠.

그런데 이 시기, 관련 재판이 계속되고 행정, 예를 들어 오사카시 행정에 대한 요청이 이어지고 있었는데 1989년에 일본 천황이 서거해요. 그래서 자연히 진행 중이던 모든 재판이 중단됐어요. 그후, 교류회의 활동도 점점 규모가 작아지게 되요. 재판 투쟁이 중심인 운동이었고, 재판에 정기적으로 참가하는 사람들을 중심으로 활동이 이루어졌었기 때문에 재판이 중단되자 모이는 사람들이 점점 줄어들게 됐던 거죠.

김: 그래서 이 운동은 언제까지 이어지나요?

장: 1990년 즈음까지였던 것 같아요.

김: 당시 개정된 지문날인이나 외국인 등록법이 지금까지 이어지는 거죠?

4　나카소네 야스히로(中曽根), 1982~1987년 시기 수상 역임

장: 그렇죠.

김: 당시 이 운동이 자이니치 운동사에서 가장 성공적인 사례 중 하나라고 하는데 그때 싸워서 얻은 중요한 걸로 어떤 게 있을까요?

장: 한 가지는 지문 날인 자체를 없앴다는 것. 다른 한 가지는 보통 외등법 문제에 대한 재판은 거의가 지문날인 거부와 관련한 것이었어요. 그런데 제 선배가 받은 재판은 외등증 미소지에 대한 것이었기 때문에 특이한 경우에 속했어요. 그 재판은 2심에서 무죄 판결을 받았어요. 사실 외국인 등록법 관련 재판에서 '무죄'는 없었는데 한 가지 판례를 얻었다는 것, 이게 두 번째로 중요한 요인이에요.

김: 나는 지문을 찍는다는 게 정확하게 어떤 것인지, 그게 어떤 의미인지 자이니치가 아니어서 잘 감이 안 오는데, 설명 좀 해주세요.

장: 그러니까, 우리는 일본에서 자이니치로 태어난 거잖아요? 우리는 살면서 14세가 되면 강제적으로 동사무소에 가서 지문을 찍도록 되어 있어요. 수첩에 등록하는 거죠. 그리고 우린 법률적으로, 그 지문이 찍힌 수첩을 항상 소지하고 있어야 해요. 소지를 거부하면 형사 처벌을 받게 되는 거죠.

한국에서는 지문을 찍는 일이 일반화되어 있는 진 모르겠습니다만 일본에서 지문을 찍는다는 것은 범죄자, 범죄를 일으킨 사람만이 하는 행위예요. 그러니까 자이니치로 태어났다는 사실만으로 강제적으로 지문을 찍으라는 것은 자이니치를 지속적으로 '감시'하겠다는 의미가 포함되어 있는 것이에요. 외국인에게 지문을 찍게 하는 나라는 많지만 독재 국가인 경우가 대부분이고, 그것도 2세, 3세에게까지 강요하는 경우는 좀처럼 없지요.

김: 예, 그렇군요. 그럼, 1990년 이후 지문 날인은 완전히 없어진 건가요?

장: 네, 지문 날인은 없어졌어요. 그 선배 재판이 무죄 판결을 받음으로써. (운전면허증을 꺼내며) 이 운전면허증을 보면 여기 본적이라고 쓰여 있지요? 지금은 지워졌지만 여기에 원래는 '한국'이라고 쓰여 있었어요. 그러니 우리가 면허증을 제시했을 때 본적에 한국이라고 쓰여 있으면, 바로 외등증을 보여달라는 요구를 받았죠. 그래서 만약 외등증을 소지하지 않고 있다, 그러면 형사 처벌을 받게 되어 있었던 거예요. 그러나 그 재판에서 무죄판결이 내려졌기 때문에 그 후부터는 외등증을 요구하는 일도 줄어들게 됐어요.

김: 장선생! 이건 운전면허증이고…… 거기 전에는 본적 란에 '한국'이라고 쓰여 있었다. 그러다 지금은 프라이버시 문제라서 다른 일본인과 같이 쓰지 않는다, 그 말이죠? 혹시 외국인 등록증은 가지고 있나요? 좀 보고 싶은데?

장: 그게 사실은…… 제가 거부를 해서 외국인 등록증을……. 그때가 카이후 수상[5] 때였어요. 저는 '상시 휴대를 거부하겠다'는 뜻으로 카이후 수상에게 등록증을 보내버렸어요. 그 이후로 저는 외국인 등록증을 갖고 있지 않습니다.

---

5 카이후 도시키(海部俊樹), 1989-1991년 시기 수상 역임

김: 그러면 어떻게 되는 건가요? 그게 없어도 되나요?

장: 네. 외국으로 나갈 수도 있고 생활하는 데도 전혀 지장이 없어요. 외등증이 없어도. 사실 여권이 있어서 별문제는 없는데 외국인 등록증 소지를 거부했을 때는 싫은 소리를 듣기도 했어요.

김: 제가 듣기로 요즘 외국인 등록증 갱신 기한이 5년이라고 하는데, 맞죠? 그런데 그걸 갱신 안 해도 되는 겁니까?

장: 예. 다시 하는 얘기지만 저는 갱신 자체를 거부한 거니까요. 저는 이쿠노 시역소에 가서 관련 법규가 개정될 때까지 갱신을 거부하겠다고 했어요. 그 후 갱신을 전혀 안 했으니 이미 기한은 끝난 거죠. 그 이후로는 외국인 등록증을 가지고 있지도 않고요. 아마 그런 식으로 거부한 사람은 제가 거의 처음이 아닐까 해요. 외국인 등록 갱신과 등록증 소지 거부를 동시에 한 것은 말이죠.

김: 그때가 언젠가요?

장: 처음 거부한 건 1989년입니다. 그때 처음 거부했죠. 요즘은 참 많이 좋아졌어요. 외국인 등록증도 그렇고, 지문 날인도 없어졌고.

지문날인 거부운동의 정신

김: 어떻게 보면 이 지문날인 거부운동이나 외국인 등록증 거부운동은 자이니치 사회에서 가장 성공적인 시민운동의 한 사례인데요, 그 운동의 정신을 뭐라고 볼 수 있을까요?

장: 당시 이 운동의 일각에서는 지문날인과 외등법은 단순히 차별의 문제라고 생각하고, 그 차별에 대한 저항으로 운동을 하는 사람들도 있었죠. 허지만 참여한 사람마다 운동의 형태는 다양했어요.

저 같은 경우는 한학동 출신이기도 해서 각지 운동의 주체 중 비슷한 활동을 했던 분들, 예를 들어 도쿄에서는 정아영 선생, 나고야에서는 한기덕 한청 OB 같은 분들과 행동을 같이 했어요. 우린 이야기가 잘 통했어요. 본국의 정세도 잘 알고 있었고, 자이니치에 대해서도 잘 이해하고 있었죠.

우리는 그때 한학동 출신이어서 그렇기도 했지만, 이건 단순한 차별 문제로 시간이 흐르면 자연스럽게 없어지는 그런 문제로 판단하지 않았어요. 이것은 일본 정부가 한국의 분단 정책과 독재 정권을 지지하는 정책을 펼치는 한편, 자이니치들에 대해서는 동화·추방·억압의 세 가지 정책을 동시에 실시하고 있는 것이다, 이렇게 판단했어요. 그래서 그 (억압) 수단으로 외등법, 입국관리법, 지문날인 강요가 진행되는 것이다, 이는 한국, 본국의 독재 정권을 지원하는 정책의 일환이다, 라고 생각했던 것이죠. 그래서 우린 그렇게 격렬하게 반대를 한 거예요.

1990년대는 자이니치론이 가장 발달했던 시기였어요. '어떻게 살아갈 것인가' 하는 의문에 대해서 젊은 자이니치들이 심포지움을 열기도 했었죠. 일본 사회에 동화되어 살아갈 것인가, 아니면 달리 어떻게 살아가야 할 것인가 하고요. 이런 와중에 자이니치 조직, 민단과 총련, 그리고 그 사이에서 자이니치 민족·민주세력이라는 한학동이나 한청 소속의 사람들……. 우리는 그들을 자이니치 민족·민주 세력이라고 불러요. 민단도 총련도 아닌 사람들.

당시 어떤 사람들은 마침 본국에서 민주화가 한창 이루어지고 있어서 본국에 대한 일만 관심이 있었어요. 본국이 민주화되면, 혹은 통일이 되면 자이니치는 자연스럽게 해방될 것이라는 주장이 그들 사이의 주류 담론이었죠. 하지만 우리 같이 외등법 문제로 활동을 했던 사람들은 그렇지 않다, 자이니치의 문제는 본국 민주화와 동시에 해결되어야 할 문제다, 하며 양 쪽이 모두 중요하다는 입장을 취했죠.

그리고 또, 이런 입장도 있었어요. 본국 문제는 신경 쓸 필요가 없다, 일본 사회에서 자이니치가 처한 상황만 개선하면 된다 하고요. 저희들 한학동 출신자들은 그런 입장에 대해서 반대하기도 했어요.

김: 그 후 활동은 어땠나요? 좀 줄어들었나요?

장: 네, 활동 자체는 점점 줄어들었어요. 저희는 처음부터 소수파였기 때문에 그에 맞게 활동들을 이어갔어요.

1993년, 오사카에서 첫 4 · 3위령제를 열다

근데 그때까지 금기 사항으로 이어지고 있던 문제가 하나 있었어요. 제가 운동 과정에서 고이삼 선배님이나 문경수 선생님을 가끔 뵀었죠. 그때 고선배님이 하신 얘기가 도쿄에서는 4 · 3 집회가 열리고 있다, 그런데 오사카에서는 아직 관련 활동이 정착되지 않고 있다. 그래서 그런데, 오사카 지역에서 〈4 · 3사건 오사카 실행위원회〉 위원으로 활동을 하지 않겠느냐 하는 제안을 받았어요.

김: 그러니까 4·3운동도 지문날인 거부운동의 연속선상에서 이루어졌다는 건가요?

장: 네, 그렇다고 볼 수 있죠. 사실 4·3운동도 저의 지난 활동으로부터 자연스럽게 나왔던 거예요.

1993년, 오사카에서는 4·3 집회가 45주년 행사로 처음 열렸어요. 당시 그게 가능했던 이유 중 하나는 제가 외등법 문제와 관련해 활동하면서 도쿄를 왕래하고, 여러 지역에서 강연을 하면서 자이니치들의 생활상을 직접 살필 기회가 있었기 때문이에요. 그리고 두 번째 이유는 타인들과의 관계 맺음 때문이었다고 할지…… 제가 외등법 문제로 고이삼 선배를 만나게 되면서 자연스럽게 4·3 이야기를 나누게 되었고, 그 실상을 알게 되었던 것이죠. 솔직한 얘기로 당시 4·3이 자이니치 사회에서 금기시 되어 있다는 것도 그때 처음 알게 되었어요.

김: 음, 그런 배경이 있었군요.

장: 예, 4·3이라는 것이 실은 자이니치의 문제라는 생각이 그때 처음 들었어요. 그 후 고이삼 선배를 통해서 오사카의 이쿠노 지역에 피해자가 가장 많이 모여 살고 있다, 하지만 그들은 반강제적으로 침묵할 수밖에 없는 억압된 상황이다, 이러한 사실들도 처음 알게 됐던 거예요.

김: 그건 처음 4·3을 준비할 때, 개인적으로 그렇게 느꼈다는 것이지요?

장: 그렇습니다. 그때가 4·3 45주년, 1993년이었어요. 이때 최

초로 오사카에서 행사가 열렸어요. 규모 면에서는 작았을지 모르지만 공개적으로 일반 시민도 참여하고 한 집회는 오사카 지역에서는 처음이었죠. 그때 오사카에 문경수 선생님, 김중명 선생님, 고이삼 선배님들이 도쿄에서 출장 형태로 오셔서 이쿠노 KCC회관에서 강연회를 여시기도 했지만, 오사카 자체의 실행위원회는 없는 상태였죠.

김: 그럼, 장선생이 1993년에 실행위원회를 맡아하기 전, 문경수 선배님들의 강연은 어느 단체에서 준비하셨던 건가요?

장: 스기하라 선생님과 후지나가 선생님네, 그리고 일반인들…….

그게 제 기억으론 도쿄에서 1988년 40주년 행사를 치른 후 여기 오사카에서도 서로 협력하면서 이어졌던 것 같아요. 그래서 저도 처음에는 도쿄에서 사람들이 오면 일을 돕기도 했었고요. 이런 과정에서 고이삼 선배가, '도쿄에서는 이미 집회가 열리고 있다. 오사카에는 당신이 실행위원이 돼서, 중심이 돼서 집회를 열지 않겠느냐' 하는 이야기를 계속하셨죠.

김: 그러니까 오사카 4·3행사를 장선생이 먼저 시작해보지 않겠나, 하는 건 그 이전부터 제안 받았다는 거죠? 예, 그 말씀은 몇 번이나 반복해서 하시니 잘 알겠고요. 그런데 한 가지, 내가 듣기로 45주년 행사를 준비할 때 장선생 친구 한 분이 장선생을 도와 일했다고 하는데 그 친구는 어떤 분이었나요?

장: 네, 있었죠. 그런데 그 친구는 4·3에 대해선 아무것도 모르는 분이었어요. 제가 일하려니 혼자는 너무 벅차서 반 강제적으

로……. 그 당시에는 4·3 모임이 하나도 없었잖아요?

그러니까 실행위원회라고 해도 실제로는 저 혼자밖에 없었어요. 저 혼자서 신문사에 전화를 걸어 이런 행사를 열겠다고 해 안내문을 싣고, 글을 쓰고. 그 안내문이 교토신문에 실제로 실렸어요. 그리고 츠루하시에서부터…… 회사가 끝난 후에 가방에 전단지를 가득 담고는 오오이케바시까지 밤중에 동포들의 집에 전단지를 돌렸어요. 그 친구의 도움을 받아서요. 3시간 정도 걸렸는데, 둘 다 녹초가 됐죠. 그리고 또 장소 확보를 해야 했고.

고이삼 선배는 김석범 선생님과 또 한 분, 김민주 선생님을 도쿄에서 초청할 테니 저보고 사회를 보라고 하셨어요. 이렇게 전, 준비 과정에서부터 실제 행사까지 저 혼자 다한 꼴이 됐죠. 당시 오사카에는 4·3 피해자가 가장 많음에도 불구하고 4·3 관련 모임은 하나도 없었어요. 비교적 활발하게 시민운동을 하던 분들도 고이삼 선배가 행사를 제안하면 모두 거절했었죠. 그래서 결국 실제로 하게 된 건 가장 젊은 축에 속했던 저였던 거예요.

김: 음…….

장: 당시 한편으론, 제 일도 아주 바쁜 시기였어요. 외등법 관련 운동도 계속 하고 있었기 때문에요. 당시 행사 팸플릿에 보면 저의 프로필에 〈이쿠노·외등증 상시휴대제도를 폐지하는 모임(구 금상일琴尙一) 군 외등법재판을 지원하는 모임〉 소속으로 나와 있죠? 그런데 이제, 거기에 4·3 행사까지 맡아서 한다? 저는 신체적으로도, 정신적으로도 아주 힘들었어요. 사실, 우리가 보통 무슨 운동이라고 할 땐, 거기에 참여하는 멤버들이 있고, 역할 분담을 해서 각자 맡은

済州島
「四・三事件」４５周年
追悼の集い

プログラム

●開会挨拶〜実行委員会代表（文京洙）

●フィルム上映 『済州島のメーデー』（１９４８年韓国撮影）

●パネル・ディスカッション『済州島「4・3事件」とは何か』
　○四・三事件はどのような事件か？　　金石範氏（作家）
　○四・三事件の現代的意義　　　　　　金民柱氏（耽羅研究会会長）
　○四・三事件真相究明に向けて　　　　文京洙氏（大学教員）他

●「4・3事件」犠牲者への追悼の祭祀

●実行委員会のアピール（張征峰）

●閉会の辞

９３年４月３日（土）午後６時〜

在日韓国基督教会館（ＫＣＣ会館）５階ホール

主催　「済州島四・三事件４５周年追悼の集い実行委員会」　　賛同　済州島「4・3事件」を考える会

○張 征 峰（チャン・チョンボン）

今回の追悼の集い実行委員会代表（大阪側）

１９６２年生野生まれ生野育ち。在日２世。

現在、「生野・外登証常時携帯制度を廃止させる会（旧称「琴尚一君外登法裁判を支援する会」）代表。父母ともに済州島出身。

〔4〕参考文献紹介〜「四・三事件」を知るために

●『済州島略史』　金泰能著　梁聖宗訳　新幹社

●雑誌『済州島』（編集・発行・耽羅研究会　新幹社（92年5月まで5号発行）

●『済州島四・三蜂起』
　（ジョン・メリル著、文京洙訳　新幹社　１９８８年）

●『済州島「四・三事件」とは何か』
　（「済州島四・三事件４０周年追悼記念講演集刊行委員会・編、新幹社　１９８８年

●『済州四・三抗争論議の現段階』
　（済州島「四・三事件」を考える会発行　新幹社　１９９３年４月）

1993년 45주년 4·3추도제의 행사 리플릿(위)과 실행위원회 대표 장정봉의 소개란(아래)

일을 하는 것인데 45주년 행사는 제가 혼자서 모든 일을 해야 했기 때문에 매우 힘들었던 것이죠.

그때 기억나는 게, 교토신문 홍보…… 이건 얘기했고. 그리고 현수막을 크게 만들어야 했어요. 그건 시청 노조에서 인쇄 프린터를 빌려서 만들었죠.

김: 정말 힘들었겠네요. 그런데 그때, 어떤 주제로 행사를 진행했고, 사람들은 얼마나 모였나요?

장: 테마는…… 솔직히 말해서 그때 저는 4·3에 대해서 전혀 몰랐었기 때문에 역사적인 의의를 논하는 것은, 어려운 일이었어요. 그래도 굳이 테마라고 한다면 '이제부터 4·3에 대해서 알아가자' 하는 것이었죠. 사실 오랜 기간 4·3에 대해서는 언급된 바도 없고, 오히려 금기시되어 왔기 때문에 '그 금기만이라도 지금부터 없애자' 하는 것에 초점을 맞췄다고 할 수 있어요. 그래서 저는 당시까지도 아무 말을 하지 못하던 것을 이번 행사를 계기로 말할 수 있게 하고, 나아가 자이니치들을 이 금기로부터 해방시키자고 생각했어요. 그래서 〈4·3사건 45주년 추도 및 강연 집회〉라는 이름으로 도쿄에서 두 분 선생님을 초청해서 얘기를 듣고 행사를 진행했던 거죠.

4·3 책은 팔지 말라

김: 당시 행사에는 사람들이 얼마나 (모였습니까)?

장: 우리가 행사를 KCC회관 제일 위층 홀에서 하는데…… (참여

인원이) 100명 정도였던 것 같아요.

김: KCC회관에 100명 정도.

장: 교토신문에 광고가 실렸었기 때문에 교토에서 온 사람도 있었어요.

김: 참가한 분들 100명, 이 분들은 대충 어떤 사람들이었나요? 거의 다 자이니치들이었겠죠?

장: 명부가 없기 때문에 자세한 건······.

김: 당연히 자이니치 1세들이었을 것 같은데요, 자이니치 제주인 1세들도 있었겠고요?

장: 일본인 연구자들과 자이니치······. 당연히 1세들이었죠.

제가 참······ 지금 당시 일을 돌이켜보면, 이 행사를 너무 가볍게 생각하고 있었던 건 아니었나 하는 생각도 듭니다. 그때 저는 제 역할을 '금기를 푸는 것' 정도로 생각하고 있었고, 그래서 행사도 하던 대로 강연회 형식으로 가져갔는데 이게 지금은 너무 가벼웠다는 생각이 드네요. 하지만, 저는 행사를 준비하는 과정에서 4·3이 당시 자이니치 사회에서 얼마나 금기시되어 있는 문제인가 하는 것을 새삼 실감했고······. 그리고 한 가지, 전에 경험했던 얘기도 이 기회에 털어놓아야겠네요.

45주년 행사 얼마 전에 KCC회관 앞에서 외국인 등록법 관계로 집회가 열렸을 때, 제가 신간사에서 출판된 책을 팔기 위해서 입구에 부스를 연 적이 있어요. 그때 4·3에 대해선 어떤 이야기도 하지 말고, 책도 팔지 못하도록 강요한 사람이 있었어요. 그때 진열된 신간사 책 중에 4·3과 관련된 책이 있었죠. 그걸 보더니 당시 거기 출석했던 여러 단체 관계자들 중에서 민단의 오사카 부단장이 집회의 주최자를 불러서는 "이 책은 여기에서 팔면 안 된다"고 해요. 그래서 물었죠. 왜냐고? 그 분이 대답했어요. 광주는 되지만 4·3은 안 된다. 당시 그 뜻은, 광주는 상황이 정리돼 괜찮지만, 4·3은 아직 안 된다는 거였죠. 저는 그 얘기를 듣고 아주 놀랐어요. 우리는 이 일본에서 자유스럽게 이런저런 활동을 다하며 사는 자이니치들인데, 김일성에 대해 이야기를 하든, 전두환에 대해 이야기를 하든 다 자유로운데…… 그런데 4·3에 대한 언급은 금기시 되어 있다? 저는 처음으로 피부에 전율을 느꼈었죠.

김: 음, 그래서 그 당시 책은 판매부스에서 뺐나요?

장: 아니에요. 빼지는 않았지만 그런 말을 듣고 보니 제 스스로 아, 4·3은 정말 아주 무겁고 어려운 문제구나, 하는 것만 절감했었죠. 그래서 1993년에도, 어쩌면 저들이 4·3집회를 방해하러 올 게 아닌가 하는 두려운 생각도 했었죠. 근데 방해라고 하니까 그런데, 당시는 그들이 와도 저 혼자였기 때문에 사실 방해라고 할 건덕지도 없었는데 말이죠. 어쨌든 저는 그런 경험은 그때까지 한 번도 해본 적이 없었어요. 온갖 민주화투쟁이며 반전두환 운동 등등 그런 집회에 수차례 참가하면서도 그런 일은 한 번도 없었기에 4·3집회를 여는 것이 얼마나 중요하고 어려운 문제인가를 절감하며 무겁게 진행했죠.

그래서 결국 저는 45주년 행사를 전후로 완전히 지쳐버리고 말았어요. 당시 경험했던 충격적인 일은……. 첫째는 제 자신이 4·3에 대한 지식이나 의식 수준이 너무 낮았다는 점. 솔직히 실행위원회 대표로서 행사를 주최할 역량이 저에게는 없었던 거예요. 그러다 보니 김석범 선생님 강연에 대해서도 적절한 발언을 할 수가 없었고, 김민주 선생님에 대해서도 이해가 부족했죠. 그런 점에 대해서 행사 후 1세 여러분들과 실제 운동가들의 비판이 이어졌고, 저는 적절한 답변을 할 수도 없는 지경에 이르렀어요. 그때 들었던 말은, 적당한 기분으로 이런 일을 벌이지 말라는 것. 4·3에 대해서 무언가 하려면 사전에 제대로 조사하고 공부해서 준비하고 하라는 것이었어요.

동료들의 질책과 그 후 2세들이 중심이 된 4·3행사

김: 비판 그 얘기, 행사에 참가했던 100명 청중들도 이 얘기, 저 얘기 막 했다는 건가요?

장: 예. 1세 경험자 분들이 많이 왔으니까요. 그리고 가장 충격이었던 건 오광현 씨…… 오광현이 지문날인 거부운동도 같이 했었는데, 그때 행사에 왔다가 손을 들고 두 가지 사항에 대해 질책을 했어요. 사실 오광현은 이 4·3행사에는 아무 도움도 주지 않았었죠. 첫째, 이렇게 중요한 집회인데 안내장이 도착한 건 겨우 집회 일 주일 전이었다. 더 준비를 철저하게 해야 하지 않았느냐 하는 것이었고요. 두 번째는……. 저는 그 말이 다 맞다고 생각은 하면서도 화가 났어요. 그러면 왜 처음부터 함께 하지 않았나 하는 점이었죠. 고이

삼 선배가 여러 사람에게 행사 주최 제의를 했지만 다 거절당한 끝에 마지막으로 돌아온 게 저였다고 저는 알고 있었죠. 그래서 저는 나름대로 4·3에 대해서 더 깊이 이해하고 금기를 푸는 기회로 만들자 다짐하며 어려운 환경 속에서도 움직였던 거였어요. 그러나 당시 저에게 돌아온 건 이런저런 질책. 저는 당시 심리적으로 참 힘들었어요. 나중에 시간이 가면서, 당시 그런 섭섭함은 고이삼 선배, 오광현, 저 해서 모두 다 풀었어요.

김: 그 후엔 어떻게 지냈나요?

장: 지문날인 문제도 점차 진정이 되었고 해서 한동안은 제 일에만 집중하며 살았어요. 4·3 문제는 45주년 행사 이후 제 스스로 지쳐버렸기 때문에 다음해부터 몇 년 동안은 전혀 참여하지 않았죠. 그러니 제가 주도했던 건 45주년 행사, 그때 한 번뿐이었어요. 그 다음은 고이삼 선배나 문경수 선생님, 오광현 씨, 그리고 지역의 여러 분들이 준비를 해서 집회의 규모를 조금씩 키워나갔죠. 그러다 이제 50주년 행사도 준비하게 되는데, 저는 직장이 있고 해서 밤 시간을 이용해 행사 준비를 도왔어요.

김: 그러니까 장 선생은 45주년 한 해만 하고, 다음부터는 다른 분들이 해나갔다는 얘기죠? 그럼 46주년부터는 어떤 분들이 했나요?

장: 문경수 선생님이 교토로 오셨고. 그리고 정아영 씨, 후지나가 선생님, 이지치 노리코 선생님, 고정자 씨……. 나중엔, 50주년 때부턴가요? 오광현이 많이 활동하죠.

김: 그럼 46주년부터는 어떤 단체가 중심이 돼서 행사를 주도한 건 아니고, 여러 사람들이 모여서 이렇게 하자, 4·3 추도회를 하자 결정하고 행사를 진행했다는 얘기죠?

장: 예. 아, 그리고 다카무라 료헤이 선생님도 있었네요. 교토 대학 출신. 그리고 일본 여성분, 사토 노리코 선생님. 이런 분들이 모여 당시는 실행위원회를 구성했어요. 그러니까 4월에 행사를 열려면 전 해 12월부터 준비를 시작하죠. 지금까지 이런 식으로 준비를 해오고 있어요. 이제 그러다가 중간에 〈재일본 4·3유족회〉[6]가 발족이 돼서 1세들의 참여가 점차 늘어났고요. 어떻든 중요한 것은, 자이니치 2세들이 중심이 돼서 4·3행사를 이끌어나가기 시작했다는 것, 그것이 가장 큰 의미라고 생각해요.

김: 물론 4·3에 관한한, 한국에서 2000년 1월에 4·3특별법이 공포된 것이 자이니치 사회에 가장 큰 영향을 주었다고 볼 수 있겠죠?

장: 예, 당연한 얘기고요. 일본 유족회도 4·3특별법 제정 후 만들어졌잖아요? 그 후 우리 일본의 자이니치 사회에서도 4·3행사를 2세들이 주도하고, 1세들은 자신의 경험을 증언하고……. 하여튼 이런 일련의 과정을 통해서 4·3에 대한 금기가 조금씩 풀려나가고 있다는 것을 실감해요.

---

6 〈재일본 제주도4·3사건 희생자 유족회〉: 2000년 10월 22일, '일본에 거주하는 제주4·3사건 관련 희생자와 그 유족의 명예회복 및 보상을 통해 재일동포 사회의 화합과 본국의 민주적 발전에 기여하는 것을 목적'으로 오사카에서 창립됐다.

김: 그리고 이건 또 앞의 얘기 한 가지가 다시 떠올라서 하는 질문인데요, 1993년 행사 때 우익 쪽에서 표어를 붙이고, 행사를 하지 말라고 구호를 외치기도 했다면서요?

장: 45주년엔 없었어요. 제가 듣기로 그 다음 집회부터 우익 집단들이 벽보를 붙이기도 했었다고 해요.

김: 그럼, 그렇게 행사를 반대한 그 우익단체는 어떤 단체예요? 정확하게 일본 우익인가요 아니면 민단 우익인가요?

장: 자이니치.

김: 민단 우익이라는 말이죠?

장: 지금 생각해보면, 당시 금기는 풀려가고 있었지만 압박감 또한 대단했어요. 그 때까지 일본에서 살고, 활동해오면서 우리의 적은 본국의 독재정권이나 일본의 경찰들이었어요. 그런데 같은 민족 내부에서, 서로에게 그런 압력을 가하고 있다는 것을 알았을 때 저는 자이니치가 아직도 완전히 해방되지 않았구나 하는 것을 절실히 느낄 수 있었죠.

일본 4 · 3운동의 미래

김: 1993년 이후 한참 동안을 4 · 3행사에 참여하지 않았다고 했는데, 실행위원회에도 참여하지 않았던 건가요?

장: 실행위원회에 이름은 들어있었어요. 그뿐. 실제로는 문경수

선생님이나 오광현 씨가 중심인물이었죠.

그러나…… 사실 저도, 행사 당일에는 참가를 했어요. 아까 말씀 드린 대로 일도 있고, 이제 더 이상 젊지만은 않기 때문에 중심이 돼 서 활동하는 것이 조금 어려워졌다는 것뿐. 제가 4·3운동에 관련된 활동에서 손을 뗀 건 아니에요.

김: 지금 그러면, 유족회나 생각하는 모임이 중심이 되어 추도회 를 하는 걸 보면 어떤 생각이 드시는지요?

장: 참, 많이 진보했고, 발전했습니다. 할 수 있는 일이 많아진 만 큼 해야 할 일도 많아졌다고 생각해요.

김: 잘 아시겠지만 한국에서는 2003년에 『4·3진상조사 보고서』 가 나왔어요. 그리고 이제 거의 10년 만에 4·3 추가진상조사 계획 이 마련돼 활동하고 있고, 내년쯤에는 여기서도 관련 조사가 이루어 질 것 같은데, 이런 일들이 여기 일본에서는 어떤 식으로 이루어져 야 한다고 생각하세요?

장: 제가 잘은 모르지만, 2000년 4·3특별법 제정 후 일본에서 희생자 신고는 당시 유족회장이었던 강실 씨 주도로, 거의 강실 회 장과 관계된 사람들만 신고한 걸로 알고 있어요. 그런데 이젠 여기 서도 그 수준을 뛰어넘어야죠. 그리고 더 중요한 건, 1세 여러분들 이 여러 가지 의견을 갖고 계시기 때문에 그걸 무시하는 건 좋지 않 다. 그러나 한편으로는 2세들이 나름대로 활동을 이어오고 있기에 이 두 세대가 갖고 있는 생각들을 잘 조화시켜 나가는 것이 중요하 다. 이런 정신 속에서 추가조사든, 4·3행사든 추진하면 별 문제가

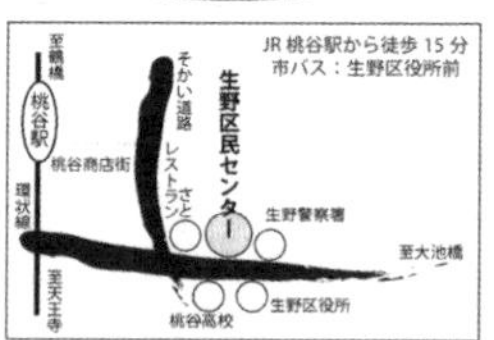

2015 오사카 4·3 위령제 리플릿. 김시종 시인의 강연과 박보 씨의 공연을 알리고 있다.

없을 게 아닌가 생각해요.

김: 예, 알겠고요, 이제 마지막으로 일본에서 4·3운동을 쭉 해오시면서 좋았던 일이거나, 개선되어야 할 일, 그리고 바라는 일들이

있으시면 말씀해주세요.

장: 점점 돌아가시는 1세들이 많기 때문에 역시 가장 급한 것은, 1세들의 증언을 채록하는 일. 금기사항을 가슴에 안고 생을 마감하지 않도록 한시바삐 움직여야 한다는 생각이 들고, 또 그를 위해서는 제대로 준비를 해야 한다는 것. 또 하나는 2세를 포함한, 다음 세대들이 4·3에 대해서 제대로 이해하고 활동할

2015 오사카 4·3행사에 참석해 하얀 안내 완장을 하고 정아영 씨와 함께 자리한 장정봉 씨(오른쪽)

수 있도록 준비하는 것이 중요하다고 생각해요. 4·3 또한 자이니치 역사의 한 부분이 아니겠어요? 때문에 자이니치들이 4·3에 대해서 모르는 채로 살아간다는 것은 불행이고, 일본인들 또한 4·3을 모른다면 아쉬운 일이라고 생각해요. 저도 이제 중년이 되었는데…… 이건 책임 회피가 아니고요 역시 운동의 중심은 2, 30대의 젊은이가 되어야 한다는 것, 그러니 그런 젊은이들을 적극 양성해야겠죠.

김: 예, 젊은 운동가들의 양성은 우리 제주도에서든, 이 오사카에서든 절실한 숙제인 것 같아요?

장: 그렇죠. 사실 운동이라는 것은 단발적으로 집회를 열거나 하는 것이 아니잖아요? 그렇게 하기는 비교적 쉽겠죠. 그렇지만 운동

이 지속적으로 이어지기 위해서는 제대로 된 조직 체제가 필요하고, 앞으로 다시 조사를 해나간다고 한다면 더더욱 일꾼들, 젊은 일꾼들이 필요하겠죠. 저같이 나이가 들고, 일과 병행하면서 활동하는 사람만으로는 한계가 있을 수밖에 없어요. 그런 면에서, 전문적인 지식을 가진 연구자나, 직업적으로 움직일 수 있는 전임운동가가 반드시 있어야 한다고 생각해요.

김: 예, 긴 시간 고맙습니다.

05

지금 내 역할은 '4 · 3의 대중화'

조동현

사업가 ｜ 4 · 3운동가

조동현은 1948년, 제주시 조천읍 신촌리에서 태어났다. 2살 무렵 어머니와 함께 일본으로 이주한 후 오사카를 거쳐 계속 도쿄에서 생활하고 있다. 초등학교부터 조선학교를 다녔던 그는 대학도 총련 계통의 조선대학교를 졸업했다.

그는 조선대학교 사범대학 문학부를 졸업한 후 〈조선신보사〉에 입사해 사회부에서 13년 간 기자생활을 했다. 1980년 조선신보사를 나올 무렵에는 많은 고민을 했다. 젊은 나이에 퇴사해 다른 직장을 찾는 게 가능한가 하는 문제에서부터 앞으로 먹고살 일까지. 그러나 결국 퇴사하고 식당업에 뛰어든 후 지금은 성공한 사업가로 변신했다.

그는 1997년 4월부터 제50주년 4·3 실행위원회에 참여한 후 본격적으로 4·3운동가로 변신했다. 현재는 〈4·3을 생각하는 모임·도쿄〉의 대표를 맡아 일하면서 김석범 선생님의 매니저 역할도 하고 있다. 그는 '4·3의 대중화'가 자신이 4·3운동에 뛰어든 주 목적이었다고 오늘도 자신 있게 얘기한다. 그러면서 그는 4·3이 원래 통일운동적 성격도 있다는 점에 착안해 제주를 통일의 상징처로 만드는 4·3운동의 원대한 미래도 꿈꾸고 있다.

(면담일: 2012. 9. 17, 면담장소: 제주4·3연구소)

고향은 제주시 신촌리

김창후: 오늘 2012년 9월 17일, 도쿄에서 오신 조동현 선배님이 (4·3평화재단) 이사장님을 만나기로 했는데 태풍 '산바'로 약속이 취소돼 4·3연구소에 왔습니다.

우리는 원래 내일 만나기로 했었지요? 그런데 이렇게 왔으니 계획했던 인터뷰를 지금 하는 걸로 하겠습니다. 괜찮으시죠? 예. 하여튼 선배님 고맙습니다. 저번에 질문서를 보내면서 오늘 인터뷰 취지나 앞으로의 계획 같은 건 미리 알려드렸습니다. 그 순서대로 하겠습니다.

조동현: 예.

김: 조동현 선배님은 재일제주인 2세로 알고 있습니다. 부모님 고향은 어디며, 선생님은 어디서 태어나셨습니까? 그리고 어린 시절 얘기를 좀 해주셨으면 좋겠습니다.

조: 아버지 고향은 조천면 신촌리입니다. 어머니는 조천리죠. 내가, 어렸을 때 기억은 거의 없어요. 나는 신촌 집에서 태어났다고 해요.

김: 아, 제주도에서 태어나셨구나.

조: 그래요. 지금도 그 집이 있어요. 기와집. 그런데 그 외의 것은 몰라요. 내가 1948년생이에요. 6월 16일. 양력. 그러니까, 우리가 남자 삼형제예요. 제일 큰 형님은 오사카에 사시다가 한 3년 전에 돌아가셨고, 둘째형은 북한에 갔어요.

나는 한 살이나 두 살 쯤에 어머니가 데리고 일본으로 왔대요.

큰형은 혼자서 어떻게 일본에 왔는지, 그 역사는 잘 모르겠고요. 그런데 둘째형은 우리가 일본에 올 때 할머니에게 맡겨두었어요, 중학생이었으니까. 나중에 일본에 정착하면 부르겠다 한 건데, 몇 년 후에 밀항해서 왔어요. 혼자서. 그랬다가 외국인등록증을 만들지 못해 오무라수용소에 갇혔어요. 거기서 귀국한 거죠. 그땐 먹고 살기가 참 힘들었어요. 둘째형은 고3 때, 1960년에 귀국했어요.

근데 작은형은 제주에서 4·3 때의 일 몇 가지를 기억하고 있었어요. 우리 어머니가 신촌집에서 한 번 잡혀갈 때, 경찰이 와서 손을 보이라고 했대요. 어머니 보고. 그러니 어머니가 손을 보여주고 나서, 나를 안은 채 끌려가는 것을 목격한 기억이 있다 한 거예요. 이 얘기는 우리 딸이 대학 다닐 때 북한 가서 형을 만나자 자기한테 해 주었다는 거예요. 그런데 난 무슨 말인지 지금도 모르겠어요. 손을 보이라고 한 게 아마도 산부대에 식량을 갖다 준 것이 아니냐 하는 조사인 것 같아요.

또 자기 담임 여선생이 발가벗겨지고 밧줄에 묶인 채 거리에서 끌려가다가 학교 운동장에서 처형되는 모습도 보았다고 해요.

김: 큰형님은 전에 오사카 4·3행사에 왔을 때 저도 한 번 뵀던 것 같은데요?

조: 아아, 맞아요. 같이 식사하고 했지요?

김: 예. 지금 둘째 형님은 북에 살아계시죠? 고위직에 있다고 들었습니다만?

조: 아니, 고위직이라기보다는 기술자예요. 함경북도에 있는 성

진제강소 설계실장이에요. 거기서 2,000톤인가, 3,000톤인가 하는 프레스를 유압화하는 데 성공해서 '영웅' 칭호를 수여 받았어요. 우리 형님이 하기 전에는 아직 수압이었나 봐요. 증기로. 그것을 형이 유압으로 다 바꾼 거예요. 그걸로 평가 받은 거죠. 박사 칭호도 받고요. 지금도 관련 설계 연구원에서 원장을 하고 있어요.

김: 그러니까 형님은 오히려 북에 가서 잘 지내시는 거네요?

조: 그런 편이죠. 속된 말로 출세도 하고. 당시 여기선 뜻대로 배우지 못할 땐데 잘 된 거예요.

김: 예, 어머님 성함은 어떻게 되나요?

조: 황, 인진.

초등학교 4학년 때 도쿄로

김: 부친은 4·3 전에도 일본을 왔다 갔다 했으니까 뭐 한데…….
그럼, 어머님하고 선배가 일본에 간 게 몇 년도쯤인지는 알아요?

조: 몰라. 정확하게는 몰라요.

김: 예. 그 후 바로 도쿄로 가서 정착한 거예요?

조: 아니, 오사카. 오사카에서 내가 초등학교 4학년까지 다녔어요.

김: 그럼 그 초등학교는 일본학교였나요?

조: 아니, 조선학교였죠. 그때 우리가 다닐 적에는 어행삼御幸
森…… 미유키모리라고, 아시죠? 미유키모리 초등학교라고 했어요.
지금은, 제4 초등학교라고 할 거예요.

김: 제4 조선초등학교?

조: 예. 나는, 이제 그러다가 5학년이 되고 4월부터 도쿄에 갔어
요. 도쿄의 아라카와荒川로. 뭐, 이사 간 이유는 잘 모르지만 아버지
가 그 쪽에 있어서 불러서 간 것 같아요. 내가 고등학교를 졸업할 때
까지 열 번 넘게 이사했어요.

김: 그 아라카와에 제주도 사람들 많죠?

조: 많죠. 도쿄는 아라카와하고 다이토쿠台東区, 아다치쿠足立区에
많아요. 그 분들 거의가 오사카에서 살다 온 사람들이에요.

김: 예. 그런 다음 학교는?

조: 아라카와에 있는 제1 조선초중급학교에 들어간 거예요. 그때
는 중학교가 없었어요. 그래서 그 다음 고등학교도 거기서 다 나왔죠

김: 대학은?

조: 대학은 조선대학교. 그게, 다른 과는 4년제도 있었지만 내가
들어간 과는 2년제였어요. 문학과.

김: 몇 년도에 입학한 겁니까?

조: 내가 68년에 졸업했으니까, 그럼 입학은 66년도가 되나요?

조선대학 시절

김: 조선배는 초등학교 때부터 계속 조선학교를 다녔잖아요? 대학도 조선대학에 가고요. 뭐, 지금이야 많이 달라졌겠지만 어떻습니까? 조선학교나, 조선대학 교육의 특징이라면?

조: 내가 조선학교를 나왔다고 하면 한국에서는 다들 궁금해 하더라고요. 김소장처럼. 좋아요. 우리가 공부를 많이 한 건 아니에요. 우리가 학교 다닐 때만 하더라도 북한의 영향이 지금 같지는 않았어요. 김일성주의다, 뭐다 했지만 우리 때는 아직 그렇게 강하지 않았어요.

그래서 해방 전 문학이라던가, 해방 후 문학을 공부할 때 나도향이나 최서해, 조명희의 작품을 공부하기도 했어요. 1920년대 문학으로. 우리가 그런 영향도 많이 받았어요. 사실 고등학교 때도 그런 걸 읽었어요.

김: 우리가 학교 다닐 때는 그런 소설들 많이 읽었죠.
조: 그렇지 한국에서는.

김: 조선배 다녔던 학과 이름이 정확히 뭐예요?
조: 사범 교육부 문학과. 문학부가 따로 있지만 나는 사범 교육부의 문학과. 그러니까 원래 교원을 양성하는 과예요.

지금도 기억나는데 우리가 고등학교 다닐 때 문학이란 과목 속에는, 작품 읽기가 참 많았어요. 특히 고등학교 3학년 때 쯤에는 교과서 내용 모두가 작품이었죠. 김소월의 진달래꽃, 정철의 관동별곡이다 뭐다 그런 것도 다 봤구요.

김: 우리가 한국에서 배웠던 그런 것들 모두요?

조: 그렇죠. 그런데 그게 그 몇 년 후부터는 차츰 없어져간 거예요. 사상이 저렇게 변해가니까. 우리 때까지는 괜찮았어요. 내가 지금도 당시 문학교과서를 가지고 있어요.

김: 그런데, 제가 궁금한 게 한 가지 있어요. 조선배가 일본에서 살아가다 보면, 아니 활동을 하다보면 초중고를 일본학교 다니고, 대학도 일본대학을 나온 사람들과 의식적인 면에서 좀 차이 같은 걸 느끼시지는 않는지요?

조: 어떤? 무슨 말이야?

김: 그러니까 일본대학 다녔던 후배들, 요즘 4·3일 같이 하는 고이삼 씨나 문경수 씨 같은 분들과 얘기할 때 생각에서 어떤 차이 같은 것은 못 느끼나 하는 겁니다만?

조: 차이 같은 건 느끼죠. 어떤 점에서 그런가 하면, 민족적인 그런 면……, 말이라든가. 그리고 어떤 면에선 내가 오히려 문경수나 고이삼에게서 배우는 게 더 많아요. 우린 세계 역사나 일본 역사 같은 건 많이 배우지를 않아서 잘 몰라요. 우리가 배운 건 주로 조선역사. 그래서 솔직히 우리가 지식적으로는 많이 떨어져요. 일본 문학 같은 것도 약하고요. 또 일본 현대사도.

김: 그래도 조선대학에서 일본사 정도는 배웠을 것 아녜요?

조: 배우긴 했는데…….

〈조선신보사〉 기자 생활 13년

김: 이제 조선배가 조선대학을 졸업하고 나서는 직장에 갈 건데, 처음에는 어떤 직업을 가졌나요? 교사?

조: 교사도 뭐하지만, 그때는 총련이나 대학 측에서 다 결정하고 그렇게 했어요. 내가 문장, 글을 잘 써서 그랬는지 모르지만 〈조선신보사 편집국〉에 배치되더라고요.

김: 학교 가지 않고 신보사로? 그럼 당시 조선대학 출신들은 전부 총련에서 어디 가라 지시하고 그랬나요?

조: 그런 셈이죠.

김: 그럼 〈조선신보사〉 가서 몇 년 근무하신 거예요?

조: 13년 했죠. 그러니…… 어떻게 되나? 내가 졸업을 1968년에 했고, 13년이면 1981년까지 했나? 맞아요. 1981년에 우리 아들이 태어났으니까요.

김: 그 〈조선신보사〉 근무 얘기 좀 해주십시오. 참, 한국정부에서 〈조선신보〉 사이트를 인터넷 접속 못 하게 막아버린 걸로 아는데, 아세요?

조: 아, 그래요?

김: 한국정부는 요즘의 〈조선신보〉가 북쪽을 대변하는 대표적인 신문으로 본 거죠.

조: 아, 예.

김: 그런데 요즘의 〈조선신보〉와 과거의 신보는 많이 달랐을 것 같은데요, 조선배가 기자로 근무할 때는 어땠나요?

조: 그러니까…… 조선총련, 총련. 여기서는 조총련 하잖아요?

김: 예, 총련 기관지다?

조: 그렇죠. 총련 기관지예요. 나는 그때 보도부, 편집국 보도부에 배치됐어요. 나는 조직 내보다도 외부 사업, 특히 대외사업이나 일본 사람들 사업이라든가 그런 것을 많이 취재했어요. 일간지고 하니까요. 당시에는 힘이 셌어요. 어쨌든 나는 거기에 가서 많은 걸 배웠어요.

김: 그렇겠죠, 당연히.

조: 그때 일이 기억나는데…… 내가 그때까지 배운 지식으로서는 따라가지를 못해요. 일본의 유명한 사람, 정치가들을 인터뷰하고 하는데, 책도 보면서 공부를 엄청 했어요. 그런 점에서는 좋은 의미로 제 스스로 각성도 많이 했죠. 그런데 한편에서는 점차 총련이라든가, 북한이라든가, 김일성주의라든가 이런 것에 대해서 좀 의문이 생겨가는 거예요. 필연적이었던 것 같아요. 내가 그때 취재하기 위해 이 공부, 저 공부 다해가니까 아무래도……. 그래서 13년 후에는 여러 가지로.

김: 그럼 어떻게 해서 그만두게 된 겁니까?

조: 그만두게 된 결정적인 이유는…… 아까도 얘기했지만 점차 총련에 북한의 지도가 강해지고, 김일성주의라고 할까, 김일성 유일 사상 체계라든가 이게 아주 강화되어 나가다보니 〈조선신보〉를 만 드는 데에도 자꾸…….

김: 작용을 하겠죠.

조: 예. 우린 그것을 '후열'이라고 해요. 이러쿵저러쿵 총련 쪽에 서 자꾸 건드리는 거.

김: 후열? 그게 무슨 말? 전 처음 듣는 말인데요.

조: 후열. 후열이라 하는 건…… 뭐라고 할까 〈조선신보〉를 예로 들면, 1년 동안 신문에 실린 기사를 두고 이러쿵저러쿵…… 뭐다 하 면서 검열을 하는 거예요.

김: 아, 그러니까 신문이 배포되고 나서 사후에 검열을 하는 거네 요?

조: 그렇죠, 그렇죠.

김: 이건 뭐가 모자라다, 저건 뭐가 잘못됐다, 그런 식으로?

조: 그래, 그래요.

김: 기자들도 비판시키고 그럽니까?

조: 이건 누가 썼냐고 그러고. 그걸 가지고 기자들끼리 토론 시키 고. 이건 뭐가 문제다. 각 부서마다 그런 문제를 갖고 토론하라, 시

켜요. 그래서 내가 13년을 그런 식으로 쭉 지내다 보니 총련 활동에 회의감이 생겨났어요. 나중에는 완전히.

김: 그래서요?

조: 결국 내가 이 이상 더 나가다가는 김일성 주석에 대해 나쁜 소리를 할지 모르겠다. 내가 이제까지 어떻게 살아왔는데……. 안 된다. 이 이상 나가면 의문을 가지게 된다. 이런 정책 모든 것에 대해.

10대 원칙이다, 뭐다. 이런 걸 내가 도저히 이해 못 하겠다. 어디 그럴 수가 있나, 해서. 또 교시라든가 그런 것에 대해서. 이대로 가다가는 결국 그 사람 나쁜 사람이다, 나는 그럴 수밖에 없을 것이다. 그래서 내 사상을 여기서 동결시켜야겠다고 생각한 거예요.

왜냐면 북한의 근대사 같은 것도 보면, 1945년 8월 15일에 대한 표기라든가, 3·1절의 1919년 3월 1일 표기라든가…… 왜곡돼가고 있었어요. 나는 신문사에 있었으니까 자연히 그런 걸 많이 알게 되죠. 근데 나는 그런 걸 반대해서 싸우기 시작하고 있는 거예요, 내 내부에서. 그래서 이러다간 안 된다, 큰 일이다 한 거예요.

김: 회의가 들기 시작하니까 걷잡을 수 없이?

조: 음. 북한에 대한…… 여기선 북송이라고 하지만 귀국사업도. 귀국사업 그 자체는 틀렸다고는 생각 안 하지만……. 그런데 지금 생각해 보면 아직 전쟁이 끝나서 5년, 6년밖에 안 됐는데 거기가 지상낙원이다 뭐다 우리 신문사는 아무것도 모르고 그렇게 선전을 한 것 아니냐? 그건 반성해야 하지 않느냐? 반성은 반성대로 해야 한다. 비록 거짓말을 하려고 해서 한 건 아니지만. 몰랐으니까 그렇게

했던 것이다, 등등. 내가 이런 몇 가지 문제 제기를 많이 했어요. 그리고 후열. 또 일본 땅에서 〈노동신문〉 같이 가서는 안 된다.

김: 문제를 제기했다는 건, 사석에서 했다는 얘깁니까, 아니면 공식적으로?

조: 공식적으로 내가 제기하기 시작했단 말이에요.

김: 공식적이라는 것은 편집 라인에서?

조: 그때 나는 사회부 데스크가 돼서 편집회의 같은 데도 참가했어요. 그래서 한 번은 내부개혁을 해보자고, 아직 내가 젊으니까 괜찮다 해서 사람들을 끌어 모으고 해 봤어요. 그런데 안 되는 거예요. 나중엔 아, 이 사람들 다 생활이 있다. 그래서 이러다가는 이 사람들에게는 미안해질 뿐이다, 나는 안 되겠다 해서 거기서 붓을 꺾었죠. 그게 1981년 1월 1일.

그래서 내가 그만 두겠다는 걸, 사직한다는 걸 처음에는 회사에 안 가고 도망치는 식으로 했어요. 무슨 말인가 하면, 어차피 그만 두겠다고 하면 회사에서는 나를 설득하러 오겠고 할 거니까 어디 당분간 여행이나 가 버리자 했어요. 근데 가족회의가 열리고, 그때 어머니는 있었고요, 아버지는…… 모르겠네. 오사카에서 형도 오고, 또 친척들도. 그래서 내가 이러저러해서 그만둔다고 했더니 어차피 내 마음을 바꾸지 못 할 것으로 생각하고 말했어요. 도망치듯이 하지 말라. 기왕 그럴 거면 똑바로 문서로 사직서를 제출하고 예의를 지켜라.

김: 사직서를.

조: 근데 당시 신보사는 1월 초하루에 출근해요. 왜냐하면 김일성 주석의 신년사가 나오거든요. 라디오 방송에서. 그것을 우리는 신문에 내야 되는 거예요. 그래서 1월 초하루에는 다 출근하죠.

그날 나는 사직서를 가지고 편집국장실에 들어가서 그만 두겠습니다, 했어요. 그래도 그 후에 사람들이 찾아오고 뭐 하고 한참을 했죠. 간신히 빠져나왔어요.

김: 그 당시 〈조선신보사〉의 규모는 어느 정도였습니까? 특히 기자는 어느 정도 됐습니까?

조: 기자가 모두 해서 한…… 공무국까지 해서 300명 됐어요. 일간지니까 꽤 됐죠. 편집국이 그 중에서 한 100명 정도.

김: 편집국이라는 건 기자들을 말하는 거죠?

조: 그렇죠. 기자들, 교열기자들 다 포함해서 100명 있었죠.

김: 신보 부수는 어느 정도나 됐나요? 그 당시 몇 부나 찍었는지요?

조: 그 당시는…… 모르겠어요. 내가 듣기에는, 4~5만 부?

김: 지금은 어떨까요? 아무래도 줄었겠죠?

조: 준 정도가 아니겠죠. 엄청. 규모도 작아지고. 옛날에는 어쩌다가 10만 부 낼 때도 있었다는 소리를 들어본 적도 있어요. 그러나 보통은 한 4~5만 부 정도 아니었을까, 그 당시에는. 그렇게 생각해요.

김: 옛날 아버님 기일이었나? 조선배한테 들었던 얘기 중 가장 재미있었던 것이 〈조선신보〉 에피소드들. 조선배가 그때 장난스럽게 얘기했는데 지금도 잊어버리지 않았어요. 왜 신보에, 예를 들어서 김일성 주석 사진이 1면에 딱 실리잖아요? 그것도 가운데에?

조: 음.

김: 그러면 신문 배포할 때 반으로 접어야 하는데 얼굴이 접히게 되니까 그렇지 않도록 하기 위해서 별의별 수단을 다 동원한다? 기억나죠? 그런 얘기했던 거?

조: 하하하. 그러니까 신문을 크게 반으로 접으면 사진이 딱 목에 걸린단 말이에요.

김: 예. 반으로 접으면.

조: 근데 이건 참…… 문제 삼지 않으면 아무 문제도 아닌데, 그런 걸 문제 삼는 사람이 안에 있는 거예요.

김: 무슨? 아, 하하하.

조: 그게, 문제라면 문제고, 문제가 아니라면 문제가 아닌 거잖아요? 근데 이 사람이 신고하면 중앙에 다 보고해야 되고 복잡해져요.

김: 그럼 그 후엔 어떻게 해요?

조: 우리가 다 동원돼서 손으로 사진이 안 접히게 모서리로 해서 접죠.

김: 편집하면서 사진 배치를 달리하면 되잖아요?

조: 그런데 인쇄된 건 어떻게 할 수 없잖아요? 또 재미있는 것은, 이렇게 신문이 있으면, 〈조선신보〉 이렇게 신문 이름이 들어가는 그 아래에는 굵은 선이 있잖아요? 그 선이 원래 검거든요. 근데 여기 2면에 김일성 주석의 사진이 있다고 합시다. 그러면 얼굴에 검은 선이 흐릿하게 날 거 아니에요?

김: 뒷면에서 보면?

조: 예, 뒷면. 2면. 뭐, 그것도 문제가 아니라고 하면 아닌데, 또 문제 삼는 사람이 있어요. 그래서 아, 이건 전부 회수다. 일단 문제가 되면 어떻게 하겠어요? 그것을 괜찮다고 누구도 말 못 하는 거예요.

김: 그러니까 그건 잘 접어서 해결되는 것도 아니잖아요?

조: 그렇죠. 내기 전 같으면 회수하고. 그러니까 개인숭배가 지나치면 그렇게 무서운 거예요. 사실 김일성주의가 그렇게 하라고는 안 했죠. 그런데 그걸 운용하는 사람들이 그런 식으로……

김: 자체 검열하는 거잖아요?

조: 사람이 자꾸 그렇게 하게 되면 나중에는 그것에 대해서 누구도 말을 못 하게 되요.

김: 우리도 군사정부 시절에 그런 말들이 있었어요. 글 쓰는 사람들이 자신이 쓰고 싶은 대로 쓰는 게 아니라, 스스로 자기 검열하면서 글을 쓴다. 이 단어를 쓰면, 이 말을 쓰면 걸려 들어갈 것이다. 지

레 겁먹고 미리 자기 검열하면서 하는, 딱 그 식이잖아요?

조: 그렇죠, 바로 그 식이죠. 사람들이 그래서 이런 것, 저런 것 해서 모순을 점점 느껴가는 거예요. 때문에 내가 좋은 인재인지 어떤지는 제쳐두더라도 그렇게 해서 좋은 인재들이 하나 둘 빠져나갈 수밖에 없는 구조로 가는 거예요.

김: 의식 자체가 굳어지면서?

조: 역사 같은 것도 그래요. 나중에는 교과서 같은 데에도 버젓이 잘못 된 게 옳은 양 쓰이죠. 결국 쓰는 사람이 나쁜 게 아니에요.

자존심을 버리고 타이쇼(大將) 식당 운영에 뛰어들다

김: 자, 다음 이야기로 넘어가겠습니다. 신문사 나온 후 어떤 일을 시작했습니까?

조: 하여튼 나는 그때 북한에 나쁜 소리하고, 총련에 이말 저말 하는 게 싫어서 나와갖고 '돗배설' 장사를 시작했어요. 자존심을 없애기 위해 최하층의 일을 해봐야겠다 생각했거든요.

김: 예?

조: 돗배설.

김: 돗배설이 뭐예요?

조: 그 뭐냐, 제주도에서 돼지…… 그러니까 순대가 아니고.

김: 제주어로 돗배설하면 '돼지 창자'를 말하는 거잖아요?

조: 그래요, 창자. 창자를 꼬치에 이렇게 꼽고 구워 파는 거. 구이죠. 배설을 중심으로 혓바닥이든가 심장, 간 같은 생체를 잘라서.

김: 그러니까 음식점을 한 거네요?

조: 그래요.

김: 근데 내가 듣기로는 지금 하는 가게가 먼저 어머님이 했던 가게를……?

조: 아니, 아니에요. 식당은 내가 시작한 거예요. 처음에는 7평밖에 안 되는 조그만 가게를 했죠. 먹고는 살아야 하니까.

김: 그러니까, 그게 언제 시작한 거죠?

조: 1981년도 4월에. 신보사 나오고 몇 달 후에.

김: 아, 예. 그런데 식당 이름은?

조: 그때는 타이쇼라고 했어요. 대장大將. 일본말로 그냥 대장, 군대 대장. 일본에서는 술 먹으면 대장이라고 해요.

하여튼 그 첫 가게가 돼지 내장구이 전문점으로 해서 좀 커져 가요. 그게 지금까지 계속 이어지죠. 그게 처음엔 나하고, 마누라하고 둘이서 했던 거예요.

김: 예, 고생도 했겠네요. 그렇지만 그 돗배설 식당을 시작으로 완전 성공하신 거잖아요? 생각해 보면, 1981년부터니까 이제 30년

이 넘은 건데 그 성공 과정을 간단히 좀 말씀해주세요.

조: 그게 일이 좀 힘든데……. 어쨌든 나하고 마누라가 힘을 합쳐 일했죠. 우선은, 내가 신문기자하고 했으니까 자존심을 버리는 데서 부터 시작했어요.

김: 그게 힘들었죠? 인텔리여서?

조: 사실 나는 그렇지 않았는데 옆에서 사람들이 자꾸 그런 소리를 해요.

김: 그렇죠. 그렇지만 스스로도 먹물을 빼는 게 쉽지는 않았을 것 같은데요?

조: 그것도 그렇죠 뭐. 처음엔 근처에 사는 친척들이 내 꼴을 보고 야단을 치더라고요. 아니, 동현이가, 우리 조씨 집안이 어떻게 이럴 수가 있느냐! 나는 아무렇지 않은데. 사실 그때 내가 했던 게 장사 중에서도 제일 하층 장사였잖아요? 일본에서도 역시 그랬어요. 돼지 배설이니까.

김: 음식점 중에서도 또 차별을 한다는 거예요?

조: 뭐, 꼭 그런 건 아니지만, 닭고기도 아니고. 그러나 어쨌든 나는 그게 좋았고, 맛도 있었어요. 내가 직장 생활할 때, 신문사에 있을 때에도 가난했으니까 후배들 데리고 그런 데 많이 갔었거든요. 내가 장사는 정말 열심히 했어요. 마침 장소도 괜찮았고요. 조그만 데에 한, 20명 들어갈까 말까 한 그런 곳. 그 집 지금도 있어요. 그것만은 내가 남겨 놓고 있어요.

김: 그게 우리가 도쿄 행사 끝나면 회식을 갔던 큰 건물의 식당이 아니고요?

조: 아니. 거기 아니에요. 1층짜리. 우에노上野에 있어요. 제일 처음 시작한 식당. 지금은 백 평짜리 식당도 있고, 여러 개 운영하고 있지만. 근데 그때는 그런 가게가 많지 않았어요. 그러니까 그런 게 잘 맞아 들어갔던 거겠죠.

우리가 처음 한 3년 동안은 1년 365일 하루도 쉬지 않고 일했어요. 마누라는 임신해서도 스스로 챙겨가면서 일했고요. 농담으로 처갓집에서는 그런 일 시키려고 딸을 보냈나 하는 말도 나왔다고, 소문으로 들었어요. 그래도 신문기자고 하니까 보냈는데. 임신했을 때에도 손으로 간 같은 걸 만지면 손이 빨갛게 피가 묻어나잖아요? 그걸 보고 장모께서 가슴 아파했던 것 같아요.

김: 형수님도 조선대학 출신이에요?
조: 아니, 거기는 〈금강산 가극단〉이라고 해서 무용수 출신이에요.

김: 〈금강산 가극단〉이면 조선고등학교 소속의?
조: 아니, 아니. 〈금강산 가극단〉은 총련의 예술단이에요. 거기 무용수였어요.

김: 예. 그래서 장사하면서…… 처음엔 자존심 버리는 게 힘들었고, 그 다음에는요? 그걸 넘어서니 그 다음은 수월했나요?
조: 그렇죠, 뭐. 열심히 했어요. 부지런히 칼질도 배우고, 뭐 하고. 다 열심히 했어요. 나는 애초에 돈에 대한 큰 욕심은 없었어요. 신문

사에 있을 때에도 월급이 적었고요. 그러니까 먹고 사는 데만 충분하면 됐던 거예요. 나는 자전거로 다니면 됐고. 사람이 살아가는데 그 이상 뭐가 필요하겠나 하는 생각으로 해가니까 잘 되더라고요.

김: 그때 돼지고기 창자 하는 그런 식당이 많지 않았던 것도 성공의 비결이죠?

조: 그래요. 닭고기라던가, 불고기라던가 그런 거는 좀 됐어요.

김: 그게 도쿄니까 그런 식당이 적었던 게 아니에요? 오사카 쪽엔 꽤 있었을 것 같은데요? 조선시장에 가면.

조: 오사카 쪽엔? 뭐, 있었지만 거기하고는 좀 달랐어요. 이건 일본식 스타일의 돗배설 음식이었으니까.

김: 요즘 식으로 얘기하면 퓨전음식이네요?

조: 하하하. 그러니까 완전 일본 술집이에요. 그냥 야키니쿠집, 불고기집하고는 달랐죠.

김: 그럼 그 가게에 오는 사람들도 거의 일본 사람들이었고요?

조: 그렇죠. 일본 사람들. 일본 샐러리맨들. 그러니까 다치노미 식. 요즘 같으면 앉아서 먹지만. 소주 마시면서 돗배설을……

김: 지금도 식당 이름이 대장입니까? 타이쇼?

조: 지금은 바뀌었어요. 토라하치.

김: 지금은 토라하치? 무슨 뜻입니까?

조: '토라'는, 우리 어머니 이름이 황인진이라고 했죠? 그 이름의 '인寅' 자, 그걸 '토라'라고 발음해요. 그리고 하치라고 하면 팔八을 말하는데 밑으로 벌어져 간다, 일본에서 장사를 하면 '스에 히로가리末広がり'라고 해서 '앞으로 좋다' 고, 하는 의미와 통해요. 별 다른 뜻은 없고요. 그걸 합친 거예요. 그냥 사람들이 외우기 쉽도록.

김: 그러니까 어머님 생각을 하시면서 붙인 이름이네요?

조: 예, 왜냐하면 어머니가 세상을 떠났을 때에 어머니가 빌려서 하던 조선 포목집이 있었어요.

김: 어머님 그 얘긴 조금 들어본 적이 있어요.

조: 예, 그때 그것을 아버지가 인수받았어요. 어머니가 돌아가셨을 때에. 근데 아버지는 장사를 못 하니까 나에게 그걸 주신 거예요. 그때 그러면서 아버지는 한 달에 한 20만 원 정도만 달라고 했어요. 그래서, 알았습니다, 했죠. 그리고 그때 이름을 지을 때 뭘로 할까 하다가 어머니의 인 자 해서 토라하치라고 붙였을 뿐이에요.

그런데 그 후 가게가 타이쇼 하고, 토라 하고 두 개가 있는데 오히려 토라하치가 잘 됐어요. 지금 가게가 여섯 개로 불어났어요. 다 도쿄에 있는데 100평, 50평 이상 되는 큰 가게만 있죠. 조그만 가게는 다 치웠어요. 근데 그거 하나, 타이쇼라는 이름도 토라하치로 이제 바뀌었지만 그 처음 가게는 작아도 남아 있어요.

김: 제가 조선배 어머니 포목집 얘기나 어머님 얘기는 다른 분들

을 통해서도 많이 들었어요. 포목점하시면서 참 후덕하시고, 인심도 좋으신 분이었다. 아버님은 옛날 공부하신 분으로 뭐, 양반이셨다, 그런 얘기.

조: 그랬을 거예요.

1997년 4월, 4·3 50주년 실행위원회에 참여하다

김: 이젠 조선배와 4·3운동에 대해 이야기를 나누겠습니다. 〈탐라 연구회〉가 1985년에 창립되고, 또 〈4·3을 생각하는 모임〉이 1987년에 설립됩니다. 그런데 조선배는 생각하는 모임을 이끌었던 고이삼 선배나 문경수 선배 쪽 그룹하고는 학교도 다르고 해서 4·3 운동을 시작하기 전에는 몰랐었죠? 어쨌든 조선배는 이 생각하는 모임에 언제부터 참여했습니까?

조: 그러니까 나는…… 50주년이면 1998년이 되나? 그래 그 전 해니까 1997년이 되죠.

김: 1997년부터?

조: 50주년의 1년 전에. 그러니까 1997년 4월 정도였던 것 같아요.

김: 그러면 살아오시면서 다른 사회활동은 안 하다가 1997년부터 〈4·3을 생각하는 모임〉에서 시작하신 거네요?

조: 그렇죠.

김: 그때 어떤 계기로 가입하게 된 겁니까?

조: 내가 장사를 시작해서 여건이 좀 좋아지기 시작하니까 뭔지 허전하다고 할까, 내가 이래서 되겠나 하는 느낌이 들었어요. 그런 와중에 또 내 경력을 아는 사람들이 자꾸 같이 하자고 해요. 그때 총련도 아니고, 민단도 아닌 제3세력 같은 게 움트기 시작하면서 같이 하자는 소리가 많았어요. 이제 거기에다 이회성이 아쿠타가와상 받는다, 누가 받는다 하면서 거기서도 같이 하자고 하고. 이쪽에서도 같이 하자 하고. 마침 그런 식으로 많은 조직들이 생기다가 없어지고, 없어지고. 그러면 나도, 장사만 해서는 안 되지 않느냐 그런 생각에서 하여튼 해보자, 해서 여러 가지에 참가해 봤어요. 이회성이랑도 아침까지 술도 먹어 봤고요. 또 새누리 잡지 낸다 하는 그런 것도 해 봤고. 이것저것. 자이니치 생활을 지키는 모임, 거기도 해 봤어요.

그렇게 하는데 어쩌다가…… 내가 4·3에 대해서 잘 아는 것도 아니었어요. 그런데 김석범 선생님이 주관하는 행사에, 이철 선생도 계시고 해서 한 번 참가해보라고 해요. 고이삼도 잘 몰랐어요. 그때 이철 선생이 나를 오라고 했나? 잘 모르겠는데 실행위원회에 참가하게 됐어요.

김: 실행위원회? 그게 1997년?

조: 1997년? 아니지. 1998년, 아니다. 그렇지, 1997년이에요. 4·3 50주년 실행위니까. 준비를 위해 1년 전에들 모인 거예요.

김: 그러니까 이런 예기네요? 1988년이 지나고 5, 6년 후가 되는

1993, 94년쯤에 여러 단체에서 같이 하자는 콜이 많이 왔다. 그래서 실제로 여기저기, 몇 군데는 나가보기도 했다. 그러다가 1997년쯤에 생각하는 모임에 들어가게 되고, 고이삼이나 문경수를 만나게 됐다, 그런 얘기죠?

조: 그래요, 그래. 그래서 거기에서 처음으로 김석범 선생님을 만났는데…… 거기서 김석범 선생님을 처음 만났어요.

김: 그때, 직접적으로 처음 참여를 권한 사람이 누굽니까? 잘 기억해보십시오.

조: 직접 권한 사람은…… 이수오, 이수오라고 해서 이 분은『민족신문』을 했던 사람인데 4·3운동도 좀 했어요. 첫 시기엔 나왔죠. 내 선배예요. 그런데 이 분이 고이삼도 알고 있고 해서 가보자고. 그래서 나도 가봅시다, 했죠.

이제 그렇게 하던 차에, 당시는 김석범 선생님이 소집했던 것 같아요, 가만히 보면. 욕도 하더라고요. 왜 김 아무개는 안 나왔냐, 뭐냐. 그때 나는 처음으로 김석범 선생님한테 매력을 느꼈어요. 그래서 그날은 여러 가지 의논을 하고, 끝난 후 고이삼하고 문경수하고 세 명이서 술 먹다가 밥 먹다가 했어요.

근데 밤에 싸움이 벌어졌네요. 내가, 그랬어요. 지금 제주 4·3을 할 땐가? 남북통일이나 이런 방면에서 싸워야 할 때 아닌가? 이러저러 해서 싸움이 벌어졌어요. 그래서 내가 자리를 떠버리고 했었죠.

그러다가 그 다음 날인가? 고이삼으로부터 긴 편지가 왔어요. 여러 가지 오해가 있었다고 하면서 서로가 사과하고 하자. 그게, 긴 편지였어요. 그런데 잘 알겠지만 편지가 안 왔으면 남자끼리 싸운 거라 서로 안 만나면 그만이었어요. 우린, 편지 때문에 또 마시자고, 그렇게 됐어요. 그래서 고이삼하고 문경수하고 만났네요. 어쨌든 그 후엔 김석범 선생님을 다들 존경하고 하니까, 50주년 기념사업 실행위원회가 발족되는 데로 이어졌죠.

김: 그 기념사업 실행위원회 발족이 언제에요?
조: 1997년 4월.

김: 제가 보기에도 일본에서 4·3 뭐, 추모 모임이든 위령제든 하게 되면 도쿄에선 조선배하고, 고이삼 선배하고 문경수 선배 세 사람이 다 했으니까……. 제가 몇 년 전에 갔을 때에도 세 분이 싸우면서 이젠 얼굴도 안 본다 하는 걸 봤는데, 뭐, 다음에 보면 언제 화해를 했는지 같이 일하고…… 하하하.
어쨌든 조선배는 1997년 그때부터는 본격적으로 활동을 시작한 거잖아요?
조: 그렇죠. 본격적으로. 나도 이런 데에는 기질이 있어서 한 번 할 것 같으면 똑 부러지게 하자고 1년 동안 많은 일을 했어요. 그해 1997년 10월에는, 〈4·3을 생각하는 모임〉 이름으로 '김석범·양석일의 대담회'를 했어요. 그때에도 한 300~400명 모였을 거예요. 그리고 '레드 헌트 상영회'를 1998년 2월에 했고, 3월에는 미국의 브루스 커밍스를 불러서 50주년 기념 강연회를 했죠.

김: 그때 『제주4·3통신』도 발행했죠? 근데 그건 어떤 내용인가요?

조: 『제주4·3통신』은 문경수 교수와 내가 만들었던 거예요. 1997년 10월에 1호가 나온 후 3호까지 나왔어요. 몇 달에 한 번씩 만든 것 같은데……?

済州島四・三事件50周年記念事業実行委員会 発行

済州「四・三」通信 ①号 1997年10月

目次

済州島四・三事件50周年記念事業実行委員会の発足と
『済州島「四・三」通信』発行にあたって…………………………2

呼びかけ文…………………………………………………………3

大阪から
済州島四・三事件50周年記念事業大阪実行委員会の
取り組みと呼びかけ(金 成 元)…………………………4

リレー・エッセイ
黒い海(金 乗 道)………………………………………6

四・三事件関連動向(韓国)…………………………………8

新聞資料紹介………………………………………………………9

済州島四・三事件50周年に向けて
「四・三」を語る夕べ…………………………………………10

済州島四・三事件50周年犠牲者追悼記念コンサート
『語れ漢拏』……………………………………………………11

済州島四・三事件50周年記念事業実行委員会 発行

済州「四・三」通信 ②号 1998年2月

目次

● 「四・三」を語る夕べ
〈対談〉済州島四・三事件をどう見るか…………………金石範 / 鄭石日……4
〈リレーエッセイ〉「4・3」の意義を問う……………………金 日……16
四・三事件関連動向(韓国)…………………………………18
新聞資料紹介…………………………………………………18
呼びかけ文……………………………………………………2

済州島四・三事件50周年記念事業実行委員会
〒102-0072東京都千代田区飯田橋2-13-9不二ビル　新幹社
電話03-3221-9947
FAX03-3230-0003
郵便振替00180-7-409494
E-mail mung@askic. kic. ritsumei. ac. jp
発行日　1998年2月20日

済州島四・三事件50周年記念事業実行委員会 発行

済州「四・三」通信 ③ 1998年6月

目次

済州島四・三事件50周年　記念行事盛大に…………………………3
〈スケッチ〉追悼コンサート「語れ漢拏」…………………………4
追悼コンサートの感想文………………………………………………7
〈特別寄稿〉四・三が提示するもの…………………………田嵜 哲……10
ブルース・カミングス記念講演(要旨)………………………………12
〈リレーエッセイ〉人生の宿題…………………………………李修杏……16
〈大阪から〉三つの四・三慰霊祭………………………………呉光現……18
四・三をめぐる韓国での動向…………………………………………20
50周年記念事業を終えて……………………………………実行委員会……23

済州島四・三事件50周年記念事業実行委員会
〒102-0072東京都千代田区飯田橋2-13-9不二ビル　新幹社
電話03-3221-9947
FAX03-3230-0003
郵便振替00180-7-409494
E-mail mung@askic. kic. ritsumei. ac. jp
発行日　1998年6月30日

50주년 4·3행사를 위해 도쿄의 〈4·3을 생각하는 모임〉에서 만든 『제주4·3통신』 1호~3호 표지

김: 여기 보면…… 2호가 1998년 2월, 3호가 6월에 나온 것 같아요. 넉 달에 한 번 꼴인가? 그리고 이제, 1998년 4월 4일이 되면 본격적인 행사인 '제주도 4·3사건 제50주년 기념 콘서트, 말하라, 한라'가 열리죠?

조: 예. 아, 이건? 이 50주년 리플릿! 참 오랜만에 보네요. 기억나요.

김: 기억나죠? 그때 처음 참여하고, 같이 만든 행사 리플릿이니까요. 어쨌든 조선배는 그때 행사를 준비하면서 전해인 1997년부터 준비 때문에 사람들과 자주 만났을 것 같은데요?

조: 그렇죠. 그때 김석범 선생님도 그렇고, 우리가 한 달에 한 번 닛뽀리에 있는, 이름이 뭐였더라? 베라미? 무슨 도시 이름이에요. 하여튼 베라미라고 하는 찻집. 여기가 제주 출신이 하는 덴데, 우리가 이 3층에서 언제나 회의를 했어요.

김: 찻집에서 회의를 했다는 말입니까?

조: 예, 여기가 일본식으로 하면 찻집이죠. 우린 언제나 여기를 우리 회의장으로 삼았어요. 그때 우리가 한 번 모이면 실행위원회가 10명부터 15명까지 모였어요. 20명이 모이기도 했고요. 우리가 이렇게 모이는 것 자체가 하나의 큰 운동이 됐어요. 지금 생각해도 그게 정말. 그런데 지금 그 분들, 많이 돌아가셨어요. 김병두 선생님, 이철 선생님, 그리고 김일 선생님도 그렇고.

김: 현광수 선생님은?

조: 현광수 선생님은 아직. 사실 현광수 선생님은 미안하지만 많

〈4·3을 생각하는 모임·도쿄〉의 50주년 4·3추도제 '말하라, 한라' 리플릿

追悼コンサート 開催にあたって

　歴史は人から人へ、時代から時代へと語り継がれるものです。しかし済州島四・三事件は、その史実の残酷・悲惨さゆえに、半世紀を経て今なお歴史の闇の中に閉じ込められています。３万人とも、５万人とも言われる犠牲者の魂は漢拏（ハルラ）の山々を彷徨いながら、今を生きる我々に何かを訴えかけているように思えてなりません。四・三事件から50年目の今年、事件に思いを寄せる人々が集い、悲劇的な事件をもう一度心に深くきざみ、罪なき犠牲者たちを追悼するコンサートを持つことになりました。ご参加をよびかける次第です。追悼コンサート『語れ漢拏』が、無念にも犠牲にならざるをえなかった人々の思いや悲惨な歴史に再び照明をあて、現代を生きる我々の糧になれば幸いです。

（実行委員会）

第一部 ひとり芝居 或るハルマンの物語
新屋英子　作：金重明　演出：鵜野昭彦

　関西芸術座メンバー。大阪シナリオ学校、大阪文学学校講師。舞台「三人姉妹」（チェーホフ）、「第三の証言」（椎名麟三）、「荷車の歌」（山代巴）、映画「学校」（山田洋次監督）、テレビ「李君の明日」（NHK）などに出演し、好評を得ている。「ひとり芝居」は、「身世打鈴」「チョゴリを着た被爆者」など上演が1600回をこえ、現在、元朝鮮人従軍慰安婦の半生を描いた「燕よ、あの人に伝えてよ」を絶賛公演中。

カザルスホール
〒101 東京都千代田区神田駿河台1・6 お茶の水スクエア内　03-3294-1229〈交通〉JR御茶ノ水／地下鉄＝御茶ノ水、淡路町、新御茶ノ水、神保町 各5〜7分

第二部 ハルラに捧ぐうた
金城吉 ●バリトン

　ソウル大学音楽科教授。マリア・カラスに指導を受け、メトロポリタン、バルチモアコンクールなどで１位受賞。「ドン・カルロス」に主演し、好評を博した。「リゴット」「魔笛」など300回あまりにわたるオペラをこなす。モーツァルトの「レクイエム」、マーラーの「千人交響曲」など独唱者として50回を超える公演を行う韓国を代表するバリトン歌手。
曲目：先駆者、帰りたい、待ちわびる心、岩峠、シンゴ山打鈴

田月仙 ●ソプラノ

　桐朋学園大学芸術科・同研究科卒業。83年、連続リサイタルで楽壇にデビュー。それ以後「フィガロの結婚」「道化師」「蝶々夫人」「サロメ」など次々とオペラの主役を演じる。FM番組、TV、ラジオにも出演。北朝鮮、中国、旧ソ連、アメリカでも公演。94年、韓国ソウルのオペラハウスで「カルメン」の主役を演じ絶賛される。97年に光州、ソウル、仁川、そして東京でもリサイタルを開いた。
曲目：鳥よ鳥よ青い鳥よ、鳳仙花、高麗山河わが愛、農夫歌、キーンアリラン

東京セ・パラム合唱団
曲目 ●眠れぬ南島、白頭から漢拏まで漢拏から白頭へ、アリランほか

小池由紀子 ●ピアノ
　東京音楽大学ピアノ科演奏家コース卒業。優等賞。81年デビューリサイタル。以来東京で10回のリサイタルを開催。大友太郎氏（フルート）とのデュオリサイタルをはじめ多くのソリストと共演。各地でコンチェルト、ソロ、アンサンブルの活動を行う。

宮林亮至 ●ピアノ
　大阪生まれ。東京芸術大学付属高校作曲専攻卒業後、フリーとして活動中。創作オペラ「十五夜物語」が新宿文化センターで演奏されたこともあるが、現在はジャンルにとらわれない活動を続けている。ピアノ、編曲、作曲など多方面で才能を発揮する。

北川靖子 ●ヴァイオリン
　東京芸術大学卒業。71年オーストリア国立ウィーン音楽大学に入学、75年最優秀で卒業。76年西独ハンブルグ交響楽団コンサートマスターに就任。87年東京でリサイタル。89年北川暁子、千本博愛とセルヴェトリオを結成、毎年定期演奏会を開催。

称原哲雄 ●チェロ
　桐朋学園大学オーケストラ研究生修了。79年東京交響楽団とドヴォルザークのチェロ協奏曲でデビュー。以後、ピアノトリオを中心にしたテッド室内楽コンサートをはじめ、メトロポリタンオーケストラ、東京メモリアル、チェロアンサンブルサイトウなど幅広く活躍。

済州島四・三事件50周年記念事業実行委員会
〒102 東京都千代田区飯田橋2-13-9不二ビル　新幹社内　Tel. 03-3221-9947 Fax. 03-3230-0003 郵便振替 00180-7-409494

이 안 나왔어요. 40주년 한 다음에 여러 가지 일이 있었는지는 모르겠지만 거의 안 나왔죠. 그래서 김석범 선생이 여기서 중심이 되고, 그 다음 나하고 고이삼하고, 문경수 세 명이 사무국을 담당했어요. 우리 세 명이 바탕이 다르기 때문에 그랬는진 모르지만 일은 잘 됐어요.

김: 잘 됐다? 툭 하면 다투던데요?

조: 다투기야 다퉜죠. 하하하. 우리가 분야가 다 다른 거예요. 문경수 선생은 학교, 고이삼 선생은 출판, 나는 경제, 장사하는 쪽. 그러니까 그게 딱 맞았던 것 같아요. 그런 부분들이. 그래서 그때부터의 활동과 생각, 열정이 이제까지 계속 이어져오는 것 같아요. 제가 보기에도.

아버님 조규창

김: 이젠 아버님 얘기를 듣고 싶습니다. 어쨌든 조선배가 4·3 활동을 하는데 있어서 아버님, 조규창 선생님의 영향은 어떤 식으로든 작용할 것 같은데요, 어떻습니까?

조: 음……. 근데 이거…… 돌아가신 다음에야 생각을 하니……. 이럴 줄 알았으면 미리 잘 들어 놓을 걸, 하는 생각이 들어요.

김: 뭐가 잘못 됐다는 말이에요?

조: 아니, 그런 말이 아니라 아버님이 살아계셨을 때 이야기를 많

이 들어 놓을 걸 못 했다는 말이에요.

김: 아버님과는 얘기를 잘 안 했나요?

조: ……. 집안일이라든지, 또 아까 내가 어머님 품속에서 감옥에 갔다고 했던 일 같은 것들을. 정말, 많이 못 들었네요. 형 얘기도 그렇고. 그러니까 지금은 아버지도 살아계시지 않아서 모르겠어요. 많은 것들에 대해서. 그리고 아버님이 안선생[1]과 해주에 갔다가 6·25가 나니 내려오잖아요?

김: 제가 그 얘기는……. 아버님이 말년에 제주도 오셔서 몇 년 집 짓고 살았잖아요? 그때, 제가 한 달에 한 번은 가서 뵙고 하면서 했어요. 사실 저는 아버님께 많은 얘기를 듣고 싶었어요. 그러나 거의 과거 얘기는 안 하셨죠. 그러다가 한 번은 신촌집에 갔는데 새 책으로, 『함세덕희곡선집』이 있더라고요. 잘 아시겠지만 함세덕은 북으로 간 희곡작간데, 그 작품집에 '산사람들'이라는 희곡이 들어있었어요.

그때 제가 그 책을 보고, "선생님! 이 희곡집, 새 책이고 발간돼서 얼마 안 된 것 같은데 사오셨습니까?" 물었죠. 그랬더니 딱 한 마디 하셨어요. 해주대회, 1948년 8월에 해주 남조선인민대표자대회

1　안세훈을 말함. 조천 출신의 항일운동가로 4·3 시기에는 제주도인민위원회 위원장, 제주도 민주주의민족전선 의장을 역임했다. 1948년 8월 21일 해주에서 열린 남조선인민대표자대회에 참여했다. 그 후 한국전쟁이 일어나자 제주도로 내려가려다가 길이 막혀 전남 광산군의 한 주택에서 2년 여 지하생활을 하다 1953년에 병사했다.

山사람들(전2막)*

山에서 살고
山에서 내려왔다
다시 山으로 올라간다고
부락사람들은 그들을
山사람이라고 불렀다.

나오는 사람들

제 1 막
김 석 민   구국투쟁위원회 조직부장
송   백   동 조직부원
부 용 철   동
고 제 곤   동 화북리 책임자
제 곤 모
부 을 나   용철의 매(妹), 해녀
진   옥   연락선 아지트 주인, 해녀
부 장 의   부락의 농민 60세 (장의는 향교를 나왔다는 존칭)
산 바 우   양준수의 머슴
장   덜   정용 나갔다 돌아온 작인
뚱뚱한 해녀

* 2막이기는 하지만 원고지 360매 정도의 분량의 꽤 방대한 작품이다. 1949년 12월과 1월 북한에서 발행된 집지 《문학예술》에 전·후반부가 나뉘어 수록되어 있다. 제주 4·3항쟁의 前史를 반미군정, 반이승만 정권의 민중적 시각에서 극화하고 있어 4·3항쟁을 사건 당대에 다룬 문학사적 의미가 크다. 제주도 어민들의 삶 속에 초기 희곡의 서정성이 남아 있어 이념극의 경직성에서 벗어난 일면을 보여준다. 월북하여 쓴 첫 작품이다.

1995년 시인사에서 펴낸 『함세덕희곡선집』 표지(왼쪽), 『함세덕희곡선집』에 수록된 '산사람들' 첫 쪽(오른쪽)

에 갔었답니다. 김달삼네는 먼저 올라갔고, 아버님네는 나중에 간 거죠. 그때 해주에서 이 연극을 보셨다고 했어요.

아버님은 며칠 전 시내 나갔다 들른 서점에서 그 책이 보이길래 샀다고 했어요. 아마 그게 제가 조규창 선생님한테 들은 몇 안 되는 이야기 중 하나입니다.

조: 아버님은 그래서 북한에 계시다가 6·25가 나니까 한국으로 내려왔죠.

김: 예, 그 얘기는 제가 좀 압니다. 안세훈 선생하고 제주도에 가려고 하다가 길이 막혀서 전남 나주 근처에서 땅굴 파고 숨어살았다?

조: 그 이야기지. 그런데 나는 안선생, 안선생이라고 해도 잘 몰라요.

김: 안세훈이라고 하면 항일운동가이고, 해방 후에는 제주도지사
로 추대 될 정도로 신망이 있는 분이었어요.

조: 예. 아버님은 안선생님 비서 자격으로 그때 해주에 갔다 해요.

김: 또 안선생님은 거기서 2년 가까이 땅굴 생활하시다 돌아가시
지만 아버님은 일본으로 오셨죠?

조: 그렇죠. 안선생이 죽은 다음에도 거기 계속 있었으면 잡혔을
거예요. 그래서 일본에서, 우리 어머니한테 들은 이야기인데요……
우리가 제주도에 땅이 좀 있었어요. 그 땅을 팔고 돈을 구해서 우리
아버지를 일본으로 밀항시켰죠.

김: 밀항? 예. 그리고 좀 전에 어머니 품속에서 감옥에 갔다? 그
건 무슨 말이에요? 어떤 감옥?

조: 그것까지는 몰라요, 내가. 그런 걸…… 내가, 역사로서도 죄
가 커요. 그런 걸 잘 듣고 했어야 했는데…….

김: 맞아요. 그것도 조선배의 죄는 죄죠.

조: 근데 세상이 다 그런 것 아닌가요? 지금 우리 애도 내 얘기
뭐, 듣지도 않아요.

김: 다시 아버님 얘기. 자료를 보면 아버님은 남로당 재정담당이
었던 건 확실해요.

조: 그건 나도 들어봤어요.

김: 재정담당. 또 한 가지 저한테 해준 이야기가 있어요.

조: 음.

김: 조천중학교가 지금도 신촌에 있잖아요?

조: 예.

김: 조천중학교를 신촌에 만들 때, 조규창 선생님은 나무를 하려고 일본 큐슈까지 배를 빌리고 갔다 왔다고 했어요.

조: 그런 얘기도 들었어요.

김: 그렇죠? 그런 얘기를 하시면서 자신은 아무래도 일본 쪽에 주로 있었다. 4·3 당시에도 제주도에는 별로 없었다. 일본에서 사람들을 만나러 다녔다 하셨어요. 재정 관련 일로.

조: 내가 들은 것은, 고문당해서 다리가 부어올라 산에 올라가지 못 했다. 그래서 일본에 가서 뭐 했다, 그런 얘기를 들었어요. 그리고 일본에서는 일본공산당에 있었던 김천해[2] 그 사람이 많이 도와주었다고 했어요. 제주에 물건을 보내려고 여기저기 부탁해 다니면서 돈을 모으고.

김: 혹시 아버님이 남기신 자료는 전혀 없나요?

조: 전혀 없어요. 아버님이 언제는 누가 쓰라, 쓰라 하니까 쓰겠

---

2 경남 울산 출신으로, 일제강점기에 일본공산당 중앙위원을 지냈다. 1949년 9월, 일공에서 축출되어 북한으로 가 조선노동당에서 활동했다.

다, 쓰겠다 했다가 못 쓰셨고요. 이야기 하자, 하자 하다가 못 했고요.

김: 아버님은 말씀도, 기록도 하나 안 남기신 걸로 하고, 그럼 조선배가 1997년부터 〈4·3을 생각하는 모임〉 활동을 하는 데 아버님은 전혀 관계없었겠네요?

조: 예, 거의 관계없어요. 저는 그러니까 4·3 일도 김석범 선생님을 만나면서…… 이건 솔직히 부끄러운 이야기지만, 그때부터 김석범 선생님 책을 읽기 시작했다니까요.

김: 「까마귀의 죽음」도 그때야 읽고요?

조: 예. 다른 사람들은 모두 70년대에 그 책이 나오자마자 읽었다고 하는데 저는 그래요. 왜 그런가 하면, 그 시기에 나는 총련에 있을 때고, 김석범은 총련의 적이었어요.

김: 예, 맞아요, 맞아요. 4·3 자체가 북에서는 지금도 그렇죠.

조: 나는 솔직히 말해서 4·3일을 어떤 정의감이나 그런 데서 출발한 게 아니에요. 내가 사회적인 일은 해야겠는데 하고, 방황하고 있을 때 만난 게 김석범 선생님이었고, 4·3이에요.

김: 이건 지금 조선배 얘기 듣고 나서 묻는 건데, 제가 조규창 선생님 살아계실 때 저에게든 누구에게든 말씀 안 하신 이유 중의 하나가 북에 계신 형님 때문에 그런 게 아닌가 하고 생각한 적이 있어요. 어떻게 생각하십니까? 조규창 선생님이 4·3 얘기를 하면 아드님한테 피해가 갈 수도 있다, 그래서 안 한 게 아닌가요?

조: 아, 그건 아닐 거예요.

김: 지금 조선배 활동하는 것도 마찬가진데, 북에 있는 형님한테 피해 간다고는 생각하지 않으세요?

조: 안 해요. 전혀는 아니지만. 과거에 조금은 있었어요.

김: 좀 있었다는 게 무슨 뜻이에요?

조: 내가 총련을 그만 뒀던 첫 시기에 그런 영향이 있지 않겠는가, 생각한 적이 있었다는 말이에요. 그때는 여기서도 4·3은 힘든데, 북한에서도 4·3은 남로당이 했던 거로 평가했으니 걱정을 했어요. 그런데 우리 형의 경우에는 기술자로서 자기 힘으로 없으면 안될 만큼의 지위를 만들어 놨다, 그러니 내가 이렇게 하는 것 정도로는 아무 관계없다 하고 나중에는 생각하게 됐어요.

그런데 아버지 문제는 좀 달라요. 우리 아버지는 뭐고 하면, 오히려 자기가 4·3에 대해서 괜히 쓸데없이 아는 척하고 이야기하면 오히려 지금의 4·3운동에 찬물을 끼얹는 게 된다, 그렇게 스스로 생각하신 거예요. 그래서 사람들이 우리 집에 와서 인터뷰를 요청해도 말 안 했어요. 내가 지금 생각해 보면 그래요. 그리고 또 그때는 제주에서 4·3운동이 어디까지 가 있는가 하는 것을 우리는 잘 인식하지 못했어요. 그러니까 산에 가서 어떻게 했고 하는 그런 말, 이덕구 얘기, 그런 건 하지 않고 탄압에 대해서만 이야기한 게 아닌가? 아버지가 그렇게 걱정했던 것을 나는 이해해요. 아버지는 남로당이 했다, 북에서 시킨 거다 하는 얘기 일체 안 했어요. 이제야 연구가 돼서 남로당이 독자적으로 한 거라고 하지만 아버지는 괜히 자기가 증언하는 것처럼 해서는 안 되겠다 한 거예요.

김: 그런 부분은 잘 이해가 됩니다. 근데 아버지도 남로당원이셨잖아요?

조: 그러니까 더 그런 소리는 일체 안 했던 거죠. 남로당이 했다, 안 했다 하는 거. 내가 물어봐도 말 안 했어요.

김: 그러니까, 다른 사람 앞에서는 전혀 그런 얘기는 안 했다는 거죠?

조: 그래요. 4·3을, 남로당이 지도했다. 그런 얘기 일체 안 했어요. 다시 하는 말이지만 아버지는 괜히 그런 이야기를 했다가 운동에 피해를 줄까봐서요. 근데 아버지도 가끔 집회 같은 데에는 참가했어요.

이건 또 변명 같지만 내가 아버지 말을 못 들은 이유 중 또 하나가, 아버지하고 나는 나이 차이가 많이 나거든요. 내가 제일 밑이니까. 그래서 그런 것도 있어요. 이해해줘요.

김: 하하하. 하여튼 제가 제주도에선 선생님을 많이 뵌 편이에요. 한 달에 한 번 이상. 그래도 제가 다른 말, 우리가 4·3일하는 얘기, 제주도 돌아가는 얘기를 하면 그런 건 굉장히 궁금해서 잘 들었어요.

조: 그럼 당신네가 잘못한 거죠. 여기 있었으니까 똑똑히 말을 끌어냈어야죠.

김: 근데, 그게 안 되더라고요.

조: 그러니까, 나도 해도 안 됐던 거예요.

지금 내 역할은 4 · 3의 대중화

김: 자, 이젠 1997년 활동 이후 얘기로 돌아갑니다. 당시 4 · 3 활동을 시작하면서 50주년 행사를 함께 했고, 그 이후 4 · 3운동을 쭉 주도적으로 하시는데 지금 돌아보면 어떻습니까? 일련의 4 · 3운동에 대해 어떤 평가를 내리시겠습니까? 생각한 만큼 잘 돼가고 있는지요?

조: 예, 그래요. 먼저, 4 · 3 진상규명 문제. 그게 50주년 때부터 계속 이어지면서 잘 돼가고 있고요. 내가 스스로 관여했던 사업에 대해 평가를 내리는 게 이상하긴 하지만, 객관적으로 봐도 이 진상규명 분야는 고이삼이나 문경수 이 사람들이 잘 해나가고 있다고 봐요. 그리고 나는 일본에서 4 · 3운동을 '대중화'시키는 것이 내 역할이라고 처음부터 생각해왔었는데 거기에 대해서 많은 진전이 있었다고 자부해요.

물론 50명 규모의 집회도 중요하지만 300명의 사람들을 참석시킨다면, 그것도 4 · 3을 잘 모르는 사람들을 참가시킨다면 그게 성공이 아닌가요? 그리고 본질적으로 4 · 3에 대해서도 그래요. 4 · 3은 제주에 국한된 사건이 아니고, 우리나라의 정통성에 관한 문제이며 통일에 관한 문제다, 그런 인식을 심었고요. 그리고 요즘이야 정반대의 얘기를 하지만 내가 일을 시작할 때만 해도 제주도에 대한 차별의식이 좀 있었어요. 솔직하게 얘기해서. 내 친구들도 그랬어요. 육지 출신들도 그랬고요. 그런데 이젠 그런 사람들 중에서 좀 배웠다는 사람들도 우리를 멸시하는 그런 소리를 못 하게 됐어요. 나로서는 참 기쁘죠. 그리고 또 일본 사람들 자신도 일본 역사를 볼 때 '4·3이 일본과 전혀 무관한 것은 아니다, 자기들한테도 책임이 있다' 하는 것을 이제는 좀 의식하기 시작하게 됐어요.

김: 원천적인 책임은 일본 사람들에게도 있다는 거죠?

조: 뭐, 그렇게까지 노골적으로 말은 안 해요. 그래도 그런 식으로 인식만이라도 가져주면 좋은 거 아니겠어요? 자기들 스스로가. 분단의 책임이 일본에는 왜 없겠어요?

김: 그러면 이제까지 4·3을 대중화시키고 일본 사람들에게 알려 동참을 끌어내고 해왔다. 그걸 현장에서 한 사람은 조선배고, 출판으로 알린 건 고이삼 사장이고, 학계에서 4·3 책을 내면서 알린 건 문경수 선배다. 그러니까 이렇게 세 사람 틀이 딱 맞았다는 거잖아요?

조: 나는 돈을 모으고, 사람을 모았죠.

김: 돈도 모으고. 사실 저는 세 사람이 일하면서 다투는 것, 다시 뭉쳐 하는 것을 다 봤는데 지금 보면 어느 정도는 참 잘된 것 같네요. 이건 좀 다른 얘긴데요. 지금 4·3운동이 일본만이 아니라 제주도에서도 과도기적인 면이 있어요. 예를 들어서 2003년에 정부의 진상조사보고서가 나오고, 대통령이 사과를 했죠. 그 다음 2008년 60주년에는 평화기념관이 건립됐어요. 그 후 4·3평화재단도 만들

어졌어요. 현재 4·3은 한국의 다른 비슷한 과거사 사건보다 많이 나아갔어요. 진상규명이나 그런 문제들이 많이 풀렸다는 거죠.

그런데 문제는, 이건 제가 4·3연구소장을 다시 맡으면서 생각한 것 중의 하나인데요, 이젠 4·3이 나아가야 할 길이 뭐냐 할 때 주로 생각했던 게, 4·3 평화교육, 세계화 문제의 중요성이었어요. 사실 추가진상조사나 유족과 관련해서 배·보상 문제도 해결해야 할 일이지만 4·3의 교육적인 면, 특히 평화·인권교육 문제를 제일 중시해야 한다고 봤어요.

그런 차원에서 조선배는 생각하는 모임이나 일본유족회가 일본에서는 4·3운동을 어떻게 방향 잡고 나가야 된다고 생각하십니까?

조: 그 전에, 김소장 얘기 중에 우리 셋이 다투고 뭐 하더라고 했죠? 그런데 내가 문경수하고 다투고 한 일 중에 이런 게 있어요. 내가 오사카에 가서 모임 준비를 한 달 동안 하면서 했을 때예요. 민단도 총련도 다 같이 끌어들이자. 그것도 조직적으로 끌어들여야 한다. 그렇게 사람들을 끌어들여 집회를 해야 한다. 언제까지 겨우 100명 모으고, 50명 모아서 행사를 하겠는가? 내가 그렇게 주장했고, 직접 작업했죠.

그래서 총련이 오고, 민단도 참가했어요. 오사카에서 우리 셋이 나름대로 잘 했죠. 그때 총련에서는 이쿠노 남지부 위원장이 왔어요. 조직적으로. 지금 이름은 기억이 잘 안 나는데…… 소 누구였어요. 그 사람이 나하고 마음을 맞추면서 열심히 일했어요. 그런데 문제는 우리가 회의를 하는데, 그게 소위 민주주의적으로 했는지는 모르지만 그 사람을 행사 당일 사회를 보도록 결정한 거예요. 1,000명이 모인 추모제에. 그때 김소장도 참가했잖아요?

그때 나는 준비가 다 잘됐다고 생각하고 김석범 선생님들하고
느긋하게 식사하고 행사장에 갔어요. 아, 그런데 보니까 사회를 총
련의 그 친구가 한단 말이에요.

김: 그렇게 했죠.

조: 사실 나는 무지무지하게 화가 났어요. 왜 문경수가 사회를 안
보고 그랬냐고. 행사를 우리가 주도하고 있는데 왜 총련에서 사회를
보나? 그러면 민단에서도 같이 사회를 봐야지. 거기 참가했던 사람
들이 어떻게 생각하겠느냐? 그래서 나중에 문경수에게 막 욕을 퍼
부었죠. 이것도 우리 셋이 싸우곤 했던 이유 중의 하나예요. 하나의
에피소드죠.

김: 그 일이 몇 주년 행사 때였죠?

조: 50주년? 아니야. 55주년 때. 그때는 내가 무지무지하게 화가
났어요. 정말 내가 쌍소리까지 해가면서 문경수를 욕하고, 싸웠어요.
이 행사를 성공시키기 위해 물 밑에서 피나는 노력을 했는데 왜 화
가 안 났겠어요?

김: 그러니까 그런 거죠? 〈4·3을 생각하는 모임〉이나 〈재일본
4·3유족회〉 중심의 행사니까 사회도 두 단체에서 봐야 한다? 그리
고 한 발 양보해 생각하더라도 총련 쪽에서 사회를 보면 민단은 뭐
가 될 건가? 사람들이 그때 4·3행사를 총련 모임으로 볼 수도 있는
것 아니냐, 그 얘기죠?

조: 그렇죠. 오사카에서는 4·3의 상징인 문경수가 사회를 봐야

마땅한 것 아니에요? 우리가 준비하고 주도하는 모임인데.

김: 무슨 말인지 이해돼요. 그래서 그 이후에는 그렇게는 하지 않죠?

조: 음. 그리고 이건 또 다른 문젠데, 우리가 행사를 하려면 아무래도 대한민국의 정치에 영향을 받아요. 김대중 대통령이나 노무현 대통령 때는 민단도 잘 도와주곤 했어요. 그러다가 이명박 대통령 이후에는 민단 사람들은 시큰둥해요. 우리 도쿄에서도 아라카와 민단 단장이 한 번은 발기인에 들어오기도 했어요. 근데 지금은 등을 돌리고. 우리 고생 참 많아요. 그래도 앞으로 운동은 계속해 나가야 하는데 좀 지치네요.

김: 지치죠. 우리 현장에서도 그러는데.

조: 그래요. 그래도 가야 하는 길이니까 한데……. 지금은 이렇게도 생각해요. 우리 일본에서도 지금 이야기하고 있듯이 자이니치 인권문제라든가 4·3을 이런 것들과 연결시켜 접근하게 되면 운동 자체가 수준이 올라가는 것이다. 4·3은 곧 인권·평화운동이 된다. 때문에 앞으로는 이런 방향으로 나아가야 할 것 같아요.

김: 일본 4·3운동의 미래는 평화·인권운동이다? 당연히 그런 방향이라 생각하고요, 이건 다른 분들께도 질문했던 것이지만 조선배에게도 반드시 묻고 싶은 질문이에요. 제가 한 20년 일본 4·3행사에 다니면서 느끼는 건데요, 도쿄와 오사카의 4·3 행사의 차이랄까? 그러니까 오사카는 현장 비슷하게 해서 유족을 중심으로 하는

위령제가 되잖아요? 그런데 도쿄는 추도모임, 기념제, 아니면 문화제 식으로 행사를 하잖아요? 어떻습니까? 아무래도 자이니치 제주인들이 오사카 쪽에 많이 뿌리 내려서 살고 있는 게 원인입니까?

조: 뭐, 그것도 하나의 이유겠죠. 그렇지만 나는 도쿄에서 그런 필요성을 느끼지 않았어요. 무슨 말이냐 하면, 내가 4·3운동을 하면서 보니까 오사카에서는 위령제에서 증언이라던가, 이런 것들을 하더라고요. 그러나 나는 일본의 수도인 도쿄에서는 이런 것들보다도 4·3을 대중화시켜야겠다, 일본 사람들과도 함께 해야 한다, 세계화해야 한다 생각한 거예요. 나는 그런 데에 너무 몰두하다보니 다른 것에는 생각이 미치지 않았던 거죠.

그런데 지금 생각해보면, 오사카에서 그렇게 하는 것 자체는 아주 좋은 일이라고 봐요. 그런 기록도 남기고 하는 것이. 그러나 그런 것에만 국한돼선 안 되죠. 내가 보기에는 오사카 쪽은 아무래도 4·3을 대중화시키는 마인드는 좀 부족하다, 그렇게 보여요.

김: 모자라다? 대중화에? 예, 그런 점은 저도 좀 느껴요. 하지만 도쿄는 너무 지식인들 중심이잖아요? 그래서 저는 생각합니다. 지금처럼 오사카는, 위령제로. 현장 중심의 위령제로 4·3 행사를 특화시켜나가고, 도쿄는 4·3의 대중화를 위해 지식인들 중심으로 일본인들도 많이 끌어들이면서 기념제나 문화제를 한다. 이렇게 나가는 게 서로의 특성을 살리고, 사람들을 끌어들이는 방법이 될 것 같아요.

조: 뭐, 그렇죠. 어쨌든 오사카와 우리는 다르니까.

진짜배기 소설가 김석범

김: 자, 그럼 다음은 김석범 선생님 이야기를 하겠습니다. 일본에서 4·3을 알게 된 사람 중에는 대개 70년대 읽었던 선생님의 「까마귀의 죽음」을 통해서라고 얘기해요. 그런데 조선배는 아까, 1997년에 4·3 활동을 시작하면서 처음으로 읽었다고 했잖아요? 어땠나요? 조선배는 원래 전공이 문학 쪽이니까 「까마귀의 죽음」을 읽었을 때 어떻게 느꼈습니까?

조: 그때 인상, 기억은 뭐냐면, 아이고! 여기까지 써 있구나, 하는 느낌?

김: 여기까지? 그게 무슨 말이에요?

조: 여기까지라는 게…… 나는 4·3을…… 탄압하는 측의 여러 가지 문제점이라고 생각했어요. 과거에는. 뭐라고 할까…… (남로)당이라던가, 싸우는 사람들의 내면세계가 긍정적으로 써 있다는 느낌은 없었어요. 그런데 선생님의 작품을 읽고는 깜짝 놀랐던 거죠.

김: 「까마귀의 죽음」에서 그런? 예, 다음으로 문학적인 문제로 문체나, 거기 들어있는 사상 같은 건 어땠나요?

조: 사상이라는 게…… 그러니까, 『화산도』는 주인공의 묘사와 함께 다양한 인물들을 통해 올바른 시대적 정신이 무엇인가를 예술적으로 그려냈다고 생각해요. 특히 철학적 안목은 지금도 우리가 늘 어떻게 생각하고, 행동해야 하는가 하는 데에 하나의 지침을 줘요. 나는, 허무주의적인 주인공 이방근의 내면 속에 있는 인간으로서의

도리, 정의감에 많이 동의하고 그렇게 행동해야 되겠다는 생각을 많이 해요. 사실 생각만 할 것이 아니라 행동까지 따라야 그것이 진짜배기 사상이겠지요. 내가 지금 4·3에 힘쓰는 것도 이방근을 모델로 삼고 있는 것이 아니냐 하는 생각이 들 때도 있어요. 하여간 김석범의 작품과 에세이들은 나로 하여금 많은 고민을 갖게 하죠.

김: 예. 지금 조선배가 어떻게 보면 김석범 선생님 매니저 역할을 하고 있잖아요? 모든 행사에 선생님을 모시고 가고, 한국에 올 때도 모든 수속을 다 맡아 하면서 같이 나오시고. 그런 입장에서 조선배는 선생님을 어떻게 평가하십니까? 쉽게 말하면, 김석범 선생님은 어떤 분이십니까?

조: 나는 우선, 작가로서도 그렇지만 인물이 매력적이다. 사람이 살아가면서 흔들리지 않고 한 길을 걸어왔어요. 김석범 선생님 역사를 이야기하자면 시간이 걸려요. 총련 있다가 나왔죠? 그래서 총련에서 많은 비난을 받았고요. 그런 것들, 여기 한국에 있는 당신네는 이해를 못 해요.

김: 그렇죠. 그런 것들은 우리가 잘 이해를 할 수 없는 부분이죠.

조: 아까 내가 총련에서 빠져 나오는 얘기했었죠? 뭐, 그런 문제도 그렇지만 이런 것, 저런 것…… 그 당시 안기부나 정보부와 관계되는 문제들……. 그런 상황에서도 자기의 신념이라고 할까, 그걸 관철해오는…….

그러니까 내가 50주년을 준비할 때 처음으로 김석범 선생님을 뵀죠. 그때 선생님이 욕하는 소리…… 그 욕하고 노하는 눈빛에 내

김시종 선생님의 오사라기상 수상 축하연에서(2016.1.29). 양석일 씨와 오광현 씨의 모습도 보인다(위), 기념촬영(왼쪽부터 김석범, 김시종, 조동현)(아래)

가 좀 반했다고 할까? 이 사람…… 그래서 이 사람 글을 읽고 해서 아, 진짜다, 진짜배기다, 나는 자연스럽게 그렇게 생각하게 된 거예요.

나는 사람들에게, 일본에서 뭘 했다, 그런 소리는 안 해요. 근데, '했다, 했다' 하는 사람도 알고 보면 가짜가 많아요. 나는 사실 일본에서 진짜배기가 되고 싶었는데 어쩔 수가 없었어요. 내 성장 과정도 그렇고요. 젊을 때 공부도 더 해야 했었는데 그렇게 못 했고요. 환경 탓을 하죠. 그런데 그 어려운 환경 속에서도 김석범은 진짜배기가 된 거에요. 진짜배기 소설가. 그러니까 나도 그 말은 해요. 사람들은 나를 문학도 하고, 4·3도 하고 뭐 그런다지만 난 진짜배기는 아니다. 근데 가짜라도 자기가 차지할 위치는 있는 거다. 그러니까 내가 일본에서 하는 4·3운동은 진짜는 못 되지만 나의 위치를 찾아가면서 그 누구에게도 지지 않게 정직하게 일하는 거다.

김: 지금 조선배 얘기를 듣다보니, 제가 도쿄 가서 김동일 할머니를 만나고, 이야기를 들어 책으로 만들고 했던 일이 생각나네요. 그때 이후 잊지 못하는 건데, 김동일 할머니가 중학생 나이에 남로당 연락병이 된 걸 보면, 뭐, 특별히 게릴라 활동을 이해해 따르거나 그런 것도 아니었어요. 그런데 할머니는 그 숱한 고초를 겪었으면서도 어린 때 가졌던 신념 그대로예요. 지금도 기억이 나는 게, 어떻게 할머니 생각이 '조금도 늙지를 않았다. 중학교 때 생각하는 거 그대로다' 그렇게 느껴지면서 존경스런 마음이 더 생겼던 것 같아요.

제가 김석범 선생님이나, 김시종 선생님에 대해 느끼는 게 있는데 말해도 되나요?

조: 예.

김: 김석범 선생님하고 김시종 선생님에 대해서…… 몇 년 전에 문경수 선배가 사회를 보면서 대담한 걸 정리한 책이 있잖아요?[3] 제목이 '왜 계속 썼는가, 왜 침묵했는가'죠? 아마.

조: 네.

김: 그 책을 읽으면서 제가 느낀 건데, 얘기 좀 할게요. 조선배가 일본에서 느끼는 것과는 다를지 모르겠는데, 어째든 얘기할게요. 우선 김시종 선생님은 제가 보기에 너무 곧은 거예요. 제가 어느 책에서 참 '순정한' 분이다, 쓰기도 했던 것 같아요. 그 이유가 선생님 스스로가 얘기하듯이 제주도 남로당 말단에서 활동하다가 이유야 어떻든 혼자 목숨을 건지기 위해서 밀항해 일본으로 도망쳤다. 때문에 자기는 3만 명의 제주도민 죽음에 책임이 있다. 그런 내가 어떻게 4·3을 글로 쓸 수 있나, 하셨던 거잖아요? 물론 선생님을 욕하는 측에선 뭐, 두려워서 안 썼던 게 아니냐 하는 분들도 있는 줄 압니다.

그런데 그에 비해 김석범 선생님은 어떻게 보면 4·3 현장을 직접 체험하시고 쓴 게 아니잖아요? 직접 느낀 것도 아니잖아요?

조: 음.

김: 김석범 선생님은 남의 얘기 들은 게 모두 소설이 된 거예요. 소설로 형상화 된 거죠. 그러니까 제 심정을 솔직히 고백한다면, 얼

---

3 김석범·김시종 저, 문경수 편, 『왜 계속 써왔는가, 왜 침묵해왔는가』, 제주대학교출판부, 2007

마 전까지는 김석범 선생님은 그렇게 가슴에 다가오지 않았어요. 체험에서 우러나오는 진정성 때문이랄까? 그런데 문학에 반드시 중요한 게 체험만은 아니잖아요? 어쨌든 그간 도쿄 행사에 와서도 오사카만큼 별 감동은 없었어요. 그런데 그런 제 마음이 바뀌게 된 게 작년일 거예요. 작년 도쿄 행사에서 김석범 선생님이 단상에서 발표를 하면서 말씀하시더라고요. 자신의 솔직한 심정을. 제 기억이 정확한지는 모르겠지만 조선배도 들었으니 알 거예요. 그때 김석범 선생님이 말씀하셨어요. "나는 내가 쓴 4·3 얘기들을 직접 체험하지 않았다. 4·3 시기, 제주도에는 얼마 있어보지도 못했다. 그런데 나는 남에게서 들어서라도 4·3 얘기를 글로 쓰지 않았으면 지금까지 살아있지 못했을 것이다. 이미 이 세상에 없었을 거다. 나는 그걸 썼기 때문에 이제까지 살아올 수 있었다." 선생님의 그때 그 말…… 일본 사람들까지 수백 명이 모인 자리에서 눈물 흘리면서 했던 얘기…… 작년에.

제 가슴에 김석범 선생님의 그 말씀이 날아와 꽂힌 거예요. 그때야 저도, 아, 그랬구나. 4·3 이야기가, 그냥 4·3 이야기가 아니라 김석범 선생님이라는 프리즘을 거치면서 그렇게 살아났구나, 이야기가 되었구나, 소설이 되었구나 하고, 진정성과 함께 느끼게 된 거예요. 그 날, 선생님만이 아니라 저도 그 자리에서 몰래 눈물을 흘렸어요. 솔직한 얘기로 오래 전이지만, 저는 『화산도』 1부가 한국에서 번역됐을 때 읽어봤고, 까마귀 죽음이나 다른 것도 다 봤어요. 그때에도 저는 크게 감동을 받았던 건 아니에요. 그런데 그때.

하여튼, 제가 김석범 선생님에 대해 느낀 감정하고 조선배가 선생님에게 다가간 방법이 많이 다르죠?

조: 다르죠. 나는 어느 쪽인가 하면 김석범의 인품, 그걸 봤어요. 그래서 선생님은 서재에 앉아서 글만 쓰는 사람이 아니다. 우리와 같이 언제나 함께 싸워나간다. 그래서 나는 진짜구나, 진짜배기구나 한 거고, 책은 나중에 보면 볼수록 빠져들었어요.

김: 참, 어저께 김석범 선생님『화산도』를 이와나미 서점에서 다섯 권으로 만든다고 했죠?[4] 제주도에서, 아니죠. 한국에서 우리 손으로『화산도』를 번역 출판해야 하는데, 그게 힘들어요. 그래서 우리 서로 모금을 해가면서라도 번역 출판을 해야 하는 게 아니냐 했는데, 이게 참 힘드네요.

조: 힘들 거예요.

김: 완역출판하려면 워낙 책 수가 많고, 한국 출판사는 장사가 돼야 나설 건데 그것도 쉽지 않고. 그래서 기금 얘기까지 나왔어요. 계좌 모금이라도 하자. 한 사람당, 예를 들어서 한 사람이 20만 원, 혹은 30만 원을 내고, 나중에 책이 출판되면 책을 받는다. 이런 식도 저희들이 생각하고 있어요.

조: 내가 어제 허영선 씨 만났는데 김석희 씨 얘기를 했어요.

김: 예, 제주 출신으로『화산도』 1부를 80년대 말에 번역했던 분. 한국 최고의 번역가 중 한 사람이에요.

조: 내가, 우리 한국말을 조금 알기 때문에 그러는데, 이걸 우리

---

4 2015년, 『화산도』는 이와나미 서점에서 7권으로 재출간됐다.

말로 어떻게 번역하느냐, 그런 우려도 있어요. 어쩌면 일본 사람들은『화산도』를 일본문학이라고 얘기해요. 그리고 워낙 긴 소설이고, 표현 하나 하나가 참.[5]

김: 조선배가 그 말을 해가니까 또 생각나는 얘기가 하나 있어요. 얼마 전에 일본의 유명 저술가인 서경식 선생이 제주도 와서 강의를 했어요. 저는 서경식 선생의 문체, 짤막짤막 끊어지듯 이어지는 문체를 아주 좋아해요. 그래서 그때 제가 서경식 선생께 물어봤죠. 서선생님 문체가 짤막하면서도 깊은 여운을 남긴다. 일본말로 문체 공부를 따로 하신 겁니까 했더니, 김석범 선생님 얘기를 하시더라고요. "나는 김석범 선생님의 소설들, 70년대에「까마귀의 죽음」나온 이후부터 다 읽었다. 선생님의 문체를 공부하려고 노력했다. 그러나 아무리 해도 안 되더라"고, 했어요. 그래서 할 수 없이 자신은 나름대로 자신의 방식대로 나갔다고 얘기를 하더라구요. 서경식 선생의 그 말이 이해가 됐어요. 그렇게 문장을 잘 쓰는 사람도 김석범 선생님은 흉내 낼 수 없었다?

조: 또 하나는 김석범 선생님이 우리가 4·3운동을 해가면 그에 대해 일본신문에 그때그때 글을 내요. 그만큼 이름이 높으니 일본신문사도 선생님의 글을 못 실어서 안타까워해요. 그게 그러니까, 에세이에요. 그런데 그 에세이가 얼마나 멋진지! 4·3에 대해서 김석범 선생님이 쓴 글들. 길지도 않아요. 그런데 그게 보통이 아닌 거예요.

---

5 『화산도』는 2015년 10월 〈보고사〉에서 12권으로 완역 출판됐고, 2016년에 제2판이 발간됐다.

2015년, 마침내 전집으로 출간된 『화산도』 12권의 한라산을 닮은 당당한 모습

김석희의 재번역으로 2015년에 출간된 『까마귀의 죽음』 표지

김: 그렇죠. 그러니까 그렇게 글 잘 쓰는 서경식 선생도 따라가지 못 했다는 거잖아요?

조: 또, 잡지 같은 데에도 글을 쓰시고. 그러다 한국에 입국해야 할 땐, 대사관에서 된다, 안 된다 우리가 밀리고 당기고 하는데 이렇게 대사관에서 겪은 일을 쓴 걸 보면 정말 감동스러운 거예요. 뭐, 4·3에 관한 문제뿐만이 아니에요. 우리 자이니치들이 어떻게 사고하고, 또 어떻게 살아가야 하는가에 대한 그런 철학까지도 그 에세이 속에 다 담겨 있는 거예요.

김: 그런데, 선생님의 에세

이집이 한국에서는 출판된 게 없죠? 좀 냈으면 좋겠는데. 『화산도』 이전에 그게 더 필요할지도 모르겠네요.

조: 나도 필요하다고 생각해요. 한국 사람들은 잘 모를 거예요. 일본에서는 단행본으로 그런 에세이집이 몇 권 나왔어요. 그 책들을 읽다보면 자신은 왜 한국에 안 간다든지, 왜 조선적으로 살아가고 있는지 하는 철학이 있어요. 그리고 그런 말들이 정치가가 하는 헛된 소리가 아니기 때문에 더 멋이 있어요.

김: 그렇죠. 그래서 제가 이번 조선배나 고이삼 선배, 오사카의 문경수 선배, 오광현 회장 등 일본에서 4·3운동을 주도해온 분들의 살아온 이야기를 책으로 엮어 한국에 알리고 싶은 거예요. 한국에선 일부 일본 전문가 이외에는 자이니치들의 사정을 몰라요. 지금 우리가 나누고 있는 여러 가지 이야기들을 어떻게 알겠어요? 김석범 선생님 부분도 마찬가지예요. 그러니 조선배도 많이 도와서 선생님의 『화산도』나 에세이들이 한국에서 빨리 번역될 수 있도록 해야 돼요.

조: 그래요. 그렇게 해야 하죠. 그게 일본에서는 다 정리되어 있어요. 김석범 선생님의 에세이, 정말 재미있어요. 이것도 이번에 우리가 낸 책인데 이게 또 감동적이란 말이에요.

김: 누가 쓴 거? 선배가 쓴 거?

조: 김석범 선생님의 '제주 기행문'.

김: 아, 이거? 이 책은 『기억과 진실』이라고, 신간사에서 낸 거네요. 〈제주4·3을 생각하는 모임·도쿄〉에서 60주년 기념활동의 일환

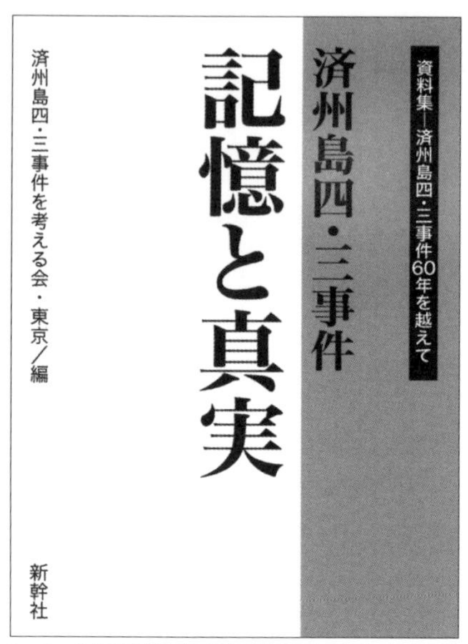

4·3 60주년 자료집, 『기억과 진실』(2010) 표지

으로 낸.

조: 솔직히 신간사에서 냈지만 내가 거의 돈을 다 내고 만든 거예요. 그때 신간사 이름으로 하자고 해서 한 거죠. 이건 4·3 입문서로 내가 다 편집하다시피 하여 만든 거예요. 내 글도 있고, 또 김석범 선생님 글도 있어요. 제목이 '4·3학살 유해를 보다' 예요. 선생님이 제주도에 갔을 때 느낌을 쓴 기행문이에요.

김: 저도 선생님의 그런 얘기 들은 적이 있어요. '제주공항에 비행기가 착륙할 때 창 밖을 본다. 그러면 눈물부터 나온다. 내가 탄 비행기가 착륙하려는 활주로 밑에도 4·3 유해가 있는 게 아닌가?' 해서. 몇 번 들었죠. 제주도에서도, 일본에서도. 그 글에 이런 내용 있죠?

조: 있어요. 그리고 선생님이 옛날 취재할 때 들었던 얘기들도 참 많이 나오고요. 어쨌든 내가 김석범 선생님의 기록은 다 갖고 있으니까 정리를 해서 어떻게 해야겠죠.[6]

이 책, 우리가 집회를 하면서 사람들에게 나누어줘요. 지금도

---

6 김석범은 2015.10.1, 〈제주4·3평화재단〉이 수여하는 제1회 '제주4·3 평화상'을 수상했다.

4·3이 뭔지 모르는 사람들이 이것만 봐도 좋겠다 싶어서요. 그리고 우리가 65주년 때부터 합창단을 만들었어요. 그게 지금 많이 커지고 있어요. 현재 70~80명 정도. 우리가 여기 단원들에게도 이 책을 나눠주고 있어요. 여기 문경수도 썼죠. 문경수 교수가 글을 잘 썼어요. '4·3이란 무엇인가' 하는 제목으로. 또 여기에는 서중석 선생이나 현기영 선생이 오키나와에서 한 강연도 다 실어 놓았어요. 그러니 4·3이 어려운 사람도 이 책을 읽으면 이해하는데 많은 도움이 될 거예요. 내가 주장하는 '4·3의 대중화'를 위한 또 하나의 작업이었죠.

김: 아 여기, 박경남 씨라는 분은 어떤 분이에요?

조: 그 분은 소위 '육지사람'이에요. 에세이스트. 라디오 같은 데 자주 나와요. 우리가 이 책에 왜 박경남 글을 실었는가 하면, 우리가 '제주4·3'이라고 하면 자꾸 '제주사람, 제주사람' 하면서, 제주사람만을 생각하거든요. 그래서 오히려 '육지사람' 글도 싣자고 해서 한 거예요.

김: 당연한 논린 거 같아요 4·3의 세계화도 당연히 그래야 하고요.

조: 박경남, 이 분이 여잔데 여기 사진이 나와 있을 거예요. 학자는 아니고 에세이스트예요.

일본 4 · 3운동의 미래

김: 선배님! 시간이 길어졌는데, 이제는 마지막 이야기를 나누겠습니다. 향후 일본 속에서, 자이니치 사회에서 4 · 3의 의미를 어떻게 해석하고, 어떻게 기념해가는 게 좋다고 생각하십니까? 간단히 말씀드리면, 일본 4 · 3운동의 미래와 방향성을 묻고 싶습니다.

조: 그건 나도 솔직히 고민이에요. 지금까지 해온 걸 생각해보면, 어떤 의미에서는 오히려 진상규명이다, 대중화해야겠다 할 때가 좋았던 것 같아요. 내가 전에 김석범 선생님을 모시고 서울 갔을 때, 현기영 선생이랑 강창일 의원 같은 서울 분들 만나서 얘기를 나눈 적이 있어요. 그때 참 좋은 얘기 많이 들었어요.

나중에 내가 김석범 선생님하고 택시타고 돌아가면서, 아, 4 · 3은 서울에서도 이렇게 크게 살아나고 있구나 하는 걸 느꼈어요. 그건 국회에서 4 · 3특별법을 통과시킬 때 유력자들이 관여한 얘기만이 아니에요. 그때 나는 생각했죠.

오늘 얘기 나눈 것들을 일본에 가서 전해 주자. 그래서 앞으로는 본국하고 손잡고 일하자. 연계를 가지자. 이제까지 우리가 했던 방식도 옳다. 왜냐하면 일본은 일본대로 행사를 한 것이니까. 앞으로는 한국과 손잡고 서로 배우자. 특히 이번에 많이 들었던 인권 문제 같은 것 중엔…… 차마 내가 입에 담지도 못할 게 많았다. 사람이 사람을 어떻게 그렇게 죽일 수 있나? 왜 그런 입에도 담지 못할 방법으로. 그건 빨갱이다, 뭐다 하는 문제만은 아니다. 분명 차별의식 같은 것도 있었고. 어떻게 그렇게 잔혹할 수가 있었나?

참, 내가 그때는 우리 민족 자체가 부끄러울 정도로 큰 충격을 받았어요. 많은 경험을 했던 것 같아요.

이제 그래서, 많은 일을 해야겠는데, 내가 4·3을 김석범 선생님이 이야기하다시피 한국의 정통성 문제로까지 확대시켜야겠다는 생각은 안 해요. 하지만 좀 더 보편화해서 근대 역사를 바로 세움과 동시에 4·3이 차지하는 위치도 제자리를 찾아가도록 하는 것…… 그런 걸 한국과 손잡고 했으면 좋겠다 생각했어요. 그 중 특히 인권 문제에도 신경이 많이 쓰여요.

김: 결국 4·3운동에 일본 사람들도 많이 동참해주는 이유가 그런 거 같아요. 4·3 같은 일이 다시 일어나지 않도록 서로 협력하기 위해 모이는 거잖아요?

조: 근데, 우리가 일본 사람들에게 4·3을 말할 때, 3만 명이 죽었다고 하지만 그때 어떻게, 무참하게 학살당했다 하면서 그 방법까지는 이야기를 못 해요. 절대 우리는 같은 민족끼리 그렇게 했다고는 말 못 하겠는데…… 그러면 이걸 어떻게 해야 하나요? 일본말로, 고이삼이 신간사에서 낸 책 속에는 좀 있지만 사실 거기까지 우리 보고 파고 들어가라고 하면 우린 못 해요. 누군가가 말도 못 할 거고요.

김: 그건 한국 전문가들이 하면 되니까 걱정할 필요는 없을 것 같아요. 뭐, 조선배는 활동가니까 그냥 지금처럼 활동하고 그런 건 협력하면서 하면 될 것 같아요.

조: 내 말은, 우리는 차마 입에 담질 못하겠단 말이에요. 어떻게 이렇게 잔인하게 학살했다, 혹은 감옥에서 이렇게 했다, 여자들을 이렇게 강간했다…… 이건 뭐. 우린 말을 못 해요, 정말.

김: 그래도 사실대로 얘기할 땐 다 얘기해야죠. 저도 강의할 때나 그런 때, 그냥 다 얘기하지는 못해요. 그러나 어느 부분, 필요할 때는 이야기해요. 정말 인간이 악랄할 때는 이 정도까지도 악랄했다는 걸 보여줘야죠.

조: 내가 여기 아는 사람이 한 분 있어요. 나랑 동갑인데 장사해요. 그 사람이 비교적 4·3을 이해해요. 그런데 한 번 저에게 얘기를 하더라고요. 자신이 한국에서 군대에 갔을 때, 해병대로 갔다고 했나? 홍사장이에요. 여기 슈퍼 사장. 그러니까 그 사람의 상사가 제주 진압을 갔었더래요. 그 상사 그렇게 나쁜 사람이 아니었다고 했어요. 인상도 좋고. 그때 제주도에서 집 수색을 했대요. 근데 어느 집에 수색을 가니까 아줌마가 벌벌 떨면서, 자기는 뭘 하려고 했던 게 아닌데 나와가지고, "몸빼 벗으카마씸?" 하더래요. 그걸, 홍사장이 말하는데…… 이건 아무것도 아닌데 눈물이 나오잖아요? 그런데 이런 얘기들을 일본 사람에게 어떻게 얘기하냐고요?

김: 그래도 뭐, 태평양전쟁 시기에 일본 사람들도 그 이상 했잖아요? 정신대 얘기도 있고, 또 731부대 얘기?

조: 뭐, 그렇죠. 그래서 이런 이야기들을 젊은이들한테도 하면서 인간 존재에 대해서도 생각해보는, 4·3에 이런 철학적인 면이 있다는 것도 보여주고, 또 일본에서의 4·3, 혹은 한국에서의 4·3의 위치에 대해서도 그 보편적인 의미를 찾아보기도 하고…….

김: 예. 제가 보기에 도쿄 쪽의 활동이 이미 4·3의 세계화를 향해 나가고 있다고 평가할 수 있을 것도 같아요. 뭐, 세계화가 그렇게

특별한 것만도 아니잖아요?

　조: 그렇죠.

　김: 그러니까 일본 사람들과 같이 인권과 평화의 중요성, 그 길로
4·3이 나아가면 될 것 같아요. 이번 65주년만이 아니고, 66주년 이
후에도요.

　조: 이번에 65주년, 우리가 주최하는데…… '잠들지 않는 남도'를
부르는 모임, 〈소레이유 합창단〉이 일본 사람들 속에서 꾸려지면서
"같이 부릅시다. 그러니까 이게 일본과 무관한 일이 아닙니다. 일본
에도 책임이 있습니다," 제안했어요. 사실 이건 우리가 의도한 게 아
니에요. 그래서 그 분들이 70명 합창단을 만들고, 내년에는 50명이
4·3위령제 때 자기들 돈으로 제주도에 가겠다는 거예요, 50명이나.

　김: 그게 세계화돼가고 있는 증거 아닐까요? 일본 사람들이 자기
돈 내면서 제주도에 온다?

　조: 그렇죠. 공부하러 오겠다는 거예요. 우리는 행사를 잘 치르면
서 그 분들과 앞으로 계속 교류해나가는 길을 열어둬야죠. 그 분들
대단해요. 제주에 온다고 결정 나면 몇 달 전부터 4·3 공부 다 해요.

　김: 예, 선배님 하여튼 고맙고요. 이제 마지막으로 더 보충하거나
하고 싶은 말씀 있으면 하십시오.

　조: 나는 일본에서 4·3운동을 처음 시작한 사람이 아니에요. 그
런데 가만히 보면 일본 자이니치 사회에서 이렇게 잘 된 운동이 없
어요. 자이니치들이 여러 가지 운동을 하는데 다 깨어지고, 뭐 하고

놀이패
한라산

_도쿄의 '4 · 3 대중화'를 위한 여러 행사 사진 모음

4 · 3 제55주년 도쿄 행사에서 〈놀이패 한라산〉이 마당굿 '사월굿 꽃놀림'을 공연하고 있다.
(2003, 도쿄 니뽀리 샤니홀) 당시 한라산 공연팀은 도쿄의 조선고등학교에서도 공연했다.

〈소레이유 합창단〉이 제65주년 4·3행사장에서 '잠들지 않는 남도'를 열창하고 있다.
(2013.4.3, 4·3평화공원 행사장에서)

〈소레이유 합창단〉이 제65주년 4·3행사장에서 공연하는 모습을 보도한 한겨레신문 기사 (2013.4.4)

4·3 제65주년 도쿄 행사에서 위령굿을 하고 있는 제주도의 서순실 심방(2013.4.24, 도쿄 니뽀리 샤니홀)

4 · 3 제65주년 도쿄 행사의 무용(2013.4.24, 도쿄 니뿌리 샤니홀)(위), 〈소레이유 합창단〉 공연. 자이니치와 일본 사람들이 합동으로 1년을 연습해 '잠들지 않는 남도'를 부르고 있다.(아래)

도쿄의 4 · 3 행사장에 모인 관객들

하는데 4·3만은 아니에요. 이렇게 잘 운영되는 운동이 또 없어요.

김: 그 말에는 저도 동의해요.

조: 그래서 지금 보면, 우리가 여러 가지로 토론하고 싸우면서 30년 가까운 세월을 해왔어요. 리더도 있고요. 그러니까 앞으로도 그렇게 되도록 노력해야겠죠. 일본에서도 다음 세대도 나오기 시작했어요. 그들을 키워야죠. 이런 노래 있잖아요?

금강산 맑은 물은 동해로 흐르고
설악산 맑은 물도 동해 가는데
우리네 마음들은 어디로 가는가
언제쯤 우리는 하나가 될까?

하는?

김: 그 유명한 노래.

조: 우리가 지금 단계에서 승리했다고 하면 어폐가 있지만 4·3운동은 그렇게 되도록 나가야죠.

또 하나 중요한 것은 그때 싸웠던 사람들, 이덕구를 비롯한 항쟁 지도부를 포함해서, 이 사람들에 대한 올바른 평가를 할 때도 이제는 된 것이 아닌가 제안하고 싶어요. 언제까지 덮어두겠어요? 평화공원 위패봉안소에도 이 사람들 이름 없잖아요? 항쟁의 의미를 자리매김 못 하고서 어떻게 4·3의 진실을 규명할 수 있겠어요?

어쨌든 좋아요. 우리 한국에서, 제주도에서, 그리고 일본에서 다 같이 한 마음으로 노력합시다. 이번에 김석범 선생님도 제주도로 모시고 나오고 싶어요. 마지막이 언제일지 몰라요. 연세가 연세니 만큼 나도 선생님 모시면서 참 조심스러워요. 먼저 제주도에서 잘해주세요.

김: 예, 서로 잘 해야죠. 조선배하고도, 오사카의 문경수 선배나 오광현 회장하고 같이요. 하여튼, 긴 시간 고맙습니다.

조: 예.

06

일본 4 · 3운동의 초석을 놓다

고이삼

출판인 | 4 · 3운동가

고이삼은 1951년, 도쿄의 기타구北区에서 태어났다. 부친은 제주시 우도면 출신이다. 그는 자이니치 2세로 출판인이며 4·3운동가이다.

그는 츄오(중앙) 대학에서 한학동 활동을 하면서 사회활동에 눈을 떴다. 대학 졸업 후에는 지문날인 거부운동 등 많은 시민운동에 참여했다. 1985년에는 〈탐라연구회〉 설립에 참여하고, 1987년에는 현광수, 김민주, 김석범 선생님들과 같이 〈4·3을 생각하는 모임〉을 창립했다. 그 후 1989년부터는 생각하는 모임에서 사무국장으로 활동했다.

그는 〈삼천리사〉 등 여러 출판사에서 일했다. 그러다 1987년에 출판사 〈신간사〉를 창립해 많은 책들을 간행했다. 그의 제주도 사랑은 유별나다. 이런 사실을 증명하듯 〈신간사〉는 제주도 관계 서적만도 60여 권 넘게 발행해 일본사회에 제주도를 널리 알리는 역할을 하고 있다.

(대담 및 면담일: 1차 질문서를 통한 대담/ 2012, 2차 면담/ 2016.1.30, 면담 장소: 도쿄 신간사 사무실)

2016년 1월 30일, 비로소 마련한 면담

김창후: 제가 『4·3으로 만나는 자이니치』를 준비하면서 책에 실릴 다른 다섯 분들과는 여러 차례 만나 이야기를 나누었습니다. 그런데 죄송스럽게도 고 선배님과는 이제야 이렇게 자리를 마련하게 되었습니다. 사전에 더 많은 대화를 나눴어야 하는데 그렇지 못해 정말 아쉽습니다.

고선배님! 그러나 우리는 오늘 '면담' 이전인 2012년에 제가 질문서를 보내고 선배님이 답해주면서 '질문서를 통한 대담'으로 적지 않은 이야기를 나눴습니다. 그래서 오늘은 추가적으로, 당시 대담 중 부족한 내용을 중심으로 이야기를 나누도록 하겠습니다.

오늘 이 자리에는 문경수 선배도 자리를 같이 했습니다. 문선배님은 통역을 하면서 필요한 내용에 대해서는 같이 이야기도 나누게 될 것입니다.

고이삼: 예, 알겠습니다.

| 도쿄의 신간사 사무실에서 문경수, 김창후와 대담 중인 고이삼 씨(2016.1.30)

내용을 순차적으로 연결시키기 위해 2012년의 '질문서를 통한 대담' 내용을 먼저 소개하도록 하겠습니다.

1차 질문서를 통한 대담

질문 1: 고 선배님은 재일제주인 2세로 알고 있습니다. 아버님 고향은 어디며, 선배님은 어디서 태어났는지요? 그리고 어린 시절 생활은 어땠는지 듣고 싶습니다.

답 1: 저희 아버지는 1922년 지금의 제주시 우도면에서 태어났습니다. 일본에는 1933년 11세 때 왔습니다. 그러다가 1945년에 한번 귀국했고, 1948년 10월에 다시 일본에 돌아왔습니다. 4·3사건의 영향으로 어쩔 수 없이 고향에서 다시 떠나올 수밖에 없었던 것이었다고 생각합니다.

어머니는 1925년, 지금의 서귀포시 법환동에서 태어나 1945년 20세 때 일본으로 건너 오셨습니다. 그 후 어머니는 돌아가실 때까지 고향땅은 밟지 못하셨습니다.

저는 도쿄도 기타구北区에서 1951년에 태어났습니다. 도쿄도 내에서 여러 번 이사를 했습니다. 학교는 초등학교부터 대학교까지 일본학교를 다녔고, 대학 때부터 본명으로 학교를 다녔습니다. 한국에는 형님과 누님이 한 분씩 계시고, 일본에는 여동생이 한 명 있습니다.

질문 2: 학교, 그 중에서 대학에서의 생활에 대해 이야기해 주십

시오. 한국 문제, 특히 민족 문제에 대해 어떤 계기로 관심을 갖게
되었고, 어떤 활동을 했었는지요? 그리고 이런 관심을 갖게 된 어떤
계기가 있었는지요? 그리고 대학에서 〈한문연(한국문화연구회)〉에
참여했었나요? 참여했다면 거기서는 어떤 활동을 했었나요?

답 2: 대학에 진학한 것은 물론 공부를 하고 싶어서였습니다. 당
시는 세무사, 공인회계사 자격을 취득할 생각이었습니다.

저는 1973년에 대학에 입학했는데, 그해 8월, 김대중 씨가 일본
에서 KCIA에 납치당하는 사건이 발생했습니다. 개인적으로는 어떻
게 행동해야할지 몰랐지만 중앙 대학에 있던 한문연에 소속되어 있
었기 때문에, 김대중 씨의 구제와 한일 경제유착 규탄, 박정희 군사
독재를 반대하는 운동에 참여하게 되었습니다. 특히 인상에 남는 것
은 1973년 10월 2일의 서울대생의 궐기였습니다. 그러한 군사독재
하에서 용감하게 행동을 취한 학생들을 보고 큰 감동을 받았습니다.
이렇듯 학생운동은 순수하게, 진리에 근거함과 동시에 선구적이어
야만 한다고 생각했습니다. 지금 갖고 있는 기본적인 이념도 이때
생겨난 것이라고 생각합니다.

질문 3: 〈탐라연구회〉가 1985년에 창립됐습니다. 그리고 〈4·3을
생각하는 모임〉이 1987년에 회장 현광수, 사무국장 김민주로 발족
됐고(이상 재일제주인 1세), 문경수, 고이삼, 김중명, 이정미(이상
2세) 등이 참여한 걸로 자료에는 나와 있습니다. 이 사실이 맞는지
요? 그리고 이때 어떤 역할을 하셨고, 그 후 이 단체와 관련하여 어
떤 일을 하셨는지요?

답 3: 〈탐라연구회〉에 대한 제 기억은, 김민주 선생님의 권유가 매우 인상적이었다는 것입니다. 후에 4·3사건에 대한 것과도 관계가 있는 일인데, '제주인이 제주도의 역사와 문화에 대해서 모르고 공부를 하려해도 교과서가 없는 실정이라면, 우리 스스로 공부 모임을 만들어 해결하자,' 〈탐라연구회〉는 이러한 취지에서 만들어진 모임입니다. 그리고 양성종 씨, 안영식 씨, 송창빈 선생님, 김병오 선생님 등이 중심이 되어 공부 모임을 이어갔습니다. 그 과정에서 4·3 행사를 하자는 의견이 제시되었습니다. 김병오 씨의 고모님이 김동일 여사이고, 김동일 여사와 김민주 씨가 같은 마을 출신인 데다 동갑이었고, 함께 무장대에 있었다는 관계성이 있었습니다.

그리고 〈4·3을 생각하는 모임〉의 시작에는 당시 일본에 유학중이던 시인 김명식 씨, 도쿄대학교 학생이었던 강창일 씨가 있습니다. 두 분과는 이미 친분이 있었고, 김명식 씨의 『지문날인 거부의 사상(아카시서점 간행)』이라는 저서는 제가 편집을 담당해서 만들었던 책이기도 합니다. 당시 한국, 제주도에서 온 두 분으로부터 한국의 실정을 듣기도 하면서 많이 배웠고, 생각하는 모임의 결성에는 두 사람의 존재가 매우 큰 힘이 되었습니다.

저는 대학 졸업 후 〈삼천리사〉라고 하는 출판사에서 근무를 했었습니다. 당시 삼천리사의 사장이었던 이철 선생님, 편집위원 김석범 선생님, 강재언 선생님은 제주도 출신의 대선배님들로 일본에서도 일류 지식인이었습니다. 이 세 분들로부터는 여러모로 도움도 많이 받았고, 영향도 많이 받았습니다. 특히, 〈4·3을 생각하는 모임〉 결성에는 김석범 선생님이 가장 적극적이셨습니다. 당시 김민주 선생님, 김석범 선생님, 현광수 선생님이 힘을 모아 일하는데 제가 사무국의 일을 돕는 것은 당연한 일이라고 생각했습니다.

그리고 제가 〈삼천리사〉에 있을 때에도 2세들이 모이는 공부 모임은 있었지만, 생각하는 모임에는 학생 때의 인연으로, 역시 같은 제주도 출신자라는 사실 하나만으로 모인 사람들이 있었습니다. 문경수 씨, 이정미 씨는 물론 치바 대학千葉大学의 조경달 교수, 서신정교회의 한성현 목사 등이 그러한 동세대의 동료들입니다. 오랫동안 이어온 인연으로 우리는 모임의 결성에 중심이 되었다고 생각합니다.

질문 4: 선배님은 한 인터뷰에서 〈4·3을 생각하는 모임〉의 창립 배경으로 첫째, 한국에 있어서의 민주화의 진전, 둘째, 80년대 재일동포 사회에 있어서의 지문날인 거부운동의 영향을 지적하셨습니다. 이에 대해 설명해 주시고, 그외 다른 요인이 더 있었다면 아울러 말씀해주십시오.

답 4: 역사적인 측면에서 본다면, 한국에서의 민주화운동의 영향은 매우 컸다고 생각합니다. 1988년 서울올림픽 개최는 세계의 눈이 집중된 일로 정권이 민주주의를 탄압할 수 없는 조건이었을 것입니다.

일본에서의 지문날인 거부운동은 직접적인 요인은 아니라고 생각합니다. 분명히 지문제도 철폐운동을 통해 자이니치와 일본인 간의 시민운동 연대가 강해졌고, 위의 운동을 통해 뜻을 함께 하는 일부 사람들이 4·3 추도, 진상규명 운동에 참가한 것도 사실이므로, 어느 정도 관계가 있다고는 할 수 있을지 모르겠습니다.

제 자신에 대해서 이야기하자면, 70년대에는 한국의 민주화운동

지원에 열을 올렸지만 1980년의 광주사건 당시에는 많은 생각을 했습니다. 광주사건을 텔레비전을 통해 보고만 있는 자신의 한계를 느끼고 앞으로 어떻게 살아가야 하는지에 대해 생각할 수밖에 없었습니다.

그리고 그 중 하나는 일본 사회, 나아가 이 지구에서 살아가는 것에 대한 것이었습니다. 교육 문제, 문화 교류와 같이 여러 가지 방법이 있겠지만 저의 경우는 지문날인 거부운동이라는 형태로 답을 구했습니다. 이를 통해, 사건이 일어났으니 어쩔 수 없이 일을 하는 것이 아니라, 스스로가 운동을 일으켜 세상에 있는 기존의 가치관을 바꿔가는 것을 배웠습니다.

또 다른 하나는 제주도 4·3사건의 추도와 진상규명운동입니다. 70년대까지의 저의 정체성은, 한마디로 관념적이었습니다. 그렇게 말하는 것도, 아직 한 번도 간 적 없는 한국이라는 나라가 조국이고, 할 수도 없는 한국어가 모국어인 상태로 한국의 민주화, 조선반도의 통일을 바라고 있었기 때문입니다. '나'라는 존재에 대해 다시 생각해 본다면 어떨까? 라는 물음에도 추상적이기만 한 '한국', '제주' 정도의 대답밖에 할 수가 없었는데, 구체적으로 무엇이 부족하고, 무엇을 해야 하는가에 대해 생각하면서 〈4·3을 생각하는 모임〉을 통해서 내실을 다질 수 있었던 것이라고 생각합니다. 제가 제주도인이라는 사실을 외면하는 삶은 있을 수 없고, 제주도인이라면 4·3의 진상규명 또한 피하기만 해서는 살아갈 수 없을 것입니다. 저의 정체성이 구체적이고 진실된 것이기 위해서.

질문 5: 고이삼 선배는 4·3에 관심이 많은 걸로 알고 있습니다.

4·3에 대해서 알게 된 계기는 무엇인지요? 부모님으로부터 들어서, 혹은 4·3 유족이어서 등 여러 가지 이유가 있겠지만 이에 대해 말씀해주십시오.

답 5: 제가 4·3에 대해 알게 된 것은 김석범 선생님의 「까마귀의 죽음」을 읽고부터입니다. 저희 아버지는 4·3에 대해서 언급하신 적이 없습니다. 최근에 들어서야 듣게 되었습니다. 「까마귀의 죽음」은 일본문학이라기보다는, 세계문학이라고 생각합니다. 단편이지만 그 안에 다양한 문제의식을 내포하고 있어 지금 다시 읽어봐도 여전히 신선하게 느껴집니다.

그리고 4·3에 대해 알게 된 또 하나의 계기는 현기영 선생님의 「순이삼촌」이라는 작품이었습니다. '4·3'이라고 하면, 우선 1948년, 1949년의 도민봉기나 대량학살을 떠올리기 마련이지만 살아남은 제주인들이 그 후 역사의 흐름 속에서 어떻게 살아왔는지에 대해 새로운 시각을 갖게 해주었습니다. 그렇게 4·3은 지금까지도 현재진행형으로 계속되고 있다고 생각하게 되었습니다.

제가 4·3에 관련된 일들에 임하는 자세는 그러한 시점에 근거하고 있다고 할 수 있겠습니다.

질문 6: 〈4·3을 생각하는 모임〉을 실질적으로 결성케 된 이유는 무어라고 생각하십니까? 그리고, 그간의 생각하는 모임 활동과 향후의 활동 방향에 대하여도 말씀해주십시오.

답 6: 〈4·3을 생각하는 모임〉이 결성된 이유에 대해서는 참가한 사람 각각이 다른 생각을 갖고 있었다고 생각합니다. 자신과 주변 사람들이 4·3의 희생자이거나, 4·3으로 갖게 된 오명을 씻고 싶다거나, 한국에서 활발했던 민주화운동의 일환으로 생각하여 모임에 참가한다거나 하는 다양한 분들이 있을 겁니다.

그 내용을 굳이 종합해본다면 다음과 같습니다.

1. 4·3 희생자를 추도하는 것.
2. 4·3으로 인한 사망자의 정확한 수도 파악되어 있지 않다는 상황에 대해 진상규명하는 것. 나아가 대량학살로 희생당한 사람들의 명예를 회복하고, 배상을 받는 것 등으로 요약할 수 있다고 생각합니다.

광주사건 희생자들의 명예회복과 배상이 이루어졌다는 뉴스를 보았을 때, 이는 전라도 출신자들이 많은 노력을 기울여 얻은 것이다. 4·3의 진상규명과 희생자들의 명예회복을 누가 하느냐에 대해서는 당연히 우리들, 제주인들이 아니고서는 누가 하겠느냐는 생각이 먼저 들었습니다. 일본인이나, 타 지역 출신자들을 배척하겠다는 말이 아니라 '우리들 제주인이 중심적 역할을 맡아야 한다,' 그러한 뜻입니다.

일본에서의 생각하는 모임의 앞으로의 활동에 대해서는, 알기 쉽게 말하자면 일본에서가 아니면 할 수 없는 것을 찾아 한국에서 행해지고 있는 4·3운동과 연대하는 것이 중요하다고 생각합니다.

예를 들어, 일본에서는 피해자 신고가 매우 낮은 상황입니다. 그것은 4·3특별법에 대해 모르는 사람이 많은 탓도 있겠으나 그보다는 피해자 가족의 상당수가 총련 계열로, 한국의 기관에 신고를 할 수 없는 현실이 있기 때문이라고 생각합니다.

태평양 전쟁이 끝난 후, 특히 한국전쟁 이후의 일본의 민중운동에 제주도 4·3사건이 어떤 영향을 미쳤는가? 물론 재일조선인운동에 미친 영향도 연구할 필요가 있겠습니다. 그리고 일본에 있는 4·3 체험자들의 인생을 연구하는 동시에 그들이 고향에 돌아갈 수 있도록 돕는 일도 중요하겠지요.

어떤 제주도 출신 1세가, '4·3은 조선의 통일을 위해 일어난 사건이며, 분단이 대량학살의 원인이므로 통일 한국을 실현하는 것이 4·3 희생자들의 한을 조금이나마 푸는 일이다' 라고, 말하는 것을 들은 적이 있습니다. 이러한 시점을 유지하는 것도 매우 중요한 부분이라고 생각합니다.

질문 7: 고이삼 선배는 오사카의 〈4·3을 생각하는 모임〉 창립에도 많은 일을 한 걸로 알고 있는데, 이에 대해서 말씀해주십시오. 아울러 오사카에서 생각하는 모임이 창립되기 이전에 장정봉 씨 같은 분들을 통해 4·3추도 행사를 하도록 하셨는데, 오사카 생각하는 모임 창립 이전의 일에 대해서도 생각나는 대로 말씀해주십시오.

답 7: 처음 1988년의 40주년 추도 기념 강연회는 도쿄, 오사카, 서울, 제주의 네 곳에서 동시에 진행하려고 1987년부터 준비를 하고 있었습니다. 하지만 제주와 오사카 두 곳에서는 전혀 진행이 되지 않았습니다. 그 이유는 4·3의 후유증이 가장 강하게 남아 있는 지역이었기 때문이라고 생각합니다.

장정봉 군은 정아영 군으로부터 소개를 받았습니다. 장정봉 군이 지문날인 거부자라는 것, 한학동의 후배라는 것, 그리고 나중에 제주시 삼양리 출신이라는 것도 알게 되었습니다. 장군에게 오사카에서는 40주년 행사를 열지 못했다는 것과 〈4·3을 생각하는 모임〉의 사정을 이야기했습니다. 그러자 장군은 시원스레 오사카에서 중심이 되어 활동을 하겠다고 약속해 주었습니다.

저는 4·3행사를 하면서 여러 어려운 일을 겪기도 했습니다. 〈신간사〉에서 펴낸 '4·3' 관계 서적들을 행사장에서 팔자 어떤 한국인이 책 판매대를 모두 뒤엎어버렸던 일. 어떤 지원도 없던 시기에 혼자 걸어다니며 전봇대에 집회 전단지를 붙이던 일. 그렇게 가장 힘들었던 시기에 장정봉 군이 힘써준 일을 저는 잊지 않고 있습니다.

초기 오사카에서 하는 4·3집회는 도쿄에 있는 우리들이 직접 이동해서 진행했습니다. 당시에는 오사카에 있는 사람들이 주체적으로 집회를 이끌어나갈 여건이 되지 않았습니다. 오사카에서는 50주년 기념집회부터 오사카 주체로 행사가 가능케 되었다고 할 수 있습니다.

그 후 오사카의 〈4·3을 생각하는 모임〉의 성립에는 문경수 교수가 교토의 리츠메이칸 대학에 가게 된 것과, 정아영 군이 오사카로 생활 기반을 옮기게 된 것이 큰 역할을 했습니다. 아울러 오사카에서 오래 생활하고 있는 오광현 씨, 김성원 씨, 사토 노리코 씨, 강주실 씨, 스기하라 토오루 교수, 후지나가 다케시 교수 같은 좋은 분들이 합류함으로써 오늘의 오사카 생각하는 모임이 되었다고 생각합니다.

질문 8: 한 인터뷰에서 고이삼 선배는 '일본에서의 제주4·3사건 추도사업의 방향'으로, '재일동포 역사 속에서 4·3의 의미를 제대로 평가하는 것, 또 한국이나 제주도와는 다른, 일본 밖에서는 할 수 없는 '재일의 추도식'을 모색하는 것'으로 말했습니다. 이 말의 의미를 더 상세하게 설명해주십시오.

그리고 향후 일본 속의 자이니치 사회에서 4·3의 의미를 어떻게 해석하고, 기념해나가야 한다고 생각하시는지요?

답 8: 제가 어떠한 맥락에서 그런 발언을 했었는지 지금은 잘 기억나지 않습니다만, 제가 항상 생각하고 있는 부분은 예를 들어, 북한에의 귀국사업 문제, 제주도 4·3 사건의 비극, 이러한 일들이 정치적으로 북한 또는 한국의 정권을 비판하는 데 이용되는 일 없이 자이니치 동포사史 안에서의 의미를 부여해 나가야 한다는 것입니다.

앞의 질문에도 대답한 바 있지만, 제주도 4·3사건은 현재진행형이라고 생각합니다. 한국 국내에서도 그렇지만, 자이니치 사회에서도 마찬가지입니다. 현재의 상황을 잘 판단하여 생각하는 모임의 운동을 이어나가는 것이 중요하다고 생각합니다. 물론, 한국

제65주년 4·3위령제(2013년)에 참석한 고이삼 씨

내의 동향에 가장 큰 영향을 받겠지만요.

앞으로 일본에서의 4·3운동이 어떻게 이루어질 것인지 확실히 알 수는 없습니다. 크게 두 개의 흐름이 되지 않을까 합니다. 하나는 4·3의 본질을 그 내면으로부터 찾는 일, 또 하나는 4·3으로 인해 입은 피해, 그로 인한 비극의 역사를 교훈 삼아 '보편'을 찾아가는 일, 이 두 가지라고 생각합니다.

보충해서 설명한다면, 첫 번째는 '4·3으로 파헤쳐진 인간의 삶에 주목하면서 4·3 체험자들의 마음의 상처를 보듬어 안는 것'이고, 두 번째는 '평화·인권·국가 테러리즘 등의 관점을 강조함으로써 4·3의 교훈을 널리 이해하는 것. 세계 각지에서 지금도 일어나고 있는 4·3과 비슷한 성질의 사건을 분석하는 것'입니다.

질문 9: 도쿄와 오사카에서의 4·3행사가 도쿄 쪽은 명망가 중심의 기념식으로, 오카사 쪽은 유족 중심의 추도회로 진행되는 것 같은데 이런 차이가 왜 생겼다고 보십니까?

답 9: 한국인의 입장에서 본다면 오사카 행사가 유족회 중심으로 보일지 모르겠습니다만, 저는 조금 다르게 생각합니다. 도쿄도 오사카도 〈4·3을 생각하는 모임〉의 기본적인 성격은 같습니다. 단지, 오사카에는 유족이 많아 유족회와 생각하는 모임이 혼동되어 보일 수는 있겠다고 생각합니다.

질문 10: 선생님은 출판인으로 어려운 상황 속에서도 일본에서 출판사인 〈신간사〉를 설립해 출판 활동을 하고 있습니다. 이렇게 출판사 운영에 평생을 바치게 된 계기는 무어라고 생각하십니까?

답 10: 출판사에는 출판사 나름의 역할이 있다고 생각합니다. 〈신간사〉는 자이니치 코리안의 출판사이기 때문에 자이니치 관련 책이 많은데, 이렇게도 이야기할 수 있겠습니다. 〈신간사〉는 자이니치 제주인의 출판사이기 때문에 제주 관련 책이 많다, 고.

제민일보가 '4·3은 말한다'의 연재를 시작하고, 출판했을 때 〈신간사〉는 『제주도 4·3사건』이라는 제목의 일본어판을 출간했습니다. 그 당시 오사카의 강재언 선생님께서 칭찬을 해주셨습니다. 일본어판이 나온 것으로 한국 정부는 간단히 제민일보의 '4·3은 말한다'를 탄압하지는 못할 것이라고. 그리고 제주도 4·3사건이 국제적으로 주목을 받는 토대를 마련할 수 있을 것이라고 말씀하셨습니다. 그때는 매우 뿌듯했습니다. 출판업계에 종사하는 사람으로서, 고향의 대선배로부터 이러한 격려를 받았을 때는 어렵지만 출판사를 경영하기를 정말 잘했다는 생각이 들었습니다.

그리고, 출판하기까지 김민주 선생님, 양성종 선생님, 양조훈 선생님, 김종민 선생님, 문경수 선생님, 김종명 씨의 힘이 컸습니다. 출판사는 이렇듯, 사람과 사람이 뜻을 모아 협력하지 않으면 책을 만들어낼 수 없다고 생각했습니다.

질문 11: 그리고 〈신간사〉는 일본 사회에서는 생소한 제주도 관련 책들을 많이 출판했습니다. 돈이 될 것 같지 않은데 그 이유는 무어라고 생각하십니까? 단순히 고향에 대한 사랑을 넘어서는 무언가가 있을 것 같습니다만……?

고이삼이 운영하는 음식점 '신고방' 앞에 선 문경수 씨와 고이삼 씨. 이 곳은 출판사 〈신간사〉 사무실도 겸 하고 있다. (2016.1.30)

답 11: 제주도에 대한 책이 많은 이유는 제가 제주도 출신이라는 것 그 이상, 그 이하도 아닙니다.

제가 고향에 대한 사랑에 대해 논할 만한 여유는 없습니다. 사실, 제 자신이 제주도인으로서의 내실이 부족했기 때문에 그것을 조금

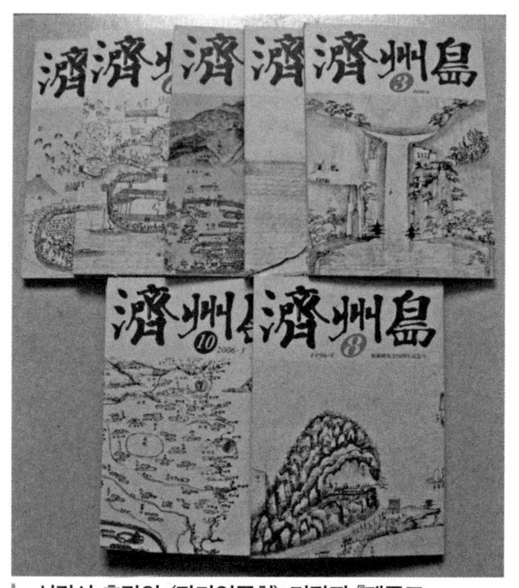

신간사 출간의 〈탐라연구회〉 기관지 『제주도』

이라도 보충하기 위해서 필사적이었습니다. 하지만 틀림없이 저와 같은 입장의 사람들이 많이 있을 것이라고 생각합니다. 제주에 대해서 알고 싶어도 그러지 못하는 사람을 위해서, 라는 기분도 조금은 있었던 것 같습니다. 불의·부정에 맞서 권력에 대항하는 것이 출판사의 사명입니다.

질문 12: 출판사 사정이 힘들다는데 어떻게 운영하고 계시며, 앞으로의 계획은 어떠신지요?

답 12: 출판사 경영이 힘들어진 것은 비단 최근에 시작된 문제는 아닙니다. 디지털 시대이기 때문에 더더욱 경영이 어려워진 것이라고 생각합니다. 그 누구도 도와주지는 않습니다. 할 수 있는 데까지 하는 것, 이것밖에 없다고 생각합니다. 저도 62세가 되었습니다. 앞으로 한정된 시간 동안 지금까지 부족했던 일들, 앞으로 더 해야만 하는 일들에 대해서 생각하고 있습니다.

신간사 출간의 제주도 관련 서적들.
4 · 3 관련 서적도 여럿 보인다.

질문 13: 내년 (2013년)에는 일본에서도 4·3사건 추가진상조사가 이루어질 것 같습니다. 일본에서는 무엇을 어떻게 조사해야 한다고 생각하십니까?

답 13: 저조차도 추가진상조사에 대해서 잘 모릅니다. 〈4·3을 생각하는 모임〉의 사무국장이자 신간사의 사장인 제가 잘 모르는 일이니, 일반의 제주 출신자들에게는 아마 거의 알려지지 않았을 것이라고 생각합니다. 그렇기 때문에 제주도에서 어느 날 갑자기, '몇 월 며칠에 조사 갑니다' 라는, 식의 연락을 받아도 이쪽에서 얼마나 협력할 수 있을지는 장담할 수가 없습니다. 2013년은 4·3사건 65주년입니다. 일련의 조사활동이나 기념행사들을 실시하는 과정에서 끈기 있게 홍보를 하는 일, 그것이 가장 먼저 해야 할 일입니다. 지금까지 조사에 응하지 않았던 많은 분들의 마음속에 아직까지도 남아있는 벽을 먼저 허물어야만 한다고 생각합니다.

2차 면담

4 · 3 40주년 행사

고이삼: 참, 『4 · 3으로 만나는 자이니치』에 소개될 사람 6명이 누굽니까?

김창후: 예, 도쿄 쪽에서 고이삼, 조동현 씨, 오사카 쪽에서 문경수, 오광현, 장정봉, 정아영 씨까지 일단 6명입니다. 그런데 조금 더 욕심을 부리면 일본인 여성 사토 노리코 씨도 포함하고 싶은데 어떻습니까?

고: 하지만 '생각하는 모임'의 입장에서 본다면 그럴 필요가 없을 것 같습니다. 6명으로 가는 게 좋다고 생각합니다. 그리고 가능하다면 장정봉의 인터뷰를 중요시했으면 합니다.

사실 40주년 때 오사카 4 · 3행사를 하려고 계획하던 단계에서 맨 처음 도움을 요청했던 사람이 있었습니다. 그는 제주 출신은 아니었습니다. 이쿠노에서 '이쿠노 민족제'를 개최하고 있던 시민운동가였습니다. 당시 그는 오사카에서 활동을 하고 있어서 제가 40주년 행사를 맡아달라고 요청했습니다. 그도 처음에는 할 생각이 있다면서 도쿄에도 한두 번 왔었습니다. 도쿄의 실행위원회에도 참가했습니다.

그런데 1988년이 되자 갑자기 할 수 없다는 연락을 해왔습니다. 왜냐하면 김봉현 선생님이 살아계시고, 김시종 선생님도 아직 4 · 3

에 대해 커밍아웃을 하지 않았다. 또 강제언 선생님도 계신데 이들 1세 어른들 의견이 다 다르다. 그는 2세여서 도저히 1세들을 다 설득할 수가 없다. 그래서 힘들다. 이해해달라고 했습니다.

김: 그건 1987년 당시의 얘기입니까?

고: 1987년에 얘기가 시작되고 1988년에 준비에 들어가려던 때였습니다. 1987년 당시에는 도쿄와 오사카, 제주와 서울, 이렇게 4곳에서 40주년 행사를 개최하려고 했습니다. 그런데 가장 먼저 포기를 선언한 곳이 오사카였습니다. 그 다음에 강창일이 담당했던 제주에서도 할 수 없다고 연락이 왔습니다. 그 이유는 잘 모르겠습니다. 아마도 당시만 해도 두 지역은 피해자와 가해자가 대립적인 상황이어서 의견을 모으기가 어려웠을 거라고 생각합니다.

서울에서는 김명식 씨가 4·3 관련 심포지엄을 개최했다고 들었습니다. (참여자가) 소수이긴 했지만.

1988년 도쿄에서 열린 4·3 40주년 추도기념 강연회 모습

어쨌든 도쿄와 서울이 40주년을 같이 했던 것입니다. 공동의 논의
는 하지 않았지만 뜻을 같이 했습니다.

하지만 신문에 나온 것은 도쿄뿐으로, 도쿄에서 이런 행사를 했
다고 제주도와 서울에 알리게 되었습니다. 4·3을 시민운동의 형태
로 세상에 드러내는데 큰 역할을 한 것은 도쿄였다고 할 수 있습니
다. 1988년의 도쿄 4·3행사가 바로 4·3운동이 시민운동으로 나아
가는 출발점이라고 할 수 있을 것입니다.

『제주도 인민들의 4·3 무장투쟁사』에 대하여

김: 예. 당시 얘기들이 조금씩 지면에 실렸었지요.

고: 사실 1987년 당시, 김명식 선생은 지문날인을 거부한 혐의
로 강제퇴거를 당한 상태였습니다. 그래서 한국으로 들어간 그가 서
울에서 행사를 하게 되었던 것입니다. 저는 당시 〈삼천리사〉를 그만
두고 〈아시아태평양 자료센터PARC〉로 자리를 옮겼습니다. 그 후 다
시 〈아카시쇼텐明石書店〉 출판사로 자리를 옮기는데 거기서 『지문날
인 거부의 사상』이라는 김명식 선생님의 책을 제가 담당해서 만들
게 되었습니다. 김명식 씨가 돌아가게 되었으니 기념으로 만든 책입
니다.

제가 편집을 담당하고 있었으니 저자인 김명식 씨를 만났습니다.
그때 김봉현 씨와 김민주 씨가 쓴 『제주도 인민들의 4·3 무장투쟁
사』 한국어 원문책을 드렸습니다. 그렇게 해서 그 분이 그 책을 한
국에 갖고 가게 되었고, 나중에 판권허가도 없이 한국에서 출간했던

濟州島人民들의《4.3》武裝鬪爭史

－資料集－

金奉鉉
金民柱 共編

文友社

1963년 일본에서 처음 간행된 한글판 『제주도 인민들의 4·3 무장투쟁사』 표지(위), 1978년 출간된 일어판 『제주도 혈의 역사』 표지(아래 왼쪽), 1988년 김명식 씨가 한국에서 『제주민중항쟁』이란 이름으로 출간한 한글판·일본어판 합본의 표지(아래 오른쪽)

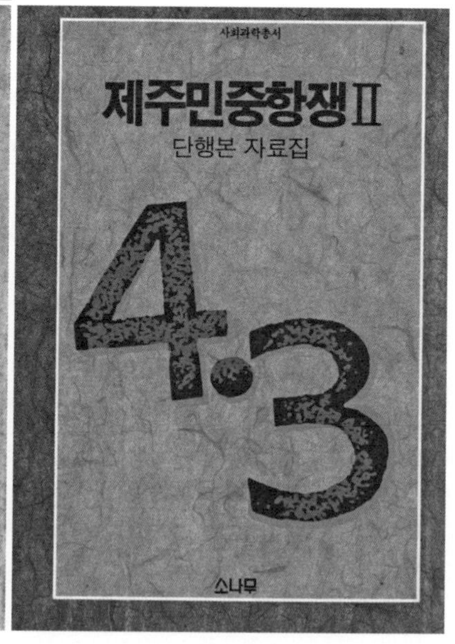

것입니다. 아라리에서…… (하하). 그때 김명식 선생님이 한국에 돌아가면 PARC와 같이 세계와 연대할 수 있는 단체를 만들고 싶다고 하셨어요. 그게 아라리, 즉 〈아시아 아프리카 라틴아메리카 연구소〉였고, 거기서 『제주민중항쟁』이란 이름으로 1, 2, 3권이 출판되었어요. 그 다음 상황은 김선생도 잘 아시겠지만 서울에서 많은 학생들이 그 책을 읽게 되었고, 결국 김명식 씨는 구속됐습니다.

이 책은 사실 김봉현, 김민주 공저로 되어 있지만 김민주 선생님이 혼자서 다 쓰셨습니다. 김봉현 선생님과는 같은 경주 김씨로, 경주 김씨 안에서 김봉현 선생님이 이름이 더 알려져 있었기 때문에 그렇게 됐던 것 같습니다. 출판 비용은 김민주 선생님의 아버지가 부담했습니다.

김: 김민주 선생님의 아버님은 일본에 계셨습니까?

고: 예, 신주쿠에. 부자였습니다. 이것은 뒷얘기인데요, 김민주 선생에게 한 번 여쭤본 적이 있습니다. 이 『무장투쟁사』를 일본어로 번역해서 출판하지 않겠습니까? 하고. 그러자 그는 젊었을 때 쓴 책이라서 아무래도 자신이 좀 흥분상태에서 과격하게 쓰게 된 것 같다. 남로당 쪽으로 치우친 경향이 있기 때문에 그 책을 그대로 번역하는 것은 내키지 않고, 천천히 다시 수정 보완해서 쓰겠다고 말씀하셨습니다. 그래서 결국 일본어판은 15년이나 지나서야 완성돼 나왔습니다.

김: 아, 일본어판이 나온 시기가 길어진 이유가 있었군요.

고: 예, 하지만 뭐, 이런 뒷얘기……

이거 역시 민주선생님께 들은 뒷얘기입니다. 무장투쟁사를 오사카에서 만들어 도쿄의 총련에 가지고 갔다고 합니다. 읽어봐 달라고요. 그런데 아무도 사주지 않고 무시당했다고 합니다. 그런데 단 한 사람만이 사줬는데 그게 바로 김석범 선생님이었다고 합니다. 10권 정도 사 주셨다고 합니다. 60년대 초니까 (김석범 선생님이) 총련에 계실 때였습니다.

김: 근데 총련에선 왜 그걸 거부했나요?

고: 남로당이었기 때문입니다. 조선노동당과 남로당은 사이가 안 좋았잖습니까?

김민주 선생님은 그때부터 석범선생님이 자신의 얘기에 귀를 기울여주신 선배였다고 해서 존경했습니다. 그 후 김석범 선생님은 4·3을 쓸 때, 제가 아는 바로는 민주선생님이 많은 정보를 제공했습니다. 다양한 에피소드를 민주선생님이 들려줬고, 석범선생님은 그것을 듣고 상상력을 발휘해서 4·3 소설을 썼다고 해도 과언이 아닙니다. 저도 당시 제민일보를 읽고 있었는데 '4·3은 말한다'의 중요한 증언이 있으면 복사해서 김석범 선생님께 보내드리기도 했습니다.

김: 네.

고: 그리고, 김명식 씨의『지문날인 거부의 사상』출판 파티를 한 적이 있습니다. 그때 선생님이 파티 주최자 명단에 최○○ 씨를 넣어달라고 했습니다. 이유는 한국에 돌아갔을 때의 안전을 위해 우익인 그를 명단에 넣어두면 이 모임이 불온하다는 얘기를 듣지 않게

될 것이라는 것이었습니다.

김: 저도 그 분 몇 번 만난 적이 있습니다. 아마 고서적이나 유물 등을 수집해 분석하는 서지학자라고 알고 있습니다만은?

고: 일본에 있었는데 80년대는 전두환에게 돈을 받아 책을 사거나 자료를 사거나 했던 사람입니다. 원래는 테러리스트입니다.

김: 아, 그렇습니까? 제주도 조천 쪽에 집이 있어서 거기 가본 적이 있습니다. 오래 전 일인데 지금은 아마 돌아가셨을 것으로 아는데요?

1988년 첫 도쿄 4 · 3추도회

이런 얘기는 이 정도로 하고, 행사 얘기로 다시 돌아가겠습니다. 도쿄에서 처음 4 · 3추도회를 한 게 1988년이죠? 어떻게 행사를 시작하게 되었는지 알고 싶습니다.

고: 김선생이 김동일 할머니 책을 썼잖아요? 거기에도 잘못된 부분이 있어요. 그 책에는 1985년에 〈4 · 3을 생각하는 모임〉이 결성되었다고 나와 있는데, 85년에 생긴 건 〈탐라연구회〉입니다. 〈4 · 3을 생각하는 모임〉은 1987년에 만들어졌어요. 〈탐라연구회〉는 제가 〈신간사〉를 설립하기 전인데, 김민주 선생이 제주사람이 제주의 역사와 문화를 모르면 어떻게 하느냐고 해서 양성종 씨, 김병오 씨, 송창빈 씨, 안영식 씨 이렇게 5인 정도로 시작한 모임입니다.

그리고 민주선생님과 김동일 할머니는 소학교 동창생입니다. 민주선생님이 조천중학교 때 산에 들어가게 되고, 동일할머니도 산에 연락 일을 하면서 만나게 됩니다. 잘 알지요? 두 분은 같은 마을,[1] 같은 연령의 고향 친구였습니다. 그리고 김병오 씨의 고모가 김동일 씨였습니다. 당시만 해도 4월 3일이 되어도 아무도 제사를 지내거나 명복을 빌어주는 일이 없었기에 〈탐라연구회〉에서 김동일 할머니가 만들어 온 음식을 가지고 제사를 했습니다.

김: 그게 1985년부터입니까?

고: 1985년 이후입니다. 결국 〈4·3을 생각하는 모임〉 이전에 〈탐라연구회〉에서 4·3을 위한 이런 움직임이 있었던 것이죠. 이러한 흐름 속에서 생각하는 모임이 생기고 행사가 커져가면서 저도 참가하게 된 것입니다.

또 다른 한편에서는 현광수 선생님이 〈코리아 연구소〉도 만들었어요. 거기에서 김병두 선생님이 『코리아 연구』라는 일본어 잡지도 발행하고 있었습니다. 40주년 4·3행사를 하기 전에 거기서 4·3 특집으로 '4·3이란 무엇인가' 라는 좌담회를 열었습니다. 그것이 1986년인가, 1987년인가인데 현광수, 김민주, 김석범, 문옥주 선생님이 나오셨습니다.

김: 그게 정확한 년도가 언제인지요?

고: 지금 확실하게 몇 년이었는지는 잘 모르겠습니다. 조사해보

---

1 제주시 조천읍 조천리

면 알 수 있을 겁니다.

문경수: 1988년에 그 좌담회 내용이 실린 책이 나왔으니까, 알 수 있을 거예요. 어쨌든 40주년 4·3행사 이전인 거죠.

고: 좌담회에는 네 분 선생님이 등장합니다. 그때 제가 본 인상으로는 4·3을 경험하지 않은 현광수 선생님과 김석범 선생님 두 분은 과격했습니다. 그리고 체험했던 김민주, 문옥주 두 선생님은 조금 부정적이고, 괴로워하시는 느낌이었고요. 사는 것도 지옥, 죽는 것도 지옥이라고…….

김: 그런 얘기는 어디 발표되지 않았던 것 같네요. 저는 들어보지 못했어요.

고: 일본에 있는 사람들은 다 알고 있는 일입니다. 다만 아무도 얘기를 하고 있지 않았을 뿐입니다.

김: 예. 그 다음, 1988년 첫 추도회에 대해 말씀해주세요.

고: 장소가 YMCA였어요. 그곳이 가득 채워졌으니 300~400명 정도는 참가했던 것 같습니다. 그때 제가 한 일은 같은 세대로서 제주도 출신 부모를 가진 친구들에게 동참해 달라고 부탁하는 것이었습니다. 사회, 접수, 책자 판매 등을 노래하는 김정미 씨 부부, 한성현 목사, 조경달 씨 같은 분들이 도와주었습니다.

김: 그때 강창일 씨와 김명식 씨도 있었나요?

고: 강창일은 왔었는데 김명식 씨는 한국에 가서 올 수가 없었습니다.

김: 김명식선생이 한국에 간 건 1987년 이전입니까?

고: 예. 그래서 그때는 오지 못했습니다. 대신 메시지를 보내 오셨습니다. 그 내용은 40주년 책자 안에 들어 있습니다.

김: 아, 여기 기록이 있네요. 1987년 4월 3일에 YMCA……. 〈코리아 연구소〉에서 했다는 거네요. 그리고 1988년에는…….

고: 아니. 1987년은 2층 회의실에서 〈4·3을 생각하는 모임〉이 회의를 한 겁니다. 행사가 아니고.

김: 그럼 이것이 그 좌담회고, 이때 참석하신 분이 아까 말한 다섯 분이 되는 건가요?

문: 아니에요. 그 좌담회하고 이것은 다른 거예요. 이때 참가자가 누군지 알 수 있나?

고: 음. 김민주 선생님, 현광수 선생님, 김석범 선생님, 김일 선생님…….

김: 이게 그 좌담회가 아니라면, 무슨 강습회 같은?

고: 아닙니다. 그냥 회의입니다. 20명 정도밖에 못 들어가는 회의실에서 내부적인 얘기를 했던 것입니다. 근데 이게 1987년 4월이었나? 4월 3일은 아니고……. 그때 한 달에 한 번 정도 실행위원회 회의를 하고 있었으니…….

우리가 그때, 회의의 이름을 정하거나 회장, 사무국장을 정하거나 하는 그런 모임은 자주 있었습니다. 당시 YMCA 김관장님이 제주도 출신이었습니다. 그래서 사용료도 반값으로 싸게 빌려주셨습니다.

김: 그럼 이것은 행사를 위한 준비모임 정도였겠네요. 그렇게 정리하고, 그때 1988년 40주년 행사 끝나고 나니 대사관이나 영사관에서 뭐라고 하지 않던가요?

고: 최근에는 김석범 선생님이 한국에 간다고 하면 조동현 씨가 영사관 분을 만나 여러 가지 교섭을 해서 비자를 받거나 하고 있습니다. 동현씨가 오기 전에는 거의 다 그런 일을 김민주 씨가 했습니다.

김: 김민주 선생님은 그쪽과는 관계가 좋았나요?

고: 좋았다고 하기보다는 그 후 북한 문제 일을 하기 시작했습니다. 동생이 북한에 가서 사망했다는 소식을 듣고, 그때부터 북한에 갔다가 돌아온 사람들의 인권을 지키는 모임을 시작했던 것입니다. 그래서 선생님은 총련이나 북한과 그 문제로 다투게 되었습니다. 저에게 그때 이런 말도 한 적이 있습니다. "나는 북한 인권문제를 위해서는 북한 공산당이든 한국대사관이든 어디든 무조건 손잡고 일하겠다." 그런 상황이었기 때문에 4·3과는 다른 입장이 되었습니다.

김: 김민주 선생님의 그런 변화를 어떻게 생각해야 하나요?

고: 민주선생님의 친구로 하기와라 료라는 분이 있습니다. 그 분이 일본의 아카하타[2] 특파원으로 평양에 취재 간 적이 있습니다. 하기와라씨가 민주씨의 동생을 만나러 갔습니다. 그 일이 나중에 일본과 연락을 주고받게 된 하나의 원인이 되었습니다. 결국 북한정보부는 김민주는 미국 정보부의 스파이이고, 그래서 동생을 북한으로 보

---

2 적기(赤旗). 일본공산당의 기관지

낸 것이다, 판단하여 동생을 처형합니다.

김: 북한에서 그렇게 판단하는 무슨 근거가 있나요?

고: 민주선생님은 4·3으로 붙잡혀 인천의 소년형무소에 있었습니다. 그런데 6·25가 터지자 풀려나고 인민군이 되어 부산으로 내려옵니다. 그리고 얼마 없어 민주선생님은 미군이 인천에 상륙하는 바람에 다시 미군에게 붙잡히게 됩니다. 그때는 소년병이어서 거제도의 포로수용소로 갔습니다. 거기서 민주선생님은 몰몬교에 들어가 그리스도교인이 됩니다.

2년 후, 석방되어 부산으로 간 선생님은 결국 일본에 계신 아버지를 찾아 밀입국을 하게 됩니다. 민주선생님에게는 그런 경위가 있습니다. 때문에 2년간 거제도의 포로수용소에 있을 때 미군에게 세뇌되어 미국의 스파이가 되었다는 설이 나오게 된 겁니다.

김: 그럼 그 이후 북한 쪽에서는 계속 의심했다는 얘기네요. 김민주 선생님은 거제도에서 석방되고 나서 바로 일본으로 넘어온 건가요?

고: 그렇습니다. 석방되고 바로 부산에 가서 밀항선을 기다렸다고 했습니다.

문: 일본에 온 게 몇 년쯤인가?

고: 1957년쯤 일 거야. 그 후 한글판 무장투쟁사가 나온 게 1963년이지.

1988년 행사 주도는
〈4·3을 생각하는 모임〉과 김석범·현광수·김민주

김: 이 얘기는 이 정도에서 마치도록 하고요, 아까 『4·3과 평화』
에 실린 이야기를 했었지요? 조동현 선배의 인터뷰 이야기. 무슨 내
용인지 다시 한 번 말씀해주시겠습니까?

문: 그러니까 주도한 사람이…….

김: 1988년 때를 말하는 건가요?

문: 여기 인터뷰에는 주도적으로 일한 사람이 김석범 선생님이라
고 하고 있어요.

김: 아, 그러니까 그 말은 1988년 도쿄 행사를 김석범 선생님 혼
자 주도적으로 했다는 얘기인데, 그렇지 않다?

문: 뭐, 그런 말이에요. 김석범 선생님이 주도적으로 했다는 얘기
가 나오는데 이때는 오히려 현광수 선생님이나 김민주 선생님, 김석
범 선생님이 모두 그렇게 했다.

고: 저도 그렇게 생각합니다. 그때는 어느 한 사람이 주도한 게
아닙니다. 조직입니다. 조직적으로 행사를 치렀습니다.[3]

3　고이삼이, '조직'이 40주년 4·3행사를 주도했다고 하는 이러한 지적은,
　『4·3과 평화』 제22호 (2016.1)의 조동현 인터뷰 기사에 따른 것이다.
　'조동현 인터뷰, 제주를 통일의 상징으로 만드는 4·3운동을 꿈꾸며' 제목
　의 인터뷰 내용은 다음과 같다. "김석범 선생은 작가이기도 하지만 일본에
　서 4·3운동을 주도한 핵심입니다. 4·3 40주년 때였습니다. 일본에서 공부

김: 조직이라면 생각하는 모임?

고, 문: 그렇죠.

고: 김석범 선생님은 작가로서도 사상가로서도 뛰어난 분이고, 4·3에 대한 열정도 어느 누구보다도 강하다는 것은 모든 사람이 인정합니다. 하지만 당시를 얘기하자면 좀 다릅니다. 〈탐라연구회〉라는 모임이 있어서 그 자격으로 거의 모든 구성원들이 1988년 행사에 참가를 했습니다. 그 리더가 김민주 선생님이었습니다. 〈코리아연구소〉도 연구소 이름으로는 나오지 않았지만 현광수 선생님과 김병두 선생님이 참가했습니다. 집회는 김병두 선생님이 주로 열어왔습니다. 때문에 그런 모체랄까 운동조직이 있었다고 봐야 합니다. 문화운동이기는 하지만 말입니다. 다시 말하면 그런 것들이 합쳐져서 1988년 4·3행사가 가능했다는 것입니다. 생각하는 모임에 뛰어난 리더가 있어서 그랬던 게 아닙니다. 김석범 선생님은 성격상 회의에는 참가하지만 모든 사람들을 감동시키고 리드하는 그런 분은 아니었습니다. 오히려 그런 역할은 현광수 선생님이 했다고 생각합니다. 민주선생님과 함께.

김: 그러니까 1988년 첫 위령제 때부터 개인보다는 생각하는 모임 같은 단체가 주도해서 행사를 해나갔다?

문: 모임이 모태가 되었다는 거지요. 토대가 된 거.

하고 있던 강창일 씨, 지금은 강원도에 살고 있는 김명식 씨, 그리고 김석범 선생 세 명이 주동해 4·3 40주년 행사를 열었습니다. 해외 4·3운동의 시작이었죠."

김: 예. 이건 중요한 얘기가 되겠네요. 그리고 이때는 김석범 선생님도 총련과는 완전히 관계를 끊었을 때죠?

고: 물론입니다. 저는 25살 때 삼천리 출판사에 들어갔는데 그 당시 거기 편집인으로 김석범 선생님이 계셨습니다. 당시 저는 김석범 선생님과 같이 훌륭한 분들과 함께 일할 수 있어서 행복했고, 지금도 그때를 잘 기억하고 있습니다.

얼마 전에도 김명헌이라는 친구가 와서 제게 가장 존경하는 작가가 누구냐는 질문을 했을 때, 전 주저 없이 김석범 선생님이라고 대답했습니다. 하지만 4·3을 매개로 자이니치 세계에서 리더가 누구냐 하는 것에 대해서 생각해 본다면, 정신적인 지주는 김석범 선생이라고 할 수 있지만 진정한 리더는 어느 한 사람만이 아니라는 것입니다. 김석범 선생님도 리더 중 한 사람이라고 말해야 하지 않을까 합니다.

김: 그러니까 가장 어른은 현광수 씨, 김민주 씨, 김석범 씨. 세 분으로 봐야 하고, 그 분들을 중심으로 아까 언급했던 분들이 주로 일을 하는 모양이 되겠군요. 안영식 씨는 그 후에도 일을 계속 하셨나요? 하지 않았죠?

고: 예, 하지 않았습니다. 안선생님은 도두리 출신입니다. 안영식 씨가 형이라고 부르며 따르던 사촌이 해방 후 일이 없어서 오랫동안 고생을 하다가 어렵게 경찰관이 되었습니다. 그런데 4·3 때 무장대에게 그 형이 살해당합니다. 그 후 안선생은 빨치산을 싫어하게 되었습니다.

그는 김석범 선생님의 소설을 읽고 편향적이라고 했습니다. 당신은 4·3을 본 적이 없다는 것이었습니다. 그는 10살 정도까지 제주도에 실제로 있었으니까 4·3을 경험했습니다. 허울 좋은 혁명놀이 같은 건 있을 수 없다고 반발했습니다. 〈탐라연구회〉에는 이런 의견을 가진 분들도 있었던 겁니다.

문: 그래도 그 분은 50주년 때까지는 참석했어요.

고: 그렇습니다.

김: 예, 그렇군요.

오사카 4·3행사의 시작

이젠 오사카의 4·3 행사에 대해 이야기를 나누고 싶습니다. 우선 장정봉 씨 얘기부터.

고: 장정봉은 제가 젊었을 때 활동했던 〈한학동〉의 후배입니다. 그는 오사카에서 활동했기 때문에 현역 때는 만난 적이 없었습니다. 정아영이 도쿄에 데리고 와서 성실한 친구라면서 소개를 해 주었습니다. 그때가 지문날인 거부운동을 할 때였습니다. 아까 얘기했듯이 저는 오사카의 몇 분에게 4·3 집회를 열라고 수차례 얘기를 했습니다. 그러나 모두 성사되지 않았습니다. 그때 장정봉이 승낙을 하면서 결국 우리가 가서 함께 하게 된 것입니다.

사실 오사카에서는 50주년이 되어서 제주도에서 심방을 불렀을 때 많은 사람들이 모이고 하면서 이제 겨우 시작되었구나 하는 느낌이 들었습니다. 그때부터 오광현 씨가 나오기 시작합니다. 김성훈 씨도 나왔습니다. 그러니까 오사카에서 4·3의 싹이 트기 전에 혼자서 전신주에 4·3 집회 전단지를 붙이고 돌아다녔던 사람은 장정봉입니다. 그는 자신의 아버지가 4·3의 희생자로 일본에 밀입국해 온 것이라고 생각했는데 나중에 고향인 삼양에서 경찰관을 했었다는 것을 알게 됩니다. 그 말을 듣고 그는 충격을 받아서 〈4·3을 생각하는 모임〉에 나오지 않게 되었습니다. 하지만 그는 오사카에서 처음으로 온갖 행사를 준비하면서 고생을 많이 했습니다. 말리는 사람도 많았지만 제 말을 믿고 실행에 옮겼던 것입니다.

김: 장정봉 씨가 활동한 게 몇 년도가 되나요?
고: 45주년 때입니다. 그때 그가 전단지를 다 붙이고 다녔습니다.

김: 그럼 1993년이 되겠네요.
고: 그렇습니다.

김: 1987년에 한 시민운동가가 시도하다가 잘 안 되었고, 장정봉 씨가 처음 시작한 것이 1993년……, 그렇다면 그 사이 몇 년 기간에는 다른 접촉은 전혀 없었나요?
고: 예, 전혀 없었습니다.

김: 제가 일본에 처음 간 것이 1997년인가 1998년도로 기억하는데요. 후지나가 선생님네가 일을 하면서…….
고: 그렇습니다. 그 즈음부터 스기하라 토오루 교수네 하고 국제운동을 시작했었던 걸로 압니다.

문: 그게 〈동아시아 인권·평화를 위한 국제회의〉죠. 아마 일본사무국이 서승 선생하고, 스기하라 교수, 후지나가 교수가 중심이 되어 1996년에 설립됐을 겁니다. 그래서 다음 해인 1997년부터는 대만을 시작으로 행사가 시작되었어요.

김: 예, 그래요. 동아시아 인권·평화회의는 그 후 1998년에 제주도에서 성대하게 행사를 치르고, 다음 해에는 오키나와에서, 교토에서도 2002년에 행사를 치르지요. 하여튼, 고선배가 장정봉 씨를 만나서 설득한 것도 1993년이 되어서 그런 건가요?

고: 그렇습니다.

중앙대 시절의 한학동 활동

김: 이제 고이삼 선배 개인 얘기를 여쭤보겠습니다. 아버님은 조선적이 아니고 한국적으로 민단에 계속 계셨나요?

고: 1970년까지는 조선적이었습니다. 아마 1971년도인가에 한국적으로 바꿨습니다.

김: 그런데 고선배는 계속 일본학교를 다녔네요? 조선학교 안 다니고.

고: 네. 아버지는 조선학교를 싫어했습니다. 사건이 하나 있었습니다. 같은 우도 출신 중학교 동창생이 총련계의 조선은행에 다니고 있었습니다. 요요기 본점의 대출과장이었습니다. 그런데 그 분이 우

리 아버지가 파친코 경품사업 권리를 사려고 대출을 받으러 갔는데 대출을 해주지 않았던 겁니다. 당시 돈으로 30만 엔이었다고 합니다. 아버지는 그것 때문에 폭발했던 것 같습니다. 가난한 사람을 도와주는 게 사회주의인데 총련은 돈 있는 사람들에게만 자금을 돌려주고, 정말로 곤란에 처해서 도와달라는 이들에겐 빌려주지 않고 있다. 그렇다면 북한의 사회주의는 결국 거짓말을 하고 있는 게 아니냐, 생각한 겁니다. 제가 이제 와서 생각해보면 그때 만일 대출을 해줬더라면 그 돈을 받아 저는 조선학교를 다녔을 것이고, 지금쯤 북한에서 살고 있을지도 모르겠다는 생각을 하기도 합니다. 하하하.

김: 그렇네요. 대학은 어디를 다녔습니까?

고: 츄오(중앙) 대학입니다.

김: '민족'이며 '민주화'에 대한 생각들은 대학에서 한학동 활동을 하면서 체득하게된 겁니까?

고: 대학에 들어가기 전까지는 공인회계사가 되려고 했습니다.

김: 한학동은 어떻게 알게 된 건가요?

고: 그때는 한학동 활동이 활발했던 시기였습니다. 권유받아서 들어갔습니다. 그때가 김대중 사건이 일어났을 때였습니다.

김: 1학년 때부터요?

고: 네.

김: 1973년에 대학에 입학하고 바로 한학동에 들어가서 활동을 하셨군요?

고: 네. 1974년에 민청학련사건이 있었습니다. 강창일을 만났을 때 그가 자신을 소개하면서 명함 대신 민청학련사건으로 체포당했던 당시의 신문 기사를 보여주었습니다. 그래서 동세대구나 생각했습니다.

김: 그러셨군요. 중앙 대학은 한학동에 몇 명이 속해 있었습니까?

고: 1학년에서 4학년까지 한 40~50명쯤 되었을 겁니다. 중앙 대학에 한국인 학생이 200~300명 있었고, 그 중에서 50명 정도니…….

김: 굉장히 많은 숫자네요?

고: 네. 일본에서는 가장 큰 조직이었습니다.

김: 한학동을 한국 정부에서는 주시하고 있었지요?

고: 예.

김: 고선배는 한학동 활동하면서 통명 쓰다가 본명을 쓰게 되었나요?

고: 네. 중앙 대학은 또 본명만 쓰도록 했습니다.

김: 통명은 어떻게 되나요?

고: 그건 말하고 싶지 않습니다. 이젠 생각하기도 싫습니다. 완전히 버렸습니다.

김: 본명 선언한 게 몇 학년 때인가요?
고: 스물한 살 때입니다.

김: 한학동의 영향입니까?
고: 아닙니다. 그 전에 버렸습니다. 대학에 들어가자마자.

김: 왜요?
고: 무슨 일이 있더라도 본명으로 살아가자고 결심했기 때문입니다.

조규창 선생님에 대한 기억

김: 선배님들 얘기 좀 하겠습니다. 조동현 선배님 부친이신 조규창 선생님이 살아계셨을 때 제주도에서도 여러 번 뵀었고, 여기 일본서도 만나 뵀었습니다. 그런데 4·3 얘기는 거의 안 했어요. 조규창 선생님에 대해서도 잘 아시죠?

고: 예. 40주년 때 실행위원회 같은 모임에 조규창 선생님도 오셨습니다.

김: 이름도 올리고요?
고: 삼천리에 계셨던 이철 선생님이 모시고 오셨습니다.

김: 저는 선생님에게 많은 4·3 얘기를 듣고 싶었어요. 그러나 다른 얘기만 하시다가 가끔 한 두 마디 하시는데, 그게 다 새로운 얘기예요. 전에 안 들었던 얘기.

고: 50주년 때부터 조동현 씨가 참가하게 되잖습니까? 그때 끝나고 나서 뒤풀이할 때였습니다. 조규창 선생님이 없는 걸 알고 제가 이철 선생님에게 물었습니다. 이철 선생님이 대답했습니다. 연락은 드렸는데 아들이 있는 자리에 오는 게 싫다고 대답하더라고.

저는 그래도 모셔와야겠다 생각하고, 이철 선생님께 말씀드리고 조규창 선생님을 만나러 갔습니다. 아드님이 있지만 선생님이 오시지 않으면 곤란하다고 말씀 드리고 억지로 모셔왔습니다. 그런 일이 있었습니다. 그러니까 조규창 선생님은 아들이 활동하는 곳에 가서 술자리를 같이 하는 게 말도 안 된다고 생각하시는 것 같았습니다.

김: 예, 그렇군요. 어쨌든 4·3 얘기는 거의 하지 않으려는 것 같았어요.

고: 여기서도 마찬가지였습니다. 남로당의 조직 같은 얘기에는 거의 입을 닫았습니다. 문옥주 선생님도 마찬가지였습니다.

김: 사실 4·3연구소에서도 남로당 관계의 제주도 무장대 조직이나 활동, 자금 같은 것에 대해서는 거의 연구가 된 게 없어요. 자료도 전혀 없고요. 그것을 가장 잘 알고 계신 분이 조규창 선생님이었는데 거의 말씀을 안 하고 돌아가셨죠.

고: 조규창 선생님은 젊었을 때 서울로 유학을 갔었고, 안세훈 선생님의 비서를 했었습니다. 그러니까 제주인민위원회 위원장의 비

서였기 때문에 해주 인민대회에도 참석했던 겁니다. 그런 얘기를 강창일 씨도 물어보려 했으나 결국 한 마디도 듣지 못했다고 했습니다. 김선생만이 아니라 여러 사람들이 궁금해 했지만 결국 아무에게도 말하지 않은 채 돌아가시고 말았던 겁니다. 남로당의 내부 이야기는 전혀 하지 않았습니다.

김: 몇 가지 얘기는 저도 조금 들었어요. 제주도 신촌 고향에 계실 때, 함세덕의 희곡집 '산사람들' 이야기라든지, 4·3이 커지기 전에 조천중학교 세울 적 얘기. 자신이 학교 건물을 지으려고 일본에 가서 삼나무를 사오고 했다고 했어요.

참, 고선배님! 아까 김병오라고 했던 분, 그 분이 김길수 씨인가요?

고: 병오? 아, 그건 본명이고, 운동할 때 쓰는 이름이 김길수였습니다.

김: 그럼 뭐라고 해야 하죠? 이명? 다른 이름?

고: 활동가명이라고 봐야 할 것 같습니다. 김민주 선생님도 본명은 김태봉이고, 활동가명이 김민주였습니다.

지문날인 거부운동

김: 이번에는 지문날인 거부운동에 대해 듣고 싶습니다. 이 거부운동이 자이니치 운동사에서 아주 중요한 위치를 차지하잖아요? 그

리고 김명식 씨가 아주 적극적으로 활동하다가 추방당하는데 그 얘기도 포함해서 들려주셨으면 합니다.

　　고: 자이니치 운동이라고 하면 대개 남북통일운동, 한국의 민주화운동, 한국에서 체포된 정치범의 구원운동과 같은 민족운동입니다. 그런데 지문날인 거부운동은 일본에서 살아가기 위한 일본 국내에서의 '반차별 권익옹호운동'입니다. 게다가 중심이 된 것은 외국인인데 실제로 움직인 것은 일본인들입니다. 따라서 이런 의미에서 보면 운동 성향이 과거의 다른 민족운동들과는 완전히 다른 것입니다.

　　김: 그건 80년대에 주로 있었던 거죠?
　　고: 네.

　　김: 어떻게 운동방향이 완전히 바뀌는 건가요?
　　문: 운동의 기본은 2세입니다. 일본에서 태어난 전후세대. 1세도 2세들이 그렇게 하니까 따르기는 하는데 주도는 2세들이라고 봐야 합니다.

　　김: 그럼 이 운동을 김명식 선배도 열심히 했다는 거죠?
　　문: 물론 그렇습니다.
　　고: 그러니까 당시 지문날인 거부자가 1만 명, 2만 명으로 증가하는데, 그 중의 한 사람으로 일했다는 겁니다. 그는 도쿄의 미타카三鷹에 살고 있었습니다. 그곳에선 꽤 영향력이 있는 분이었습니다. 같은 지문날인을 거부하는 사람이었기에 서로 연락하면서 몇 번 집에도 간 적이 있습니다. 그는 일반 거부자들과 달리 완강하고, 타협

을 모르는 분이었습니다. 그렇게 단호하게 거부를 계속하다가 재주 자격을 잃게 되고 결국 한국으로 돌아가야만 했습니다. 일본 정부는 지문날인 거부를 계속하면 재입국허가서를 발행해주지 않겠다고 했는데요…… 우리는 그것을 발행해주지 않겠다면 대신할 수 있는 허가서라도 발행해달라는 식으로 협상을 하는데, 김명식 씨는 재입국허가서를 발행하지 않는다면 다른 건 필요 없다는 식으로 대응을 했습니다. 좀 특별한 분이었습니다. 우리하고는 차원이 다르다고나 할까?

김: 김명식 선배, 정말 자기 주장이 강하시지요. 김선배 강원도 산골에 들어가서 사시는 건 아시죠?

고: 작년 4월, 정말 십 수년만에 만났습니다. 김석범 선생님 시상식에서였습니다. 옛날 생각이 많이 났습니다. 신선처럼 되어 있었습니다.

도쿄와 오사카 4·3행사의 차이

김: 참 이것도 궁금해요. 여러 사람들에게 묻는데요, 저는 4·3행사를 오사카에서 하는 것과 도쿄에서 하는 것을 비교해보면 차이가 많이 느껴집니다. 이름도 도쿄에서는 무슨 무슨 문화제·기념식 같은 걸로 하고요. 그런데 오사카에서는 추모제·위령제와 같은 이름으로 거행이 돼요. 아무래도 오사카에는 제주도 사람이 많고, 유족도 많아서 그럴 수밖에 없는 거고, 도쿄는 유명인사 중심의 문화행

사를 할 수밖에 없다고 해요. 그러나 행사를 하는 기본적인 사상에
는 추모하는 마음이 깔려 있는 것이니 별 차이가 없다는 거죠. 그래
도 저는 굉장히 많이 다르게 느껴집니다.

고: 도쿄는 도쿄대로, 오사카는 오사카대로 나름의 방식으로 하
다 보니 결과적으로 그렇게 되었을 뿐, 근본적인 정신은 크게 다르
지 않습니다. 사실 도쿄는 이렇게 하고, 오사카는 저렇게 하라는 특
별한 지시가 있었던 것도 아닙니다.

김: 기본정신이 같다는 것에는 동감해요. 그러나 행사 방식은 다
르다는 거죠.

고: 55주년 때, 여기는 마당극을 할 테니 거기서도 같이 하면 어
떻겠느냐 하는 식의 협조 요청은 있었습니다. 그러나 그것뿐입니다.
제 개인적인 생각으로는 오사카가 조금 뒤늦게 출발했기 때문에 도
쿄에서 이렇게 하라, 저렇게 하라 간섭하는 것을 매우 싫어하는 게
아닌가 하는 생각도 합니다.

문: 늦어서 그렇다고는…… 아닌 것 같은데. 그건 어디까지나 개
인적인 생각인 거고, 오사카는 약간 그런 기질이 있긴 해요. 재일동
포 동네만을 놓고 볼 때, 우리가 중심이라는 그런 의식은 강하죠.

김: 제가 그런 차이를 보면서 좀 확대해석도 하는데요, 전에 일본
지역에서 제주인들이 벌인 항일운동에 대해 논문을 쓴 적이 있어요.
그때 생각이 나는 거예요. 일제강점기를 보면, 오사카는 완전히 노
동판, 노동현장에서 일하는 노동자들이 항일운동을 하고, 도쿄 쪽은
아무래도 유학생들을 중심으로 한 지식인들이 일본정부와 투쟁을

벌이죠. 저는 그런 전통들이 지금도 그와 비슷하게 흘러오면서 도쿄는 지식인들의 문화제, 오사카는 현장 중심의 위령제가 된 것이 아닌가 하는 생각을 해봤습니다.

고: 하하하. 그 말이 맞을지도 모르겠습니다. 일리가 있습니다. 원래 오사카는 이카이노라고 하는 노동자들이 많이 사는 지역이 있어서 현장중심이지만, 도쿄는 넓고 동포들이 다 흩어져 살고 있기에 생활에 밀착된 운동을 하기가 힘이 듭니다. 그건 예나 지금이나 같습니다.

김: 예, 저는 고선배님 말씀처럼 형식은 달라도 그 기본정신은 같다는 걸로 정리하겠습니다.

고은의 『제주도』(1976) 일본 출판

김: 신간사 얘기를 좀 하고 싶습니다. 제주에서 볼 때 고선배 참 대단하고 그럽니다. 제주도에서 문화상을 받으셨죠?

고: 그것은 제가 받은 게 아니라 〈탐라연구회〉가 받은 겁니다.

문: 어, 그래?

고: 응. 나는 김민주 선생님과 양성종 선생님과 함께 〈탐라연구회〉의 회원으로 상을 받은 거야.

문: 〈탐라연구회〉가 받은 거라면 결국 고이삼이 받은 거나 마찬가지지.

고: 아니야. 〈탐라연구회〉가 받은 거야.

문: 그래? 그럼 그때, 누가 대표로 받았나?
고: 김민주, 양성종 선생님이 시상식에 참석해서 200만 원인가 받았지. 그건 우당도서관에 기부했다고 들었어.

김: 아, 〈탐라연구회〉가 받은 거였나요?
문: 나도 신간사가 받은 줄 알았는데……, 참.

김: 제주도에서 볼 때, 일본에서 제주도 관계 서적을 그렇게 많이 출판하고 있다는 사실만으로도 참 대단하다고 생각해요. 고선배가 아니면 누가 달리 할 수 있는 일이 아닙니다.
고: 4·3 관련 일을 했었기에 그렇게 된 것 같습니다. 출판한 책의 1/5은 제주도 관련 책입니다.

김: 비중이 상당할 거라 생각했는데 20%나 되는군요.
고: 제가 지금 만들고 있는 책은 고은 선생님이 예전에 발표한 『제주도』라는 책의 일어 번역서입니다. 상당히 좋은 에세이집입니다.

김: 아, 고은 선생님이 70년대에 제주도 살 때 집필하신 것 말씀 하시나요? 책은 언제 나오나요?
고: 지금 만드는 중입니다. 올해 안으로 출판할 예정입니다.

김: 그건 고은 선생님과 얘기가 된 건가요?

고: 예. 지금 옛날 책을 번역하고 있습니다. 선생님이 일본에 오셨을 때 출판해도 좋다고 하셨습니다. 1990년쯤에 일본에서 맨 처음 고은 선생님의 『조국의 별』이라는 시집을 저희 출판사에서 출판한 인연이 있습니다. 그 후 후지와라라는 출판사에서 고은 선생님 책이 몇 권 나왔습니다. 한 번은 후지와라에서 불러서 갔더니 고은 선생님이 계셨습니다. 그때 이야기를 나누면서 선생님이 일본어를 한다는 걸 알게 되었습니다. 저는 고은 선생님은 한국말만 할 거라고 생각하고 있어서 그전에는 별로 얘기도 나누지 못했습니다. 선생님이, "넌 왜 좀 더 적극적으로 얘기하지 않고 참고만 있었느냐?" 하고, 말씀하셨습니다. 할 말이 없었습니다. 죄송하다는 말밖엔.

김: 저도 『제주도』라는 책, 예전에 읽었습니다. 지금도 집에 있을 거예요.

고: 상당히 괜찮은 책입니다. 제주도의 정신을…….

김: 고은 선생님이 제주도에 살았던 그 당시에는 완전히 광인이나 다름없었어요.

고: 그렇습니다. 빈축을 많이 샀다고 들었습니다. 그는 그때 갈 데가 없어서 죽을 생각으로 제주도행 배를 타게 되었던 겁니다. 그런데 그 배에서 아는 사람을 만나 한 잔 하다 보니 제주도에 도착하게 됩니다. 배를 타서 바다에 빠져 죽으려고 한 건데 제주도에 도착해버렸다. 이왕 이렇게 된 거 제주도에서 놀다 가자고 생각하고 많이 놀았다고 합니다. 그러다가 정신을 차려 보니, '죽으려고 간 곳에서 살아 갈 용기를 얻게 되었다. 제주도는 그런 곳이다' 하고, 새삼 깨닫게 되었다는 겁니다.

김: 어쨌든 저는 신간사가 잘 되기만을 바라는데 문선배가 많이 도와주셔야죠.

고: 많은 도움을 받고 있습니다. 특히 초창기에 많이 도와주셔서 감사하고 있습니다.

문경수 · 고이삼 체제로 〈4 · 3을 생각하는 모임〉 바뀌다

김: 아, 얘기 중간에 부탁할 일이 생각났네요. 이 책에 부록으로 1988년부터 지금까지 일본에서 했던 4 · 3행사 관련 내용을 다 싣고 싶어요. 그런데 여기 보면 아시겠지만 중간 중간 리플릿 자료가 없어서 채워놓지 못한 해가 많습니다. 여기 1988년부터 몇 년간 비어 있고요, 또 1995년에도 없죠? 그리고 뒷부분에도 많이 비었습니다. 혹시 신간사나 어느 개인에게 행사 자료가 있을지 모르니까 좀 찾아봐 주십시오. 기왕 시작한 일, 최대한 빈 곳을 채우고 싶습니다.

고: 제 기억으로…… 41주년은 행사를 못 했습니다. 42주년에는 100명 정도밖에 모이지 않아서 정말 쓸쓸한 행사가 되었습니다. 그래서 오사카에서 해야겠다 싶어서 사람들을 만나곤 했습니다. 그래서 45주년(1993년)에 처음으로 오사카에서 행사를 하게 되었습니다.

그때 문교수도 기억하겠지만, 41주년 총괄회의에서 김민주 선생님이 나하고 문교수를 따로 불렀잖아? 그리고 말씀했지. 지금까지 현광수와 자신이 행사를 맡아서 했다. 그러나 더 이상 할 수 없다. 그리고는 대표와 사무국장 자리를 그만두셨지. 그때 마침 문교수가 대학에도 나가고 하니 대표 자리를 맡으라고 하셨어. 저에게는 사무국장을 맡으라고 했고. 그렇게 저희 둘의 체제가 시작되었던 것입니다.

문: 그것이 41주년인가?

고: 아마 41주년, 아니면 42주년 때일 거야. 그때 현광수 선생님이 경제적인 걱정은 하지 않아도 된다고 했지. 자신이 전부 도와주겠다고 하면서. 그렇지만 그건 말뿐이었고, 그걸 계기로 선생님은 운동에서 더 멀어지게 됐지.

김: 그게 1989년, 1990년?

고: 아마 1990년일 겁니다.

문: 1988년 행사 끝나고 바로 아니었던가?

고: 아니 한 1년 지나서였어.

문: 그럼 아마 1989년인 것 같은데…….

김: 확실히 기억 좀……?

문: 아마 1988년 모임 끝나고 바로였던 것 같은데?

고: 한 1년 지나서야. 41주년을 어떻게 할 것인가 하는 회의였는데 아무것도 할 수 없었어.

문: 난 기억이 없어. 석범선생님이 쓴 책에 따르면 40주년 끝나고 곧 우리들이 후계자가 된 것처럼 되어 있어.

고: 아니 바로는 절대 아니야.

문: 그래. 그런데 난 그 당시 기억이 확실하지가 않아.

김: 그건 어떻든 고선배가 기억을 더듬어보면서 정리를 해주셔야
해요.

문: 결국 경제적인 지원 문제도 있고 해서 일시적으로 주춤하게
되었던 거지.

고: 하지만 우리가 그 분들 의견을 듣고, 그 분들이 원하는 대로
갔다면 돈을 주셨을지도 몰라. 우리에게 자리를 넘겼으니 현광수 선
생님이 의도하시는 대로 따라갔으면 좀 달라졌을지도 몰랐을 거야.
우리 멋대로 현기영 선생님의 책을 내고 했으니까.

김: 그럼 두 분 체제로 가게 된 건 1989년부터라고 정리할 게요.
그때 문선배가 대표고, 고선배가 사무국장인 거죠?

문: 응, 그렇게 하지. 1989년부터라고.

고: 이건 다른 얘긴데, 우리가 40주년 기념으로『제주도 4·3이
란 무엇인가』라는 책을 만들었습니다. 그때 생각하는 모임에서 천
권 정도 사겠다고 했습니다. 저는 그 정도 사주면 출판사도 좀 숨통
이 트이겠구나 생각하고 있었습니다. 그런데 결국 생각했던 금액의
1/4 정도 분량밖에 사주지 않았습니다. 식은땀이 흘렀습니다. 그때
부터 제가 이 모임에 의지해서는 안 되겠구나 하는 생각을 하게 되
었습니다.

김: 예, 긴 시간 여러 가지로 고맙습니다. 그리고 이 책은 제주대
학교 〈재일제주인센터〉에서 내기로 했습니다. 괜찮죠? 그리고 고선
배님, 옛날 사진 있으면 좀 주십시오.

고: 학생운동 때는 사진을 찍은 게 없을 겁니다. 오히려 한국대사

관에 가면 있을지 모르겠습니다. 하하하.

그리고 제주인센터…… 이런 말해서 어떨지는 모르겠습니다만, 저는 그곳에 대해선 안 좋은 기억만 있습니다. 예전에 이런 일이 있었습니다. 센터장이 도와달라는 부탁을 해왔습니다. 그래서 도쿄에 왔을 때 신간사에 들르시라고 말씀 드렸습니다. 자료가 많으니 보시고 필요한 걸 말씀하시라고 한 겁니다. 그 후 센터장이 도쿄에 왔다는 소문은 몇 번 들었습니다. 그러나 신간사에는 한 번도 오지 않으셨습니다. 도민회 분들이나 사업가 분들만 만나고 돌아갔다 들었습니다.

김: 아, 그런 일도 있었군요. 하여튼 오늘, 여러 가지로 고맙습니다.
고: 아닙니다. 오히려 제가 감사합니다.

제 II 부

01 문경수의 4·3 시론(時論),
침묵의 벽을 넘는 또 하나의 길

2000년에 제정된 '4·3특별법'('제주4·3사건 진상규명 및 희생자명예회복에 관한 특별법')은 그 10조에 '대한민국 재외공관'에 피해자 및 유족 피해신고를 접수할 '신고처'의 설치 규정을 담고 있다. 이런 규정은 한국전쟁 당시 국군에 의한 민간인학살이나 광주 민주화운동 등의 과거사 청산 관련 입법에서는 볼 수 없는 규정이다. '재외공관'이라 되어 있지만, 여기서의 '재외'는 주로 일본을 가리키며, 4·3사건과 재일 사회와의 깊은 관련을 시사하는 규정이라 할 수 있다.

잘 알려진 바와 같이, 일제 강점기에는 오사카大阪-제주 간에 '기미가요마루君代丸' 등 객선 직항로가 개설되면서, 1930년대 중반에는 제주도 인구의 4분의 1(5만여 명)이 일본에서 살았다. 오사카에는 제주도 출신자들의 확고한 커뮤니티가 형성되면서 일본-한국 간의 경계를 넘는 제주도 주민의 생활권이 형성되어 있기도 했다. 그리고 8·15 해방과 더불어 많은 조선인들이 해방된 조국으로 귀국하게 되지만, 이들 중 제주인들 다수가 4·3사건의 혼란으로 다시 오사카大阪 등 일본으로 건너왔다. 일본 점령군(GHQ)은 일단 한반도에 귀환한 조선인들의 일본으로의 도항을 엄격히 금했기 때문에 이 시기의 조선인의 도일은 밀항이라는 수단을 취하지 않을 수 없었다. GHQ의 기록을 보면, 일본으로의 밀입국자수는 1946년에 약 2만2,000명으로 그 중의 98%가 조선인이었다. 1947년 5월에는 '외국인 등록령'이 제정되면서 밀입국자는 6,630명으로 줄어들었지만, 1948년에는 다시 증가해서 8,408명이 되고, 1949년에는 9,437명에 달하고 있다. 분명히 '4·3사건'의 영향일 것이다. 이 수치를 기록한 GHQ(G-2)의 각서(Data of Illegal Entry of Korean for the year 1930(?)-1949)는 외국인 등록령 시행 후에도 '상당수의 조선인이 입국을 기도해 성공한 것은 분명하다'고 하고 있다. 때문에 4·3사건의 진상규명은 이러한 재일 동포사회와의 관련을 외면해서는 결코 완결될 수 없는 것이다.

'4·3 컴플렉스'라고도 일컬어지는 사건 체험자의 좌절감이나 심리적인 굴절의 문제도 오사카를 중심으로 한 재일제주인 사회에 깊이 각인되어 있다. 4·3사건이라는 권력에 대한 저항이 치러야 했던 크고 처참한 대가는 체험자들의 입을 다물게 하고, 정치나 사회를 대하는 자세를 바꾸게 했다. 정치 자체를 기피하는 태도는 물론 금품에 대한 과도한 집착이나, 거꾸로 권력이나 조직에 대한 과잉충성 등 4·3으로 인한 심리적 좌절감은 각양각색의 얼굴을 하고 나타났다. 일본에서도 4·3사건을 언급하는 것을 금기시 하는 암묵적인 압력이 지배해 왔던 것이다. 더구나 제주도 출신자가 많은 오사카에는 그러한 공기가 더 짙었다고 할 수 있다.

이 책에 수록된 인터뷰나 정아영 교수의 글[1]에 자세하게 언급되어 있듯이, 일본에서의 4·3운동은 주로 이러한 침묵의 벽이나 압력을 무너뜨리고, 4·3을 누구나 다 거리낌 없이 이야기하고, 조사하고, 대화할 수 있는 공간을 어떻게 하면 넓혀갈 수 있을 것인가 하는 목적으로 진행되어 왔다.

일본에서의 4·3운동도 큰 줄기로 보면 한국 민주화와 그 이후의 4·3특별법 제정과 진상 조사의 진전, 조사에 근거한 노무현 대통령의 4·3 희생자와 도민에 대한 사죄 등 4·3사건의 문제해결을 둘러싼 한국에서의 진전에 보조를 맞추어 왔던 것이다. 더구나, 국가 공권력 최고 책임자인 대통령이 '국가 공권력의 과오를 인정하고 사죄한 것'은 재일 동포사회의 침묵의 벽을 무너뜨리는 데 큰 역할을 했다.

최근까지만 해도 재일 동포사회는 분단국가의 권위에 의지하는 양대 민족조직(총련과 민단)에 의해 지배되어 왔다. 총련도 민단도 제각기 고유의 배경이나 논리로 4·3사건이라는 현대사의 사실을 덮어 왔다. 한국에서는 그 동안 권위주의 정부가 강권으로 4·3 희생자들의 입을 막아 왔지만, 언론의 자유가 적어도 형식상은 확보되어 왔던 일본에서도 민족조직에 의한 사회적인 제재나 본국에 있는 친족들에게 누가 미칠 것을 염려해서 대부분의 4·3 체험자들은 입을 다물어 왔다. 대통령의 사죄는, 일본에서의 4·3운동의 진전과도 더불어, 재일 동포사회가 냉전적인 사고방식에서 벗어나고 4·3의 체험을 자유롭게 이야기할 수 있는 공간을 크게 넓혔다.

---

1 「일본의 4·3사건 추도 사업과 재일 동포 – 2세들의 체험과 사상」, 2010년 제주4·3연구소 세미나에서 발표한 논문

대통령의 사죄가 있었던 이듬해인 2004년에 1,000명이 넘는 한 일 시민들이 참석한 가운데 오사카 필로티piloti 홀에서 열린 56주년 기념행사('제주도 4·3사건 그 희망의 시작')는 민단·총련의 지부 위원장·지단장급의 임원이 주최 측 공동대표에 이름을 올리며 이데올로기를 넘어 선 '화합'과 '화해'가 강조되었다. 일본에서의 4·3 운동이 새로운 시대를 맞는 순간이었다.

＊＊＊

4·3운동은 일본 땅에서 4·3사건의 컴플렉스나 침묵의 압력을 풀어 헤치고, 이를 공론화하는데 큰 역할을 했다고 할 수 있다. 4·3 운동은 일본에서의 민주주의와 인권 평화를 위한 운동 대열에서 당당한 권리를 인정받게 되었다. 그러나, 구태의연한 색갈론을 내걸면서 4·3운동의 성과에 역행하는 움직임도 뿌리 깊게 남아 있다. 노무현 정부 시대에는 진보세력의 과거사 청산의 흐름이 압도한 시대였지만, 2008년 이후의 보수정권 시대에는 김대중·노무현 양정권의 과거사 청산의 성과에 제동을 거는 기운이 고조되고, 이러한 역행은 재일 동포사회의 4·3을 보는 시각에도 적지 않게 영향을 미치고 있다.

애당초 4·3운동의 기조는 국가공권력에 의한 희생·수난의 시각에서 추진되어 왔고, 일본에서의 4·3운동도 그러한 틀 속에서 진행되어 왔다. 거기에서는 4·3의 무장봉기 그 자체의 역사적인 의의 부여에 관해서는 일종의 보류상태에 놓인 채 넘어 왔다. 한국 헌법 재판소의 판단에 의거해서 4·3사건 희생자의 범위를 논의한 4·3 위원회(제주4·3사건 진상규명 및 희생자명예회복 위원회)는 '① 4·3사건 발발에 직접 책임이 있는 남로당 제주도당의 핵심 간부, ② 군·경의 진압에 주도적으로 대항한 무장대의 수괴급'에 대해서는 희생자로서 인정할 수 없다는 견해를 밝혔다. 그런데 재일 동포 사회에는 4·3의 무장봉기 관계자나 그 친척·자손들도 적지 않다. 4·3의 무장봉기를 '반역'으로 보는 시각이 공적으로 지속되는 한 재일 동포사회에서의 4·3을 둘러싼 침묵의 압력도 지속되지 않을 수 없는 것이다. 일본에서도 4·3사건을 이야기하는 것 자체를 막으려는 압력은 상당한 정도로 해소되었으나, 4·3사건과 관련한 모든 희생자의 명예회복이 공적으로 확인되지 않는 한 재일동포 사회의 4·3 문제 해결은 아직도 미완의 상태에 머물 수밖에 없을 것이라고 하겠다.

일본에서 '4·3특별법'에 근거한 희생자 신고가 당초 생각했던 것보다 부진한 것도 4·3 희생자의 명예회복이 이렇게 어중간한 상태에 머물고 있는 것과 관련되어 있다고 할 수 있다.

물론 모든 4·3희생자를 공식적으로 명예회복 시키는 일은 쉽지 않을 것이다. 4·3의 무장투쟁은, 반공우익의 입장으로 보면 한반도 전체를 '적화'하려는 '공산 폭동'이며, 민족해방 투쟁론의 입장으로 보면, 남북분단에 반대하는 정의로운 '항쟁'이 되는 것이다. 4·3 무장투쟁을 둘러싼 이렇게 상반되는 시각은 해방 후 오늘에 이르기까지 지속되는 이데올로기적인 대치 상황을 반영해서 용이하게 해결 되지는 않을 것이다. 양쪽 입장을 아우르는 보다 성숙한 역사정립이 도출되기까지에는 앞으로도 많은 시간이 소요될 것이다.

그러나 여기에서 우리는 4·3의 무장봉기가 이중의 성격을 띠고 있었다는 사실에 유의할 필요가 있다. 다시 말해 4·3 무장봉기는 5·10 단독선거에 반대하는 민족통일 운동임과 동시에, 경찰이나 우익들의 횡포에 대한 토착 좌익세력의 자위적인 반항으로서의 성격도 띠고 있었다. 또한 마을 공동체를 기반으로 하는 혈연적 유대로 맺어진 도민들의 대다수도 그러한 감정을 공유하고 있었다. 즉, 4·3 무장봉기는 외부세력의 횡포로부터 제주도의 공동체적 생활세계를 지키기 위한 자위적인 반항으로서의 성격도 띠고 있었다고 할 수 있다. 때문에 그러한 관점에서 보면, 무장대 지도자들의 명예회복에 대한 도민적 합의, 나아가서는 국민적인 합의도 가능하지 않을까?

어떻든, 무고한 주민 대부분의 희생에 책임 있는 군·경·우익 세력만이 희생자로 인정되어 있는 현재 상황은 해소되고 극복되어야 할 것이다. '4·3사건과 관련한 모든 희생자의 명예회복' 이야말로 향후 4·3운동의 핵심적인 과제가 되어야 할 것이다. 이를 위해서는 지금까지의 위령행사 중심의 운동을 넘어서, 4·3과 재일한국인과의 관계를 둘러싼 보다 착실한 조사·연구, 그리고 다음 세대로의 계승 사업 등 다양한 과업들을 한층 더 일상적으로 추진할 것이 요구된다. 그러한 일본에서의 조사나 연구가 없이는 4·3의 진상규명은 완결 되지 않을 것이다.

02　일본 4·3 추도사업 일람[1]

도쿄 지역

1987년

제주도 4·3사건 40주년 추도기념 강연회를 위한 실행위원회 회의
　1987.4.3, '한국 YMCA 아세아청소년 센터'에서 열림. 〈제주도 4·3사건을
　생각하는 모임〉이 40주년 행사를 위해 한 달에 한 번 정도 열었던 실행위원
　회 회의 중 하나임

1988년(제40주년)

제주도 4·3사건 40주년 추도기념 강연회

일시 ┃ 1988. 4. 3.
장소 ┃ 도쿄 한국 YMCA 아시아 청소년 센타
주최 ┃ 〈제주도 4·3사건을 생각하는 모임〉
기타 ┃ 일본에서의 첫 4·3사건 추도 행사임. 이날 약 500명이 참가함

1996년(제48주년)

〈제주도 4·3사건을 생각하는 모임〉이 4·3 50주년 대비 최초 준비회의 가짐 (4월)

1　이 일람표는 해당년도의 행사리플릿 등 자료가 확보된 것만을 수록했음.
　향후 이 분야 연구자가 더 많은 자료를 확보해 빈 년도의 행사 내용을 모
　두 채워 넣기를 바람

1997년(제49주년)

3월, 〈국제심포지엄 '동아시아 냉전과 국가테러리즘'〉 일본사무국에서 4·3사건
　　50주년 맞이 제1차 사무국회의 개최
4월, 〈제주도 4·3사건 50주년 기념사업 실행위원회〉 발족
9월, 도쿄와 오사카에서 다큐 「잠들지 않는 함성」 상영
10월 18일, '4·3을 말한다(김석범·양석일 대담)'를 개최

1998년(제50주년)

제주도 4·3사건 50주년 희생자 추도 콘서트, 「말하라 한라」

제1부: 1인극 「어떤 노파의 신세타령」
　　· 원작: 김중명, 1997년 아사히 신인문학상 수상작
제2부: 한라에 바치는 노래
　　· 출연: 김성길(바리톤), 전월선(소프라노), 도쿄 새바람합창단

일시 ┃ 1998. 4. 4. (토) 18:00
장소 ┃ 도쿄 치요다구 오차노미즈 가자르스홀
주최 ┃ 〈제주도 4·3사건 50주년 기념사업 실행위원회〉
　　　　공동대표: 김석범, 이철, 현광수, 김민주, 김병도, 김일, 안수영, 한태숙,
　　　　　이수오, 양석일, 문경수
　　　　사무국: 고이삼, 조동현, 고희탁, 한성현, 문경수, 박향구, 김중명
기타 ┃ 2월, 양심수 동우회 주최, 「레드 헌트」 상영회 가짐
　　　　3월 14일, 기념강연: 제주도 4·3사건과 미군정, 부르스 커밍스(시카고
　　　　　대학 교수)
　　　　8월, '동아시아의 냉전과 국가테러리즘' 국제심포지엄이 제주도에서 열림
　　　　9월, 도쿄와 오사카에서 다큐 「잠들지 않는 함성」 상영
　　　　9~10월, 도쿄, 교토 등지에서 오다 마코토(小田實)의 「아버지를 밟다」
　　　　　공연

2003년(제55주년)

제주도 4·3사건 제55주년 기념 강연과 마당극, 「한라의 통곡」

· 강연: 양조훈(제주4·3사건 진상조사기획단 수석전문위원)
· 마당극: 「한라의 통곡」(놀이패 한라산)

일시 ┃ 2003. 4. 10(목) ~ 4. 11(금)
장소 ┃ 도쿄 니시니뽀리 써니홀
주최 ┃ 〈제주도 4·3사건 55주년 기념사업 실행위원회〉
　　　　공동대표: 김석범, 양석일, 이덕웅, 양명원, 김수길, 문경수
기타 ┃ 마당극 「한라의 통곡」은 도쿄 조선중고급학교에서도 공연됐음

2004년(제56주년)

제주도 4·3사건 제56주년, '한국 대통령 공식 사죄 강연과 제주 민속굿'

· 강연: 제주4·3사건의 진실과 미래
　　　　강창일(제주4·3연구소 소장)
· 공연: 제주민속굿, 「제주도 4·3사건 – 그 희망의 시작」 공연
　　　　민예총제주도지회 공연단

일시 ┃ 2004. 4. 24.
장소 ┃ 도쿄 니시니뽀리 써니홀
주최 ┃ 〈제주도 4·3사건 56주년 사업 실행위원회·도쿄〉
　　　　공동대표: 김석범, 양석일, 오찬익, 양명원, 이대호, 고이삼, 문경수
　　　　사무국: 조동현, 강희봉, 김양숙, 村上尙子, 田谷滿, 김행삼, 座間和緒子,
　　　　田嵜晢

2005년(제57주년)

제주도 4·3사건 57주년 기념 강연회, '제주도 4·3사건과 전후 재일조선인운동'

· 강연: 제주도 4·3사건과 조선전쟁 반대운동 – 스이타(吹田)사건을 중심으로
　　　　(西村秀樹)
　　　　제주도 4·3사건 당시의 재일조선인 사회(村上尙子)

일시 ┃ 2005. 4. 2(토)
장소 ┃ 도쿄 분쿄우구 구민센타
주최 ┃ 〈제주도 4·3사건을 생각하는 모임〉

2006년(제58주년)

제주도 4 · 3사건 58주년 기념강연회

· 강연: 제주도 4 · 3사건과 오늘의 한국(문경수)

일시 ┃ 2006. 4. 28(금)

장소 ┃ 도쿄 분쿄우구 구민센타

주최 ┃ 〈제주도 4 · 3사건을 생각하는 모임〉

2007년(제59주년)

제주도 4 · 3사건 제59주년 기념사업, '사랑과 평화를 염원하며'

· 강연: 제주4 · 3운동의 도달점과 과제
　　　　이규배(제주4 · 3연구소장)

· 공연: 「사랑과 평화를 염원하며」(이정미)

일시 ┃ 2007. 4. 20(금)

장소 ┃ 도쿄 니시니뽀리 써니홀

주최 ┃ 〈제주도 4 · 3사건을 생각하는 모임〉

기타 ┃ 제주도 4 · 3사건 60주년 기념 사전 세미나 - 재일제주인 가족사에서 고
　　　찰하는 이산과 기억의 정치
　　　　· 일시: 12월 15일
　　　　· 발표: 이령경
　　　　· 장소: 메이지대학교

2008년(제60주년)

제주도 4 · 3사건 제60주년 기념 민속굿, 「함께 가자, 평화를 향해」

제1부: 강연 - 작가 김석범 씨로부터 듣는다, 제주도 4 · 3사건의 현재

제2부: 공연 - 민속굿, '함께 가자 평화의 길로'
　　　　· 출연: 제주민족예술대표단, 이정미
　　　　· 공동기획 및 제작: 〈제주도 4 · 3사건을 생각하는 모임 도쿄 · 오사카〉
　　　　　　　　　　　 / 한국민족예술인총연합(민예총) 제주도지회
　　　　· 탐라사진가협의회, 「4 · 3 사진전」이 동시 열림

일시 ┃ 2008. 4. 21.

장소 ┃ 도쿄 니시니뽀리 써니홀

주최 ┃ 〈제주도 4 · 3사건 60주년 사업 실행위원회 도쿄 · 오사카 · 제주〉

공동대표: 도쿄/ 김석범, 양석일, 양명원, 福田邦夫, 고상홍
　　　　　오사카/ 강재언, 김시종, 강실, 박국남, 문경수, 현월
　　　　　제주/ 허영선, 문무병, 강요배, 나기철, 김상철, 김수열
사무국: (도쿄) 조동현, 고이삼, 村上尙子
　　　　(오사카) 高村龍平, 오광현, 장정봉, 정아영, 藤永壯, 伊地知紀
　　　　子, 강주실, 강선호, 川瀨俊浩, 김창생, 김유정, 고정자, 이미오,
　　　　西村秀樹, 西村壽美子, 양인실, 吉野典虛
　　　　(제주) 현경철

기타　┃　〈제주4·3 60주년 방문단〉이 결성됨
　　　　　· 이 재일동포 교류방문단은 '4·3으로 떠난 땅, 4·3으로 돌아오다'
　　　　　는 주제로 제주도를 방문하고, 4월 3일에는 4·3평화공원에서 열
　　　　　린 제60주년 제주4·3사건 희생자 위령제에도 참석함
　　　　세미나: 동아시아 평화와 상호이해를 위해 제주도 4·3사건의 역사적
　　　　　의의를 고찰한다
　　　　　· 발표: 서중석 / 토론: 임철, 문경수
　　　　　· 장소: 메이지대학 / 일시: 6.8
　　　　오키나와 강연: 오키나와와 제주도의 평화교류
　　　　　· 제주도 4·3사건 오키나와 모임
　　　　　· 강사: 김석범, 현기영
　　　　　· 일시: 10.28

2010년(제62주년)

제주도 4·3사건 62주년 기념 추도집회, '제주도 4·3사건 기억과 진실'

제1부: 좌담회 – 김석범, 양석일, 최양일
제2부: 공연 – 피아노 연주와 이야기, 「마음의 고향을 노래하다」(澤知惠)

일시　┃　2010. 4. 26(일)
장소　┃　도쿄 니시니뽀리 써니홀
주최　┃　〈제주도 4·3사건을 생각하는 모임·도쿄〉
　　　　김석범, 양석일, 양명원, 조동현, 고이삼, 김동일, 원일동, 이령경, 김양
　　　　숙, 村上尙子, 石井寬, 渡辺一夫, 中野敏男, 田嵜晢, 原田克子, 笹本征男,
　　　　山田修

2011년(제63주년)

제주도 4·3사건 제63주년 추도집회

· 강연: 김시종, 나의 4·3

일시 ▎ 2011. 4. 16(토)

장소 ▎ 도쿄 분쿄우구 구민센타

주최 ▎ 〈제주도 4·3사건을 생각하는 모임·도쿄〉

2012년(제64주년)

제주도 4·3사건 64주년 기념추도집회, 제주도 4·3사건과 조선반도의 현재

제1부: 좌담회

　　　· 사회 櫻井泉(조선신문 기자)

　　　· 패널 鵜飼哲(一橋大 교수), 文京洙(立命館大 교수)

제2부: 공연-혼의 노래(조박)

일시 ▎ 2012. 4. 23(일)

장소 ▎ 도쿄 니시니뽀리 써니홀

주최 ▎ 〈제주도 4·3사건을 생각하는 모임·도쿄〉

　　　　김석범, 양석일, 양명원, 조동현, 고이삼, 원일동, 이령경, 김양숙, 村上
　　　　尙子, 石井寬, 渡辺一夫, 田嵜晢, 原田克子, 座間和緒子, 木瀨慶子, 山田
　　　　修, 麻生水緒

2013년(제65주년)

제주도 4·3사건 65주년 기념 추도행사

제1부: 기념강연:

　　　· 위기의 동아시아 – 현대 일본의 역사인식을 묻는다

　　　· 강사: 다카하시 테츠야 (도쿄대학 교수)

제2부: 합창과 민속굿:

　　　· 민속굿 – 제주심방 공연, '죽은 이들을 위한 기도'

　　　· 혼성합창 – 왜? 아침이슬, 잠들지 않는 남도

일시 ▎ 2013. 4. 24 (수) 오후 6:20

장소 ▎ 도쿄 니시니뽀리 써니홀

2015년(제67주년)

제주도 4·3사건 67주년 기념 추도 강연 모임, 전후 70년, 일본은 어디로 가나

제1부: 희생자 추도의 초혼제 (배미향)

제2부: 대담

· 井嵜和幸(영화감독), 小森陽一 (도쿄대 교수, 9조회 사무국장)

일시 ┃ 2015. 4. 18 (토) 오후 5:30

장소 ┃ 도쿄 니시니뽀리 써니홀

주최 ┃ 〈제주도 4·3사건을 생각하는 모임·도쿄〉
김석범, 양석일, 양명원, 조동현, 고이삼, 고영희, 원일동, 백태성, 이령경, 김양숙, 村上尙子, 石井寬, 渡辺一夫, 田崎晢, 中野敏男, 原田克子, 木瀨慶子, 栗原順子, 山田修, 麻生水緖

2016년(제68주년)

제주도 4·3사건 68주년 기념, '말하고 노래하는 저녁,' 기억은 약자에게 남는다

제1부: 패널 토론

· 강사: 辛淑玉, 北原みのり, 高遠菜穗子, 姜信子

제2부: 진혼굿, 세월(최상돈, 김기강)

일시 ┃ 2016. 4. 23 (토) 오후 6:00

장소 ┃ 도쿄 니시니뽀리 써니홀

주최 ┃ 〈제주도 4·3사건을 생각하는 모임·도쿄〉
김석범, 양석일, 양명원, 조동현, 고이삼, 고영희, 원일동, 백태성, 이령경, 김양숙, 村上尙子, 石井寬, 渡辺一夫, 田崎晢, 中野敏男, 關正則, 原田克子, 座間和緒子, 木瀨慶子, 栗原順子, 山田修, 麻生水緖

오사카 지역

1993년(제45주년)
제주도 4 · 3사건 45주년 추도 모임

· 다큐 상영:「제주도 메이데이」(1948년 한국 촬영)
· 강의 : 4 · 3사건은 어떤 사건인가? (김석범: 작가)

    4 · 3사건의 현대적 의의 (김민주: 탐라연구회 회장)

    4 · 3사건 진상규명, 어떻게 할 것인가? (문경수: 대학교원)
· 4 · 3사건 희생자들을 위한 추도제

일시	1993. 4. 3 (토) 오후 6시
장소	오사카 이쿠노구 재일한국기독교회관(KCC회관) 5층
주최	주최: 〈제주도 4 · 3사건 45주년 추도모임 실행위원회〉
	실행위원회 대표: 문경수. 실행위원: 장정봉
	찬동: 〈제주도 4 · 3사건을 생각하는 모임〉
기타	오사카 지역에서는 처음 행해진 4 · 3사건 추도제임

1995년(제47주년)

4 · 3 강연회, 제주도와 오사카의 역사 (강사: 양영후)

1996년(제48주년):

4 · 3 강연회, 1930년대 제주도의 해녀투쟁에 대하여 (강사: 후지나가 다케시)

기타	〈제주도 4 · 3사건을 생각하는 모임〉에서 4 · 3 50주년 맞이 첫 준비회의 개최

1997년(제49주년):
제주도 4 · 3사건 50주년 맞이 연속 학습회

1회/ 2회/ 3회(1997.12.6~): 제주도 4 · 3사건과 재일동포 (양영후, 관서대학 강사)

4회(1998.2.21): 제주도 4 · 3사건 50주년 단상(양석일: 작가)

그외

3월, 〈국제심포지엄 '동아시아 냉전과 국가테러리즘'〉 일본사무국에서 4·3사건
　　　50주년 맞이 제1차 사무국회의 개최
4월, 〈제주도 4·3사건 50주년 기념사업 오사카 실행위원회〉 발족
　　　실행위원: 김성원, 김중명, 문경수, 장정봉, 장아영, 오광현(1997.7.10 현재)
9월, 도쿄와 오사카에서 다큐「잠들지 않는 함성」상영

1998년(제50주년)
제주도 4·3사건 50주년 희생자 위령제·콘서트, '침묵을 넘어'

제1부: 굿 (김윤수 심방: 중요무형문화재 제71호 칠머리당굿 기능 보유자)
제2부: 위령을 위한 콘서트: Mode For Tam-Na (출연: 김성구, 조박, 김군희)

일시 ┃ 1998. 3. 21. (토) 14:00
장소 ┃ 오사카 이쿠노구 구민센타
주최 ┃ 주최: 〈제주도 4·3사건 50주년 기념사업 오사카 실행위원회〉
　　　　　　실행위원: 강실, 김병종, 홍가우, 김성원, 장정봉, 오광현, 문경수, 부총
　　　　　　　　사, 정아영, 양석일, 김민주, 고이삼, 김중명
　　　　　　협찬단체: 〈4·3사건 위령사업 범도민 추진위원회〉(제주도)
　　　　　　　　　　　〈제50주년 제주도 4·3사건 학술문화사업 추진위원회〉(제주도)
　　　　　　　　　　　〈제주도 4·3사건 민간인 희생자 유족회〉(제주도)
기타 ┃ 도쿄와 교토에서 마당극,「아버지를 밟다」(오다 마코토 작) 공연 (9~10월)

1999년(제51주년)

〈재일 제주인의 생활사를 기록하는 모임〉 발족 (4월)

2000년(제52주년)
제주도 4·3사건 52주년, '4·3 특별법 제정과 재일(在日)의 제주도 4·3 사건'

제1부: 보고: 4·3특별법 제정의 의의
　　　· 김영훈(제주도의회 부의장, 전 제주도의회 4·3특별위원회 위원장)
　　　· 양동윤(제주4·3특별법 쟁취를 위한 연대회의 운영위원장)

제2부: 대담: 4·3과 재일의 한…… 왜 4·3을 글로 쓰는가
    · 김석범(작가)/ 김시종(시인)

일시 ｜ 2000. 4. 9. (일) 13:30 ~ 17:00

장소 ｜ 오사카 이쿠노구 재일한국기독교회관(KCC)

주최 ｜ 주최: 〈제주도 4·3사건을 생각하는 모임·오사카〉
        고문: 강재언, 양영후, 김시종, 고기수
        공동대표: 김은규, 강실, 문여택, 문경수
    〈재일본 제주도 4·3사건유족회 준비위원회〉

기타 ｜ 〈재일본 제주도 4·3사건유족회〉 발족(회장: 강실) (10월)

2001년(제53주년):

4월 1일~4월 4일, 김석범과 함께 하는 제주4·3 기행

주최 ｜ 〈제주4·3사건을 생각하는 모임·오사카〉

2004년(제56주년)
제주도 4·3사건 제56주년, '한국 대통령 공식 사죄 강연과 제주 민속굿'

강연: 제주4·3사건의 진실과 미래
    · 강창일(제주4·3연구소 소장)

공연: 제주민속굿

일시 ｜ 2004. 4. 27(화)

장소 ｜ 오사카 모리노미야 비로테홀

주최 ｜ 〈제주도 4·3사건 56주년 사업 실행위원회〉
    공동대표: 김석범, 양석일, 오찬익, 양명원, 김수길, 고이삼, 문경수, 김
        시종, 현월, 강실
    사무국: 조동현, 강희봉, 김양숙, 村上尙子, 田谷滿, 오광현, 정아영, 佐
        藤典子, 장정봉

2005년(제57주년)
제주도 4·3사건 제57주년 위령제

일시 ｜ 2005. 4.

장소 ｜ 오사카시 이쿠노구 관음사

2006년(제58주년)

제주도 4 · 3사건 제58주년 오사카 집회, '제주도 4 · 3사건과 전후 일본'

상영: 「제주를 떠난 사람들」

강연: 4 · 3사건을 말한다

· 김시종, 오광현, 西村秀樹

일시 │ 2006. 5. 21

장소 │ 오사카시 에루오사카

주최 │ 〈제주도 4 · 3사건과 전후 일본 실행위원회〉

협력 │ 〈재일본 제주도 4 · 3사건유족회〉

〈간사이 제주도민협회〉

기타 │ 극단 '달오름', 「孤島의 黎明」 오사카 공연 (6월)

2007년(제59주년)

제주4 · 3사건 59주년 기념, '위령과 강연'

1. 상영: 「영상으로 보는 제주4 · 3」
2. 강연: 제주4 · 3운동의 도달점과 과제

· 이규배(제주4 · 3연구소장)

3. 法要

일시 │ 2007. 4. 21(토)

장소 │ 오사카시 이쿠노구 관음사

주최 │ 〈제주4 · 3사건 60주년 기념사업 간사이 실행위원회〉

협력 │ 〈재일본 제주도 4 · 3사건 유족회〉

〈간사이 제주도민협회〉

2008년(제60주년)

제주도 4 · 3사건 60주년 민속굿, '함께 가자, 평화를 향해'

제1부: 강연 – 작가 김석범 씨로부터 듣는다, 제주도 4 · 3사건의 현재

제2부: 공연 – 민속굿, 「함께 가자 평화의 길로」

출연: 제주민족예술대표단, 이정미

(공동기획 및 제작: 〈제주도 4 · 3사건을 생각하는 모임 도쿄 · 오사카〉/

〈한국민족예술인총연합(민예총) 제주도지회〉)

· 〈탐라사진가협의회〉, 「4·3 사진전」이 동시 열림

일시 ┃ 2008. 4. 19(토)

장소 ┃ 쿠레오 오사카 중앙대홀

주최 ┃ 〈제주도 4·3사건 60주년사업 실행위원회 도쿄·오사카·제주〉
　　　　공동대표: (도쿄) 김석범, 양석일, 양명원, 福田邦夫, 고상홍
　　　　　　　　　(오사카) 강재언, 김시종, 강실, 박국남, 문경수, 현월
　　　　　　　　　(제주) 허영선, 문무병, 강요배, 나기철, 김상철, 김수열
　　　　사무국: (도쿄) 조동현, 고이삼, 村上尚子
　　　　　　　　(오사카) 高村龍平, 오광현, 장정봉, 정아영, 藤永壯, 伊地知紀
　　　　　　　　　　子, 강주실, 강선호, 川瀬俊浩, 김창생, 김유정, 고정
　　　　　　　　　　자, 이미오, 西村秀樹, 西村壽美子, 양인실, 吉野典虚
　　　　　　　　(제주) 현경철

기타 ┃ 〈제주4·3 60주년 방문단〉이 결성됨
　　　　이 재일동포 교류방문단은 '4·3으로 떠난 땅, 4·3으로 돌아오다'는 주
　　　　제로 제주도를 방문하고, 4월 3일에는 4·3평화공원에서 열린 제60주
　　　　년 제주4·3사건 희생자 위령제에도 참석함

2009년(제61주년)

제주도 4·3사건 61주년, '재일본 4·3사건 희생자 위령제'

보고: 제주공항 내 제2차 유해발굴사업
　　　· 김창후: 제주4·3연구소 상임이사
강연: 4·3사건의 현주소와 평화재단의 역할
　　　· 양조훈: 제주4·3 평화재단 상임이사

일시 ┃ 2009. 4. 26

장소 ┃ 오사카시 이쿠노구 관음사

주최 ┃ 〈재일본 제주도 4·3사건 유족회〉

기타 ┃ 강연회: 4·3항쟁과 인간·운동
　　　· 4. 29
　　　　· 강연: 김창후
　　　　· 장소: 성공회 이쿠노구 센터

2010년(제62주년)

제주도 4 · 3사건 62주년, '재일본 4 · 3사건 희생자 위령제'

- 위령시 낭독(허영선, 김시종)
- 제주4 · 3사건 체험자 증언(증언: 백창훈, 삼양리 출신)
- 위령 및 춤 · 노래(장지혜, 안성민, 이창섭)

일시 ┃ 2010. 4. 25(일)

장소 ┃ 오사카시 이쿠노구 관음사

주최 ┃ 〈재일본 제주4 · 3사건 유족회〉
〈제주4 · 3사건을 생각하는 모임 · 오사카〉

2011년(제63주년)

제주도 4 · 3사건 63주년, '재일본 4 · 3사건 희생자 위령제'

- 위령시 낭독
- 제주4 · 3사건 체험자 증언
- 위령극, 『蛇の島』 공연 (출연: 김민수, 김철의)

일시 ┃ 2011. 4. 17(일)

장소 ┃ 오사카시 이쿠노구 관음사

주최 ┃ 〈재일본 제주4 · 3사건 유족회〉
〈제주4 · 3사건을 생각하는 모임 · 오사카〉

2012년(제64주년)

제주도 4 · 3사건 64주년, '재일본 4 · 3사건 희생자 위령제'

- 제주4 · 3사건 체험자 증언(박홍복-가명, 금악리 출신)
- 위령 콘서트(이정미, 竹田裕美子, 向島ゆり子)

일시 ┃ 2012. 4. 22(일)

장소 ┃ 오사카 시립 이쿠노구 구민센타

주최 ┃ 〈재일본 제주4 · 3사건 유족회〉
〈제주4 · 3사건을 생각하는 모임 · 오사카〉

2014년(제66주년)

제주도 4 · 3사건 66주년, '재일본 제주4 · 3사건 희생자 위령제'

- 추도사
- 희생자 재일조사 중간보고
- 위령무 : 변인자(도쿄 한국 YMCA 장고교실 강사)
- 헌화

일시 | 2014. 4. 20 (일) 오후 2:00

장소 | 오사카 시립 이쿠노구 구민센타

주최 | 〈재일본 제주4 · 3사건 유족회〉
〈제주4 · 3사건을 생각하는 모임 · 오사카〉

기타 | '지슬' 상영(3.29)
제주4 · 3 66주년 공개학습회(3.15):
박근혜 정부 출범 2년과 4 · 3의 현재 (김창후)

2015년(제67주년)

제주도 4 · 3사건 67주년, '재일본 제주4 · 3사건 희생자 위령제'

- 추도사
- 기념강연: 김시종
- 위령공연: 박보, '제주4 · 3'
- 헌화

일시 | 2015. 4. 19 (일) 오후 2:00

장소 | 오사카 시립 이쿠노구 구민센타

주최 | 〈재일본 제주4 · 3사건 유족회〉
〈제주4 · 3사건을 생각하는 모임 · 오사카〉

기타 | 제주4 · 3 67주년 공개학습회(3.29):
제주4 · 3을 묻는 너에게 (허영선)
증언: 고춘자

2016년(제68주년)

제주도 4 · 3사건 68주년, '재일본 제주4 · 3사건 희생자 위령제'

- 강연 : 김석범
- 위령무 : 장지혜(장지혜 한국전통 무용 연구소 대표, 오사카)

일시 | 2016. 4. 24 (일) 오후 2:00
장소 | 오사카 시립 히가시나리구 구민센타
주최 | 〈재일본 제주4·3사건 유족회〉
　　　〈제주4·3사건을 생각하는 모임·오사카〉
기타 | 한국 역사교과서 국정화 문제와 제주4·3 공개학습회(3.13):
　　　박근혜 정권하의 제주4·3운동의 과제 (서중석)

03 1998년
〈제주도 4·3사건 50주년 기념사업 실행위원회〉의 '호소문' 외

호소문

(『제주 4·3통신 1호』, 1997. 10)
〈제주도 4·3사건 50주년 기념사업 실행위원회〉

내년 1998년은 제주도 4·3사건의 50주년에 해당하는 해입니다.

4·3사건은 당시 제주도에 투입된 우익집단의 비도非道와 미군정이 강행한 단독정부 수립에 반대하는 무장봉기로 시작되었습니다. 사건은 군과 경찰, 우익에 의한 무차별 살육을 포함한 과잉탄압과, 이에 대한 보복이 오가는 전에 없던 참극으로 발전하여 그 희생자는 현재 밝혀진 것만도 3만 명, 일설에 의하면 8만 명에 이른다고 합니다.

이렇게 비전쟁 지역의 대량살육으로는 세계대전 이후 세계에서는 그러한 예를 찾아보기 힘들 정도의 비극임에도 불구하고, 4·3사건은 오랜 기간 '공산 폭동'으로 각인되어 이에 대해 논하는 것은 금기로 여겨져 왔습니다. 많은 이가 '민주화'를 외치고 있는 오늘날에도 사건의 진상규명과 국민적인 이해의 측면에서는 결코 충분한 단계에 와있다고는 말하기 어렵습니다. 재일동포도, 4·3사건에 얽힌 이데올로기적인 올가미에서 아직까지 완전히 자유로워졌다고는 말하기 어려운 상황입니다.

4·3사건은, 제주도라는 한 지역에서 일어난 비극이라고 간단히 정리할 수 있는 문제가 아니라, 해방 후 분단 조국의 길을 총체적으로 봐야 하는 사건이라고 해야 할 것입니다. 그와 동시에, 냉전이라는 세계대전 이후 세계가 안고 있던 모순의 집중적인 출현이라는 성격도 가지고 있다고 말할 수 있겠습니다.

1988년, 우리들은 역사의 어둠 속에 봉인되어 있던 이 민족적인 참극에 생각을 모이 모두가 함께 이야기할 수 있는 장을 만들고자 〈제주도 4·3사건을 생각하는 모임〉을 결성하고 도쿄에서 처음으로 40주년 기념 추도강연회를 개최했습니다. 21세기를 눈앞에 둔 지금 우리들은 새로이 4·3사건의 희생자들을 추도함과 동시에 사건의 현대적인 의의를 내외적인 부분으로부터 찾고, 모두가 함께 이야기를 나누고자 50주년을 맞이하여 지금까지보다 한층 넓은 모임을 갖고, 여기서 당파를 넘어 기념사업 실행위원회를 발족하기에 이르렀습니다.

역사를 언제까지나 어둠 속에 묻어두기만 할 수는 없습니다. 우리들은 사건의 진상규명에 의한 역사의 근본적인 재고야말로, 진정한 의미의 민족화해, 민주주의의 확립에 이어지는 길이라고 생각합니다. 나아가, 우리들은 위에서 말한 것과 같은 4·3사건이 갖는 비지역성의 해명이 세계 평화를 추구하는 사람들의 바람에도 이어질 것을 믿어 의심치 않습니다.

내년 50주년을 계기로, 운동의 범위를 넓히고 시작과 끝이 좋은

추도기념 행사를 실현하기 위하여 여러분의 동참과 응원을 호소하
는 바입니다.

오사카에서 〈제주도 4 · 3사건 50주년 기념사업 오사카 실행위원회〉의 활동과 호소

(『제주 4 · 3통신, 1호』, 1997. 10/ 김성원)

오사카는 일본에서는 제주도 출신자가 절대적으로도, 비율적으
로도 가장 많은 지역입니다. 지금까지 '4 · 3사건'에 대해서는 개인
적인 관심은 있어도 사업을 해본 적은 없었습니다. 지금까지 도쿄의
〈제주도 4 · 3사건을 생각하는 모임〉이 주최한 오사카에서의 5회에
걸친 강연회가 있었지만, 거기에서도 장소 제공, 행사의 사회 정도
의 소극적인 참여에 그쳤습니다.

올해 4월 5일에 오사카 KCC에서 열린 강연회에서는 오사카의
제주도 출신자 몇 명이 내년 50주년을 맞아 독자적으로 실행위원회
를 조직하고, 주체가 되어 기념사업을 진행하기로 하였습니다. 그리
고 강연회가 끝난 5월 17일에 제1회 실행위원회를 열기로 하였습니
다. 당일은 10명 정도가 참가하여 그 중 저를 포함하여 김중명, 문
경수, 장정봉, 정아영, 오광현 6명이 중심인물이 되어 실행위원회를
운영하게 되었습니다.

오사카 실행위원회는 지금까지 몇 차례에 걸쳐 위의 실행위원들
을 중심으로 하는 모임을 통해 50주년 기념사업에 대하여 아래의
사항을 확인했습니다.

1. 50주년 기념사업의 목적

   (1) 4·3사건의 모든 희생자 위령 및 유족에 대한 위안

   (2) 4·3사건의 진상규명

   (3) 4·3사건 희생자의 명예회복

2. 주요 기념사업

   (1) 4·3사건을 이해하기 위한 연속 학습회

   (2) 4·3사건의 자료수집 및 전시

   (3) 4·3사건 희생자의 기념추도행사(심방의 위령, 문화 강연 등)

   (4) 심포지움 개최

3. 실행위원회 구성

   (1) 제주도 출신자를 중심으로 하는 재일동포가 실행위원이 되어 기념사업을 추진

   (2) 재일동포와 일본인을 아울러 널리 지지를 얻고 참가할 수 있도록 요청

오사카 실행위원회에서는 지금까지의 호소문, 실행위원 및 찬동인 모집의 글, 주요 기념사업 안내문을 칸사이 일대의 유지, 단체에 송부하고 8월 2일에는 제1회 연속 학습회를 열었습니다.

그간의 활동에서는 여러 가지 반응이 있었습니다. 그 중에는 반드시 호의적이라고는 할 수 없는 것도 있었지만 대부분은 '4·3사건' 50주년을 맞아 오사카에서도 활동이 시작된 것을 기쁘게 여기고 기대를 표하는 것이었습니다. 특히, '4·3사건' 희생자 유족이 오사카에도 많이 계시기에, 그 분들로부터 응원의 메시지와 참여를 희망하는 연락을 받은 것은 오사카에서의 활동이 시기적으로 늦어지기는 했으나 우리들 실행위원회에게 50주년 기념사업의 의의를 재확인시키고 용기를 주기에 충분한 것이었습니다.

　8월 2일, 아피오 오사카(시립노동회관)에서 열린 제1회 연속 학습회는 사실상 오사카 실행위원회의 결성집회라고 부를만한 것이었습니다. 이 날은 '제주도 4·3사건이란 무엇인가'라는 제재로 김중명 씨의 강연을 중심으로 한 집회였습니다. 김중명 씨는 제민일보 '4·3' 취재반의 '4·3은 말한다'를 신간사에서 '제주도 4·3사건'이라는 제목으로 출판한 공역자 중의 한 사람이기도 하고, 오사카 실행위원회의 구성원이기도 합니다. 강연은 '제주도 4·3사건'의 내용을 중심으로 한 것이었는데, 새로이 '4·3사건'의 역사적 배경, 사건의 개요, 50주년을 계기로 사건의 진상규명과 희생자를 위한 위령과 명예회복의 필요성을 이해하기 쉽게 개괄하여 호평을 받았습니다. 당일 참가자는 50여명이었습니다만, 이는 짧은 준비기간에 비해서 비교적으로 높은 참가율이었다고 할 수 있고 앞으로 활동을 넓혀가는 데 있어서의 과제를 보여주는 숫자라고도 할 수 있겠습니다. 그리고, 이 날에는 동경의 〈4·3 50주년 기념사업 실행위원회〉에서 사무국의 고이삼 씨가 와주셔서 연대에 대한 어필도 기꺼이 해주셨습니다. 집회 후의 교류회에서도 참가자와 오사카 실행위원회의 멤버들이 밤늦게까지 친목을 다질 수 있어 50주년 기념사업을 도쿄와 오사카에서 협력하여 진행하는 데 있어서 매우 좋은 시간이었다고 생각합니다.

　제2회 연속 학습회는 10월 4일, '제주도 4·3사건'의 공역자의 한 사람인 문경수 씨를 강사로 초대하여 '한국의 4·3사건에 대한 평가의 변천과 50주년 기념사업의 의의'라는 주제로 이야기를 들었습니다.

　우리들은, 50주년 기념사업을 진행하는 데 있어서 제주도가 일본의 오키나와와 같이 한국의 피차별 지역이라는 생각을 근간에 갖고 있습니다. 칸사이에 사는 한 유족이 자신의 경험을 말씀해주셨습니다. 그 분은 어린 시절 '4·3사건'을 직접 체험한 분입니다. "소년 시절에는 사건 관계자의 친족이라는 사실이 알려지면 괴롭힘을 당했고, 그게 싫어 일본으로 자주입국(밀입국)했는데 그 후로는 재류 자격을 얻는 것과 민족 차별로 고생했습니다. 내 인생은 괴롭힘과 차별과의 투쟁이었습니다." 그 분 말씀이 무겁게 와 닿았습니다.

'4·3사건' 50주년 기념사업이 단순히 50년 째 맞이하는 기념일로서가 아니라, 제주도가 받아온 차별과 그 와중에서 역사상 유래가 없는 희생을 낳은 사건임을 50주년을 계기로 분명히 하고, 위령과 명예회복을 도모함으로써 진정한 의미의 민족 화해의 길을 열어나갈 발판을 마련하고자 합니다. 이는 우리 스스로 재일동포들이 안고 있는 문제를 진실된 자세로 마주하여 50주년 기념사업을 성공리에 마무리하는 것과 동시에 남과 북의 조국과, 재일교포를 포함하여 해외에 흩어져 있는 우리 민족 구성원 모두가 하나가 되기 위해 작은 단초를 놓는 작업이 될 것이라 믿습니다.

오사카 실행위원회에서는 위원(활동 중심멤버)들과 찬동인을 모집하고 있습니다. 함께 활동해 주실 분, 또는 다양한 사업에 자금을 제공해 주실 분을 기다리고 있습니다.

오사카 실행위원회

[위원]

- 기념사업에 적극적으로 참가할 의지가 있는 재일동포 개인, 단체
- 앞으로 전개될 사업에의 적극적인 참가가 필요합니다.
- 위원은 5천 엔 단위로 찬조금을 부담합니다.

[찬동인]

- 기념사업의 취지에 찬동하시는 분 (국적, 민족은 일절 관계없습니다.)
- 찬동인은 천 엔 단위의 찬조금을 부담합니다.

계좌번호(우체국) 00910-2-50548
〈제주도 4·3사건 50주년 오사카 실행위원회〉

'RED HUNT, 74분 일본어판' 상영 활동

1992년, 제주도 다랑쉬굴에서 토벌대에 의해 학살된 11구의 유해가 44년 만에 발견됐으나, 추도하고, 유해를 매장하고 싶다는 유족의 바람을 무시하고 당국은 유해를 화장하여 바다에 뿌린 후 동굴 입구를 콘크리트로 봉해버림.

제주 4·3사건을 테마로 하는 '레드 헌트'는 '당국은 어째서 그렇게 급하게 이러한 조치를 취했는가?' 라는 프롤로그로 시작됩니다. 그리고 '4·3사건이 왜 일어났는가' 하는 원인과 경과, 수만 명의 희생자가 생긴 1948년 11월의 '초토화작전'과 민간인 집단학살의 사실을 피해를 당한 유족들뿐만 아니라, 군과 경찰 측의 체험자 증언과 연구자의 발언을 동시에 담아 날카롭게 분석합니다.

또한 '레드 헌트'는 4·3사건의 역사적 사실만이 아니라, 3만 명

'Red Hunt' 일본어판 상영 안내 팸플릿 표지

이상의 희생자가 발생한 것은 미군정의 비호 아래 권력을 되찾은 친일파와 국내에 기반을 다지고자 했던 이승만 세력, 그리고 냉전체제를 구축하고자 했던 미국의 공동작품이었다는 사실을 밝히고 있습니다. 그리고 이 사건이 반세기 가까이 은폐·왜곡되었던 이유는 한반도가 동아시아 냉전 구조의 한 가운데에 있었기 때문이라고 진단하고 있습니다. 마지막으로 '레드 헌트'는 우리 모두가 이러한 현실과 똑바로 마주하지 않고는 21세기의 미래도 통일도 없다고 제언합니다.

이 영화의 상영과 관련해서 서준식 씨가 작년 11월 4일 체포됐습니다. 부산 국제영화제에서 이미 공개되었음에도 불구하고 정부가 국가보안법 상 이적죄를 적용하여 상영을 막으려고 했던 이유는 무엇인가? 하는 그 답도, 이 영화 안에 있습니다.

'레드 헌트'는 한국에서 서준식 씨 체포의 부당성과 영화의 주제인 4·3사건 진상규명과 관련한 언론과 예술의 표현의 자유에 대한 탄압에 항의하기 위해 전국 각지에서 200회에 달하는 상영 활동이 이루어졌습니다. 이제 이 작품에 대한 관심은 세계 각지로 퍼져 1998년 2월에는 베를린 국제영화제에도 초청되어 상영될 예정입니다.

1998년 8월, 제주도에서 국제심포지움을 개최할 '동아시아의 냉전과 국가 테러리즘' 일본 사무국에서는 일본 상영을 요구하는 목소리에 응하여 '레드 헌트' 일본어판을 제작하고, 일본 각지에서 상영할 실행위원회를 만들게 될 것입니다.

우리 준비회는 우선 많은 분들의 실행위원회 참가를 권합니다. 자료(시나리오 등)를 첨부한 비디오를 제공하며, 강연회도 열게 될 것입니다. 많은 개인과 단체의 상영 활동 참가와 선전 등, 지원 협력을 부탁드립니다.

1998. 1. 30

〈'레드 헌트' 상영위원회 준비회

(국제심포지움 '동아시아의 냉전과 국가 테러리즘' 일본 사무국 내)〉

연락: 사토 노리코 / 후지나가 다케시

"RED HUNT" 상영 일정(1998. 2 ~ 1998.7)

주최	일시	개최지, 회장	강사	참가자 수	비고
심포지움 사무국	1998.2.6	오사카 문화 정보 센터		30	시사회
양심수 동우회	2.14	오사카 에루 오사카	서승	130	
한겨레 연구회	2.22 낮	도쿄	임철, 아즈사와 변호사	80	
심포지움 사무국	2.25	오사카 문화정보 센터	서승	100	
심포지움 사무국	3.11	오사카 이쿠노 KCC회관	스기하라	70	프로젝터 오사카시 교조
정치범 지원 전국회의	3.27	도쿄		110	
전항만 니시나리	4.1 오전	오사카 시민회관	사토	60	
유학동 외	4·3	교토 중소기업회관	서승	130	
	4·3 낮	도쿄 무사시노 공회관	임철	120	
엠네스티	4.18	야마구치	후지나가	30	
심포지움 사무국	5.9	아마가사키 노동 복지회관	서승	50	프로젝터 오사카시 교조
심포지움 사무국 도쿄	5.11	나카노 제로홀	김석범		
심포지움 사무국	5.21	니시나리 구민센터	정아영		프로젝터 텐카자야 중학교
일한연대 시민모임	6.12	히가시 오사카 시민회관	스기하라		
고베 학생청년센터	6.13	고베 학생청년센터	서승		
심포지움 사무국	7.	히라카타			
엠네스티	7.	센다이			

04 김석범의 문화칼럼, 기억의 부활

1925년. 일본 오사카(大阪)에서 제주 출신 부모 아래서 출생. 대표적 1세대 재일교포 작가. 집필 20년 만에 1997년 완간한 대하소설 '화산도(火山島)'로 1998년 마이니치예술상 수상.

기억이 말살당한 데는 역사가 없다. 역사가 없는 데는 인간의 존재가 없다. 다시 말해 기억을 잃어버린 사람은, 사람이 아닌 주검과도 같은 존재다. 과거 어느 나라를 막론하고 혹독한 지배자들은 사람들의 기억을 뿌리째 뽑아 없애버리고, 죽음에 한없이 가까운 망각으로 밀어 넣음으로써, 사람들을 기억이 없는 시체와 같이 취급해왔다.

올 4월 3일은 근 반세기 동안 기억을 말살당하고 역사의 암흑 속에 매장당한 제주 4·3사건의 55주기가 되는 날이었다. 오랫동안 기억을 말살당한 '4·3'은 한국 역사 속에 존재하지 않았다. 과거 지배자들이 뿌리째 뽑아버린 '4·3'의 기억이란 무엇인가. 1948년 동북아시아의 일각에 위치한 한국 제주도에서 제2차 세계대전 이후 처음으로, 수많은 양민들이 학살됐다는 역사적 사실을 되새길 필요가 있다. 미국을 위시한 당시 세계 자유진영이 일본제국과 나치 독일을 타도해 민주주의 승리를 구가하던 바로 그 시대였으니 더욱 참담한 일이었다. 사건의 요인은 여러 가지가 있었겠으나 결과적으로 당시 한반도 정세의 집중적인 모순이 드러난 것임에 틀림없다.

그러나 근 반세기 군사독재권력이 지배하던 한국 역사에서 4·3은 말살되어왔다. 입 밖에 내놓지 못하는 일, 알고서도 몰라야 하는 일이었다. 과거는 없었던 것으로 소멸시켜야 했다. 때문에 안팎으로 기억을 죽여야 했다. 하나는 막강한 권력에 의한 타살, 다른 하나는 공포에 질린 섬사람들 자신이 스스로 기억을 망각으로 들이쳐서 죽이는 기억의 자살이었다.

그 사건으로부터 반세기가 지나, 한국의 민주화와 더불어 드디어 2000년 1월 김대중 정부 하에서 '진상규명 및 희생자 명예회복에 관한 특별법(4·3특별법)'이 제정되었다. 이에 근거해 특위가 만들어졌고, 산하 조사단이 작성한 진상보고서가 지난달 말 특위를 통과했다. 55주기 당일에는 제주에서 열린 위령제에 고건 총리가 참석했다. 진상보고서 내용에 대한 최종결론은 반년 후에 내기로 했으나 내년 56주기에는 노무현 대통령이 참석할 것으로 알려졌다.

일본에서는 1988년 처음으로 40주기 행사가 열렸으며, 이후 '4·3을 생각하는 모임'이 꾸준히 일을 해왔다. 올해는 이달 10일과 11일 도쿄 우에노(닛포리 사니홀)에서 기념강연과 함께 마당극이 열렸다. 제주에서 활동해온 놀이패를 초청한 것이다. 특히 이제까지 4·3 행사를 꺼리고 외면해온 민단과 총련측 인사들이 이번에는 함께 행사에 참가해 참으로 반가웠다.

4·3 문제의 올곧은 해결은 아직 멀었으나 공권력에 의한 재평가와 아울러 진상규명, 명예회복 등의 사업은 더욱 큰 걸음을 내딛기 시작했다. 반세기가 지난 이제, 죽은 이들이 되살아나는 것은 아니지만 한없이 죽음에 접어드는 깊은 망각 속에 얼어붙었던 기억이 지상으로 솟아나 햇빛을 보게 된 것이다. 영원히 말살할 수 없었던 기억의 부활이자 기억의 승리이다. 어처구니없는 학살을 영원한 '터부'로 은폐하고 놀라운 허위로 역사를 꾸며오며 '기억의 암살자' 노릇을 해온 지난날 위정자들의 책임은 막중하다.

4·3의 부활은 우리 역사의 부활이다. 제주만이 아니라 한반도와 동북아시아의 문제이기에 이 사건의 해결은 우리 역사를 바로 세우고 재정립하는 데 큰 계기가 될 것이다.

자주 다니지 못하는 고향 땅이지만 제주도에 가면 제주국제공항 활주로 밑, 서귀포 정방폭포 밑 깊은 물 속, 여기저기에 아직도 떠도는 원혼(冤魂)의 환청(幻聽)에 마음이 괴로웠다. 하지만 '까마귀의 죽음' 이래 '화산도'에 이르기까지 반세기 동안 4·3을 문학적 테마로 다뤄온 나는 지금, 망각이 기억으로 재생하는 아주 극적인 시대의 흐름을 눈부시게 바라본다. 언젠가 실현되고야 말 해원(解冤) 굿, 원혼들의 지상으로의 부활은 기억의 부활이기도 하다.

『동아일보』 2003.4.12.

원문보기

http://news.donga.com/3/all/20030411/7933655/1##csidx6763
6d3fdab048dbcb8b62f5243dcc8

김시종 시인의 자선전 『조선과 일본에 살다』 한국어판 표지.(2016.4) 그는 이 책으로 2015년 아사히신문이 수여하는 제42회 오사라기 지로오(大佛次郞)상을 수상했다.

나의 봄은 언제나 빨갛고

꽃은 그 속에서 물들어 핀다

나비 오지 않은 암술에 호박벌 날아

날개 소리 울리며 사월이 홍역(紅疫)처럼 싹튼다

나무 마를 때를 기다려선가

까마귀 한 마리

두 갈래 가지 끝에서 꼼짝 않는다

거기서 그대로

나무혹이 되었을 것이다

세기(世紀)는 벌써 넘어갔는데

눈 감지 않으면 보이지도 않는 새가

아직도 기억을 쪼며 살아 있다

영원히 다른 이름으로 바뀌어버린 너하고 산쪽 갈길에서 좌우로 불려간 귀

사월은 새벽 봉화되어 솟구쳤다

짓밟힌 진달래 저쪽에서 마을이 불타

군경(軍警) 트럭 흙연기가

바람에 부추겨 흩날리고 있었다

파릇한 멀구슬나무 밑등에서

뒷짐을 지운 너가 찌푸러진 얼굴로 쓰러졌던 그 날에도

흙먼지는 하얗게 살구꽃 사이에서 일고 있었다

어렴풋이 아침노을에 안개가 껴

봄은 기다리지 않고도 꽃을 피워내고

그래도 그곳에 멈춰 있었던

사람과 나무와 한 마리 새

쬐는 햇볕에도 입 다물어

촉촉이 내리는 비에 물방울 지며

오로지 기다림만을 그곳에 남긴

나무와 목숨과 잎사귀 바람

스쳐가는구나

옛 사랑이 피를 흘린

저 오솔길, 저 모퉁이,

저 움푹 팬 땅

응당 거기 있어야 할 나는

부질없이 나이만 먹어

개나리도 살구꽃도 똑같이 피는 일본에서 다만 날은 여전히 화창히 빛나

4월은 다시도 시야를 물들이며 돌아간다

내 자린 마을이 참혹했을 때

겨우 찾은 해방마저

억압에 시달려 몸부림치던 그 때

상처입은 제주

보금자리 고향 내버리고

제 혼자 연명한

비겁한 사나이

기억이 밤농이 된 4·3도 60년 골수에 박힌 주문이 되어

날마다 밤마다 중얼거려 온

한 가지 소망

잠 드시라

4·3의 피여

귀안의 송뢰되어

잊지 않고 다스리시라

변색한 의지

파래진 사상

알면서도 잊어야했던

기나긴 세월

자기를 다스리며

화해하라

화목하라

나무야 스스로 흔들리는 소리를 듣고 있는 나무야

이렇게도 봄은 아무 일 없이

뉘우침을 흩뜨리며 되살아오는구나.

(‘제주도 4·3사건 62주년 재일본 4·3사건 희생자 위령제’ 팸플릿에서)

06 박보의 노래, 제주4·3[1]

*박보 1955년 생

한국인 아버지와 일본인 어머니 사이에서 출생한 자이니치 2세

1978년 데뷔

1979년 송창식의 '왜 불러'를 부름

1980년 한국을 방문하고 박보로 개명

1983년 도미해 음악활동을 하다 1992년 일본 귀국

1997년 박보밴드 결성

1998년 서울에서 신촌부르스와 공동 콘서트

2011년 해마다 8월 5일 히로시마 원폭돔 앞에서 '히로시마'를 노래

주로 평화운동, 환경운동, 인권운동, 반전운동 등 여러 시민운동

에 음악으로 참여

---

1 작사·작곡·노래, 박보

1. 뼈가 흙투성이가 되어 조용히 말하기 시작한다
    깊은 슬픔은 대지를 들이마시듯
    습기찬 땅 속에서 소생하려 하고 있다
    왜 왜 그 소리는 닿지 않고 사라졌는가

2. 진흙투성이가 된 운동화
    너는 어디까지 걸어가려고 했는지
    깨진 안경 렌즈는
    거기서 무엇을 보려고 한 거야

    신이여 만약 당신께서 존재한다면
    왜 저희들의 영혼을
    왜 왜 저희들의 형제를 구할 수 없었습니까

1. 제주도는 울고 있다, 살아 있다, 외치고 있다
    밤이 되면 후루후루 훌쩍훌쩍 울고 있다
    모두가 아무 일도 없었던 것처럼
    소리개가 원을 그린다
    사과하는 사람이 있는 것도 아니고
    큰 소리로 웃는 사람도 없다

2. 북풍은 이상하다 모두의 얼굴을 비친다
    지금은 자유? 행복해요 사실이야 행복해요?
    그 날 소중한 목숨과 교환해

자유를 요구해서 사람은 일어나

그 긍지 높은 선구자 지금 어디에 가버렸나

갯바람을 타고 부르는 것은 해바라기의 사랑 노래

제주도가 울고 있다 바람 속에서 외치고 있다 살아 있다 사랑 속에서

('제주4·3사건 67주년, 재일본 제주4·3사건 희생자 오사카 위령제'에서 첫 콘서트)